谨以此书

献给中国共产党成立100周年！

庆祝中国共产党成立100周年

The 100th Anniversary of the Founding of The Communist Party of China

飞天探月“神舟号”
潜海万米“奋斗者”
追风逐梦“复兴号”
穿海入地“大盾构”

中鐵十四局大盾构

钱七虎　主审
才铁军　主编

科 学 出 版 社
北 京

内 容 简 介

为培育和打造中国大盾构施工品牌，推动中国盾构施工技术走出国门、走向世界，在上级有关部门的大力支持下，《中铁十四局大盾构》一书应运而生。

本书对中铁十四局集团有限公司近20年来的盾构施工掘进技术进行了系统的梳理总结，真实再现了国内大直径及水下盾构市场占有率第一的中铁十四局大盾构的发展历程，科学准确地归纳了七大核心技术并做了概述，详细回顾了科技攻关的艰难过程，全面分析了企业的盾构经营发展战略脉络，生动讲述了专家院士情系中铁十四局盾构的"中国故事"，精心摘录了中央媒体对中铁十四局大盾构的重点报道，科学论证了国内首家大盾构品牌"中铁建大盾构"和"中铁十四局大盾构"的形成过程及品牌价值。

本书对广大科技工作者来说是一本参考书，对建设单位、施工单位的干部职工来说是一本科普著作，对大众读者来说是一本纪实文学佳作。

图书在版编目（CIP）数据

中铁十四局大盾构 / 才铁军主编. —北京：科学出版社，2021.9
ISBN 978-7-03-069511-6

Ⅰ.①中…　Ⅱ.①才…　Ⅲ.①盾构法-介绍-中国　Ⅳ.①U455.43

中国版本图书馆CIP数据核字(2021)第156001号

责任编辑：牛宇锋　刘巧巧 / 责任校对：任苗苗
责任印制：师艳茹 / 封面设计：蓝正设计

科学出版社 出版
北京东黄城根北街16号
邮政编码:100717
http://www.sciencep.com
北京九天鸿程印刷有限责任公司 印刷
科学出版社发行　各地新华书店经销
*
2021年9月第 一 版　开本：720×1000　1/16
2021年9月第一次印刷　印张：19 1/2
字数：369 000
定价：139.00元
（如有印装质量问题，我社负责调换）

序言　时代呼唤中国大盾构施工品牌

业界通常把直径10米及以上的全断面隧道掘进机称为“大盾构”，它被誉为“工程机械之王”、工程机械中的“航空母舰”。现代大盾构集机、电、液、气、传感、信息等技术于一体，集隧道掘进、出渣、衬砌拼装、导向纠偏等功能于一体，是一个国家综合制造能力的体现，是名副其实的“大国重器”和“大国技术”的标志。大盾构是目前广泛应用于城市轨道交通、地下综合管廊、铁路隧道、公路隧道、引水隧洞及军事防护工程施工的特大型专用工程装备。我国90%以上的地铁都是采用盾构法施工的。可以说，没有大盾构，就没有今天地铁建设的大发展。穿越长江、黄河的隧道，几乎全部是采用盾构法施工的，中国高铁的长大隧道很多也是盾构隧道。

世界盾构技术起源于1843年建成的伦敦泰晤士河隧道。长期以来，盾构制造及施工掘进技术都掌握在美、德、法、日等发达国家手中，并作为大国技术严格管控。1995年，铁道部首次花巨资引进两台德国隧道掘进机（TBM），用于西康铁路秦岭隧道的施工。按常规，施工装备应由施工方投资购买，铁道部是建设方，不用购买大型施工设备。但这种巨额投资，施工方难以承受。当时的铁道部领导，创新铁路投资体制，勇于承担责任，使秦岭隧道重大装备引进得以完成。这一壮举成为中国铁路隧道建设的里程碑，没有这一壮举就没有中国盾构产业大发展的今天。

中国的盾构技术起步于1953年，阜新煤矿首次使用手掘式盾构机修建巷道。2002年之后，经过引进、消化吸收、再创新，盾构机实现了国产化和量产化，并且走出国门，出口到世界几十个国家和地区。截至2018年底，国产盾构机的设计制造及施工技术水平已达到甚至在个别领域超过国际水平。至2020年，盾构制造技术及产业化获得国家科学技术进步奖2项，盾构施工技术获国家科学技术进步奖超过10项。

与其他大型装备不同，大盾构不属于通用设备，它是制造技术与施工技术的高度融合，不能同型号批量生产，而是一隧一机，量身定制。盾构产业是以施工为引领的特殊产业，盾构机与隧道的地质情况息息相关，其适应性、可靠性、安全性、高效性是盾构隧道工程成败的关键。因此，必须根据工程实际量体裁衣式地进行盾构的工程适应性设计。地质的多变性、环境的复杂性、盾构的不完全适应性、认知的局限性、方案和措施的不合理性等因素均会引发盾构工程事故，因此有效控制盾构掘进风险是顺利完成隧道施工的前提之一。

一台完美的盾构机，必须根据地下工程的特殊地质条件而定制，必须由成熟的施工掘进技术与之配套，必须由具有丰富经验的专业化团队来操控，只有这样，才能圆满完成地下工程的掘进施工任务。

大盾构、施工技术与超级工程完美结合的杰作有：英吉利海峡隧道、日本东京湾海底隧道、丹麦斯多贝尔特大海峡隧道和瑞士圣哥达基线隧道；中国的南京长江隧道、上海长江隧道、扬州瘦西湖隧道、广深港铁路客运专线狮子洋水下隧道，以及在建的“万里黄河第一隧”——济南黄河隧道。2020年开工的国内首条海底高铁隧道工程——甬舟铁路金塘海底隧道，更是一项世界瞩目的大盾构、施工技术与超级工程完美结合的典范。

2002年，科技部高新司首次把盾构机列入国家高技术研究发展计划（简称 863 计划），从此开始了漫长的盾构关键核心技术攻关历程。2008 年至今，中国盾构产业致力于“造世界最好的盾构”，盾构技术从优秀走向卓越，并走向国际。从 2009 年开始，中国进入盾构跨越发展期。在这一时期，中国盾构自主创新能力显著提高，在盾构施工核心技术、盾构制造关键技术、盾构产业化发展等方面均取得重大突破。

在盾构产业方面，土压平衡盾构机、泥水平衡盾构机、双模盾构、多模盾构、异形盾构产业化取得创新发展。在中国巨大的盾构市场需求拉动下，中国盾构制造企业迅速崛起。其中最具有竞争优势的是中铁工程装备集团有限公司、中国铁建重工集团股份有限公司、上海隧道工程股份有限公司、中交天和机械设备制造有限公司、北方重工集团有限公司、辽宁三三工业有限公司 6 家优秀的盾构设计制造企业。它们所制造的盾构的性能指标达到或部分超过了国际同类产品，并出口奥地利、瑞士、黎巴嫩、俄罗斯、伊朗、新加坡、马来西亚、以色列、印度等十几个国家。中国盾构制造品牌在世界上有了一席之地。

中国的盾构施工掘进技术，尤其是大直径及水下盾构施工技术，从南京长江隧道开始，有了突飞猛进的发展。我国利用盾构技术建设了一大批经典工程，涌现出一大批优秀的施工企业，如中铁十四局集团有限公司（简称中铁十四局）、上海隧道工程股份有限公司、中铁隧道局集团有限公司、中交隧道工程局有限公司、中铁十六局集团有限公司、中铁十八局集团有限公司等。虽然这些施工企业承建了一批超级工程，但不可否认的是，我国还没有被国际隧道工程领域公认的国际大盾构施工品牌。

意大利 CMC 公司，世界著名大盾构施工品牌，承建了世界十几个国家的盾构隧道和引水隧洞工程。中国于 1993 ～ 2000 年建设的山西引黄入晋工程，隧洞总长 161.1 公里，承包商为意大利 CMC 公司。1991 ～ 1992 年建设的甘肃引大入秦工程，隧洞长 11.65 公里，直径 5.53 米，也由该公司施工。2015 年，意大利 CMC 公司采购了中国研制的 2 台世界最小直径 TBM，成功建设了黎巴嫩大贝鲁特供水工程。时代在呼唤中国大盾构施工品牌。

2020 年 3 月 23 日，中铁十四局正式获得了国家知识产权局“中铁建大盾构”和“中铁十四局大盾构”两项注册证书，成为中国首家拥有国家“大盾构”施工品牌的建筑类中央企业。

这是一件非常有意义的大事。中铁十四局也是实至名归。

截至 2020 年 12 月底，全国在建大盾构隧道（直径 10 米及以上）54 项，中铁十四局有 24 项，占比 44%，稳居全国第一。全国直径 14 米及以上在建和建成的大盾构项目 41 项，中铁十四局有 18 项，占比 44%。其中，在建 25 项，中铁十四局有 16 项，占比 64%。长江上在建和建成大盾构隧道 17 项，中铁十四局有 11 项，占比 65%。其中，在建 8 项，中铁十四局有 7 项，占比 88%。全国铁路在建和建成大盾构隧道 18 项，中铁十四局有 9 项，占比 50%。其中，在建 10 项，中铁十四局有 9 项，占比 90%。中铁十四局 13 次穿越长江，4 次穿越黄河，5 次穿越海底。

中铁十四局还实现了“江河湖海城”、地质条件、行业、盾构直径、施工工艺等 5 个“全覆盖”，先后 3 次刷新穿越长江月掘进纪录，创造的月掘进 686 米、14 个月平均月掘进 417 米的世界纪录，至今无人超越。“人无我有，人有我优，人优我精”的核心竞争力逐步凸显。随着中铁十四局大盾构施工技术的日臻成熟，已然带动形成了集勘察设计、装备制造、建设施工、管养维护于一体的大盾构全产业链。

《中铁十四局大盾构》一书的出版，可以说是水到渠成。这部著作将近 20 年来中铁十四局盾构施工掘进技术进行了系统的梳理和总结，归纳成七大核心技术并做了科学准确的概述，对科技攻关过程进行了详细的回顾，为科技精英和大国工匠立传，还对企业的盾构经营发展战略进行了分析。《中铁十四局大盾构》既有资料性质，又有现实意义，十分难得。这对中铁十四局乃至整个盾构行业的发展，都将有促进和提升作用，从技术创新和企业管理创新两个角度看，都是非常有价值的，值得一读。

《中铁十四局大盾构》既是一部科学专著，又是一部科普著作，也是一部纪实文学作品。

《中铁十四局大盾构》将盾构施工掘进技术这一大国技术“从‘跟跑’到‘领跑’”的历史系统地展现出来，将中铁十四局盾构人顽强拼搏的事迹记录下来，将中铁十四局确定的盾构经营战略总结出来。可以说，这是一部专业的、科普的、文学的佳作。

是为序。

2018 年度国家最高科学技术奖获得者、中国工程院院士

钱七虎

2021 年 1 月 26 日

前言　迈向世界一流的“中铁十四局大盾构”

何谓“中铁十四局大盾构”？

先说“大盾构”。190 多年前，法国工程师布鲁诺尔从一种名为“凿船贝”的软体动物身上获得灵感，提出盾构掘进隧道原理，发明了“开放型手掘盾构”，并应用于世界上第一条水底隧道——泰晤士河隧道，成为人类历史上隧道施工的一大技术突破。

随着工业化水平的不断提高，机械力逐渐取代人力开挖。作为最先进的隧道挖掘机械工具，盾构机凭借快速、方便、安全的优势广泛应用于铁路、公路、地铁、水电等多种隧道工程中，被誉为“工程机械之王”，是名副其实的“大国重器”。盾构机的制造与施工技术，被称为“大国技术”。

经过多年的努力，我国一些行业和领域已实现了“从‘跟跑’到‘领跑’”的华丽转身，盾构研制及施工技术便是其一。没有盾构，就没有今天中国地铁建设的大发展，中国高铁的大直径隧道以及穿越长江、黄河的铁路、公路、地铁隧道，大都也是采用盾构法施工的。

2013 年 2 月 8 日，习近平总书记考察采用盾构法施工的北京地铁 8 号线二期工程，询问盾构掘进情况，并与工人亲切握手[①]。

① 习近平：大家辛苦了给大家拜年了　祝大家过年好 .http://www.xinhuanet.com/politics/2013-02/09/c_114662232_3.htm［2013-02-09］.

2014年5月10日，习近平总书记在设计生产全断面隧道掘进机的中铁工程装备集团有限公司考察时说："推动中国制造向中国创造转变、中国速度向中国质量转变、中国产品向中国品牌转变。"①

2021年5月28日，习近平总书记在中国科学院第二十次院士大会、中国工程院第十五次院士大会和中国科学技术协会第十次全国代表大会的讲话中指出："高端产业取得新突破。C919大飞机准备运营，时速600公里高速磁浮试验样车成功试跑，最大直径盾构机顺利始发。"②

2016年全球自然科学技术指数显示：在中国领先世界的21项科技项目中，盾构技术位居第16项。截至2020年12月，盾构制造技术及产业化获得国家科学技术进步奖2项，盾构施工技术获得国家科学技术进步奖超过10项。

再说中铁十四局。中铁十四局承建的被誉为"万里长江第一隧"的南京长江隧道工程，于2010年建成通车，是中国大直径盾构建设史上的一项标志性工程，代表了当时中国水下大盾构隧道建设的最高标准，为后续超大直径盾构隧道过江提供了借鉴。

中铁十四局自南京长江隧道工程以来，在大盾构领域技术研发持续发力，建设了一系列中国超级工程。

（1）中国第一条海底地铁盾构隧道——厦门地铁2号线穿海隧道于2019年建成通车。

（2）中国最大直径单洞双线地铁盾构隧道——武汉地铁8号线长江隧道于2017年12月26日通车。

（3）承建黄河上第一条公铁合建的超大直径盾构隧道——济南黄

① 习近平在河南考察时强调 深化改革发挥优势创新思路统筹兼顾 确保经济持续健康发展社会和谐稳定 . http://jhsjk.people.cn/article/25001070［2014-05-11］.

② 习近平：在中国科学院第二十次院士大会、中国工程院第十五次院士大会、中国科协第十次全国代表大会上的讲话 . http://www.xinhuanet.com/politics/2021-05/28/c_1127505377.htm［2021-05-28］.

河隧道，左右线盾构隧道总长约5公里，盾构隧道直径15.2米，2021年建成通车。

（4）中国第一次采用内部结构全预制拼装法的盾构隧道——京张高铁清华园隧道于2019年建成通车。

（5）中国首条下穿高铁的大直径盾构隧道——苏州桐泾路隧道。

（6）广湛高铁湛江湾海底隧道、汕汕铁路汕头湾海底隧道、深江高铁珠江口海底隧道等三条海底盾构隧道。

依托39个地铁建设城市和大盾构核心技术，围绕"京津冀、长三角、珠三角，京广、京沪沿线，长江经济带"，逐步打造形成了"三核（京津冀、长三角、珠三角）、两线（京广、京沪沿线）、一带（长江经济带）"的专业化战略布局！

在大盾构隧道施工领域，中铁十四局荣获国家技术发明奖1项，国家科学技术进步奖2项，国家优质工程金奖1项、银奖1项，中国建设工程鲁班奖（国家优质工程）3项，中国土木工程詹天佑奖4项，省部级科技进步奖16项，省部级优质工程3项；另外，形成193项国家发明专利和34项省部级创新工法，出版专著4部，形成地方、行业、团体标准等10余项。

超级"基建狂魔"与"大国重器"深度融合，就诞生了"中铁十四局大盾构"！

2020年3月23日，中铁十四局正式接到国家知识产权局"中铁建大盾构"和"中铁十四局大盾构"两项注册证书，系国际第37类建筑类、服务项目专用注册商标，标志着中国首家建筑类中央企业拥有了"大盾构"品牌，涵盖此类的信息、咨询、建筑和维修等专项业务。

国家注册商标的完成，使得"中铁建大盾构"和"中铁十四局大盾构"商标受到法律保护。

品牌的创建是一个系统工程，需要激情、智慧与信念。品牌的强大取决于品牌领导力，其中，定位（position）是方向，平衡（balance）是方略，平衡中蕴含定位，定位使平衡具有力量。

品牌是一切无形资产总和的全息浓缩，而“这一浓缩”又可以特定的“符号”来识别。

“中铁十四局大盾构”这块沉甸甸的品牌，是中铁十四局用近20年的科技创新、管理创新铸就的，是中铁十四局近万名职工用心血和汗水铸就的！

2020年7月，中铁十四局制定了“迈向世界一流的”“中铁十四局大盾构”发展战略：

以习近平新时代中国特色社会主义思想为指引，聚焦大盾构施工及其相关产业（专业）领域，做大规模、做强科技、做优效益、做亮品牌、做实管理，努力打造市场份额领先、科技创新领先、创效水平领先、品牌形象领先、综合实力领先的世界一流“中铁十四局大盾构”。

坚持战略引领。一以贯之推进“大盾构战略”，一张蓝图绘到底，久久为功干下去。

坚持守正笃行。把每一个大盾构项目建成精品，使每一个大盾构现场都成为一张名片。

坚持高端突破。善于高端经营，突破高端项目，攻克高端技术，打造高端品牌，占领行业高端。

从2020年到“十四五”时期末，分两步走，把中铁十四局打造成占据市场优势（巩固40%以上的中国市场地位）、掌握核心技术、拥有一流团队、全产业链发展的“世界一流大盾构企业”，实现“走出国门、穿越海峡、培养院士”三个梦想！

习近平总书记说：“我们都在努力奔跑，我们都是追梦人。”① “中铁十四局大盾构”，今日追梦，未来梦圆！

才铁军

2021年7月20日

① 国家主席习近平发表二〇一九年新年贺词. http://jhsjk.people.cn/article/30497577［2018-12-31］.

目　录

|第一章| 技术简史 发展历程

中铁十四局自 2003 年起对隧道盾构法施工进行探索，其盾构施工技术的发展历程，可划分为探索季、攻坚季、成熟季、收获季四个阶段。

第一节 技术探索季
（2003年3月至2006年4月）

中铁十四局自 2003 年承建广州地铁 3 号线、5 号线开始进入盾构施工领域，历经艰难曲折的过程，虽付出了必要的“学费”，但在施工技术上也取得了初始积累。

2003 年承建的广州地铁 3 号线汉溪站南至市桥站北区间工程，盾构段总长 3853.52 米，采用德国维尔特公司生产的两台直径 6.28 米的土压平衡盾构机掘进。

该工程地质条件复杂，施工技术难度大。中铁十四局专门挑选了一批机电及自动化专业类的本科生来项目实习。白天，他们在现场跟着国外机械工程师后面学习经验，从拧螺丝、接水管、加油脂等脏累苦的工作一点点做起；晚上，他们回到宿舍坚持写技术工作日志，把白天在现场学到的知识记下来。他们在盾构领域的学习中不断成长，在成长中不断学习。

广州地铁 5 号线是继 3 号线后中铁十四局中标的又一地铁项目，施工区间为草暖公园至西村站，采用的是地铁 3 号线使用过的两台盾构机。5 号线地质由岩溶断裂带、软土砂层及硬岩等构成，施工中遇到了各种困难和风险。盾构机于 2006 年 6 月 26 日始发，2009 年 4 月 19 日全线贯通。

通过广州地铁 3 号线和 5 号线的施工实践，中铁十四局初步掌握了地铁盾构的施工技术，同时也培养了一批盾构施工的技术人才和管理人才。

第二节　技术攻坚季（2005年9月至2010年5月）

经历过初期的艰难探索，中铁十四局迎来了盾构施工技术发展的攻坚阶段。

2005 年，中铁十四局承建了直径 14.5 米的南京长江隧道。南京长江隧道是当时世界上第二大、全国最大直径水下盾构隧道。

该隧道盾构段所穿越的地层复杂，既有黏土层、粉细砂层，也有圆砾层、强风化岩层等，隧道最大水位压力 6.5 千克 / 厘米 ^{2}[①]，江中最小覆土厚度仅为 10.49 米，是地质条件最复杂、技术难题最多和施工风险最大的工程之一，被称为“万里长江第一隧”。

南京长江隧道工程位于南京长江大桥与南京长江第三大桥之间，连接南京河西新城—江心洲—浦口区，设计为双向六车道，左右线盾构段

---

① 即千克力 / 厘米 ^{2}，1 千克力 / 厘米 ^{2}=10^5 帕。

隧道工程总长6037米，采用德国海瑞克公司量身定做的泥水平衡盾构机施工。工程于2005年9月28日开工建设，左线于2009年5月20日贯通，右线于2009年8月22日贯通，2010年5月28日通车。

在施工过程中，中铁十四局先后攻克了盾构超浅覆土始发、长江大堤穿越、盾构水中接收、超大直径盾构江底浅覆土穿越、高水压条件下常压更换刀具、临近江河超大深基坑施工降水、泥水盾构泥浆成膜、盾构隧道壁后注浆控制、盾构机状态检测及故障诊断关键技术等技术难题，掌握了大直径水下、高水压地质条件下的盾构掘进技术和带压换刀及带压动火技术。这些创新技术的运用有效地保证了工程建设的安全和质量。

南京长江隧道盾构机在洞内作业

在南京长江隧道建设过程中，中铁十四局开展了近60项课题研究和科技攻关，先后获各类知识产权24项（发明专利4项，实用新型专利13项，计算机软件著作权2项，国家级工法1项，山东省省级工法4项），其中超大型管片衬砌结构原型试验被列入863计划示范课题，填补了地下工程建设相关领域的空白。

南京长江隧道科研项目荣获国家科学技术进步奖二等奖2项，山东省、北京市科学技术进步奖一等奖各1项，中国公路学会科学技术奖一等奖1项，中国岩石力学与工程学会科学技术奖一等奖1项，中国施工企业管理协会科学技术进步奖一等奖5项，成为国内首个同时获“中国建设工程鲁班奖（国家优质工程）”、“国家优质工程奖金质奖”和“中国土木工程詹天佑奖”的过江隧道工程，可谓建设行业获奖的全满贯。

中国工程院院士、著名防护工程专家钱七虎评价：南京长江隧道自盾构始发以来，规避了所有能够预测到的施工技术风险。

南京长江隧道是中铁十四局在大江大河地下盾构施工领域的扛鼎之作，奠定了大直径盾构隧道施工的坚实基础，培养了大批盾构施工技术和管理人才。它标志着南京市过江交通立体化时代的到来，开启了中国水下工程施工新纪元，也标志着中铁十四局掌握了当时世界上最先进的超大直径盾构的掘进和超大型隧道的建造技术。

第三节　技术成熟季（2010年12月至2017年11月）

南京长江隧道的建成通车，使中铁十四局在国内水下及大直径盾构隧道施工领域的地位日益凸显。2011年，中铁十四局承建了南京地铁10号线过江隧道。

该隧道为2014年南京青年奥林匹克运动会（简称南京青奥会）配套工程，隧道长3600米，直径11.2米，最大埋深58米，最大水土压力6.51

巴[①]，卵砾石层长 1800 米。2012 年 5 月 1 日盾构始发，2013 年 5 月 10 日贯通，2014 年 7 月 1 日建成通车。

施工中创造了大直径泥水盾构日掘进 19 环（38 米）、月掘进 318 环（636 米）的世界纪录，盾构施工管理水平也迈入世界领先行列。在高水压始发、刀具更换和改进、泥浆再利用、复杂地层穿越技术等方面形成 30 余项成果与专利，申报 5 项省部级科研成果，部分技术填补了当时的国内空白，首创的小空间常压换刀技术于 2014 年获得大盾构领域第一个国家技术发明奖。总结出《大直径泥水盾构及其附属设备维护与保养手册》《大直径泥水盾构施工管理手册》等施工管理成果。

2011 年，中铁十四局承建了扬州城建史上建设难度最大、技术含量最高的单体工程——扬州瘦西湖隧道工程。隧道位于国家 5A 级旅游景区瘦西湖核心地段，上下通道总长 5589 米，其中盾构隧道长 1275 米，盾构隧道直径 14.5 米，为单管双层，双向四车道，于 2011 年 8 月 21 日开工，2012 年 12 月 1 日盾构始发，2013 年 12 月 10 日贯通。

该工程是现代高科技与 5A 级旅游景区的首次融合，独特的环境、土质、工艺要求使得该隧道具有“直径大、设计新、土质黏、穿越险、技艺精、保护严”的特点。通过对适应砂卵石地层的南京长江隧道盾构机在黏土地层的二次服役利用，中铁十四局掌握了大直径盾构再制造技术和大直径泥水平衡盾构机在黏土地层的应用技术。

项目取得企业标准 1 项，授权发明专利 14 项、省部级工法 3 项，荣获“全国优秀工程勘察设计奖一等奖”“菲迪克 2017 年工程项目优秀奖”“全国建设工程优秀项目管理成果一等奖”“中国建设工程鲁班奖（国家优质工程）”“中国土木工程詹天佑奖”等荣誉。

中铁十四局将扬州瘦西湖隧道工程的核心技术，成功应用于武汉地铁 8 号线长江隧道、京张高铁清华园隧道和京沈客专望京隧道等多条大

① 1 巴 $=10^5$ 帕。

直径泥水盾构隧道工程。这套技术也为大直径泥水平衡盾构机在黏性岩土地层的应用提供了广阔的前景，有力地促进了行业发展与科技进步。

2012 年，中铁十四局承建了长株潭城际铁路树木岭隧道，该隧道是当时我国城际铁路最大直径盾构隧道，隧道全长 12.86 公里，盾构段长 6550 米，盾构隧道直径 9 米。隧道施工工期紧、任务重、难度大、风险高，且沿线建筑密集，人为活动频繁，地下地上管线纵横交错，涉及房屋管线迁改、监控量测、居民安置等，工程量极大。隧道设计时速高达 160 公里，被称为“高铁中的地铁，地铁中的高铁”。

自 2012 年 11 月 25 日第一台盾构机顺利始发以来，盾构机 10 次下穿京广铁路既有线，历时 208 天。下穿时间之长、穿越范围之广、下穿次数之多、地质条件之复杂、技术难度之大、施工风险之高、外界环境之敏感，在国内同类型工程建设中首屈一指。为优质、高效地完成施工任务，中铁十四局建设者通过反复研究及现场试验，不断调整盾构机掘进参数和同步注浆量，成功将地表沉降控制在 1 毫米范围内，远远小于铁路设计要求的 7 毫米沉降控制值，被国际隧道协会（ITA）的国际专家们称为“了不起的穿越”。

2014 年，中铁十四局承建了武汉地铁 8 号线长江隧道，隧道位于武汉长江二桥上游 450 米处，盾构段长 3186 米，盾构隧道直径 12.1 米，隧道穿越江面宽度约 1500 米，采用一台泥水平衡盾构机施工，为国内最大直径单管双线地铁盾构隧道，也是国内建成的第一个采用全复合衬砌结构盾构隧道的成功案例。

隧道区间最大水土压力达 6.74 巴，最大覆土深度达 37 米，江底最深处位于常水位下 51 米。盾构段设置混凝土二衬，双线间设置中隔墙，顶部设置烟道板，中隔墙中部设置紧急疏散平台。作为国内首条单洞双线复合衬砌地铁隧道，2016 年 5 月 28 日盾构始发，2017 年 8 月 9 日隧道贯通，它穿越上软土下粉细砂、上粉细砂下风化岩等复合地层，1365 米强风化砾岩、钙质胶结砾岩，以及高渗透性砾砂、圆砾地层，世界上首次采用常压复合刀盘并实现常压滚刀、齿刀互换技术，创造了月掘进686米的世界纪录。

武汉地铁8号线取得的“江底长距离土岩复合地层大直径泥水盾构综合施工关键技术”成果，填补了大直径泥水盾构在刀具常压滚齿互换、刀盘泥饼冲刷和切割、盾构下穿敏感建筑物沉降控制、单洞双线复合衬砌结构同步快速施工等多项技术空白，为类似工程施工和盾构机研制提供了重要的示范作用。

在施工过程中，中铁十四局对南京长江隧道的盾构施工掘进技术进行了拓展，初步掌握了土岩复合地层、黏土、全黏土地层这一世界性盾构施工掘进技术，并首次掌握了常压下滚刀、齿刀互换技术。其中，常压下滚刀、齿刀互换技术，带冲刷防结泥饼功能的刀具，自旋式高压水射流泥饼切割装置达到了国际领先水平。综合技术成果“复杂地质条件下大直径泥水盾构复合衬砌地铁越江隧道综合建造技术”获中国铁建股份有限公司（简称中国铁建）科学技术奖一等奖、中国岩石力学与工程学会科学技术进步奖二等奖。工程荣获2020～2021年度“中国建设工程鲁班奖（国家优质工程）”。

第四节　技术收获季
（2017年12月至今）

2016年，中铁十四局承建了杭州望江隧道。该隧道位于钱江三桥和四桥之间。隧道全长3587米，盾构段左线长1830米，右线长1836.8米，盾构隧道直径11.3米。为应对钱塘江区域江堤抛石、沼气、圆砾等复杂地质，项目部量身定制了两台国际先进的泥水平衡盾构机。

2017年10月16日盾构始发，安全穿越了300米长的沼气段，4次“零沉降”穿越钱江大堤，2次侧穿钱江龙雕塑，近1.5万块管片拼装严丝合缝，无一渗漏。2019 年 4 月 12 日，隧道双线贯通。

厦门地铁 2 号线穿海隧道，是全国首条穿海地铁盾构隧道。设计为双洞双线，盾构段左线长 2768 米，右线长 2736 米，盾构隧道直径 6.7 米。2016 年 1 月 29 日盾构始发，2019 年 3 月 10 日隧道双线贯通，12 月 25 日开通运营。隧道穿海区间地段地质复杂，堪称“地质博物馆”。盾构海底掘进期间，累计带压进舱 3475 次，人工清理孤石 1000 多立方米。

中铁十四局在厦门地铁 2 号线穿海隧道施工中掌握了海底盾构隧道软硬不均地质盾构掘进技术、孤石群海底处理技术。钱七虎院士表示，以厦门地铁 2 号线穿海隧道集成创新为标志，我国海底地铁盾构隧道集成创新技术已达到国际领先水平。

京沈客专望京隧道是全线唯一采用双洞双线盾构法施工的隧道，也是国内首条高铁线路穿越城市区，采用大直径盾构法工艺的隧道。京沈客专望京隧道全长 8000 米，双洞双线，盾构段左线长 3180 米，右线长 3189 米，设计行车时速 250 公里，采用两台拥有完全自主知识产权的泥水平衡盾构机掘进，盾构隧道直径 10.5 米，2016 年 12 月 28 日盾构始发，2019 年 1 月 17 日全线贯通。

京张高铁清华园隧道是 2022 年北京冬季奥运会配套工程京张高铁的控制性工程，也是全线唯一采用盾构法施工的隧道，隧道为单洞双线盾构隧道，深度 44 ～ 49 米，盾构段长 4449 米，盾构隧道直径 12.2 米，设计时速为 120 公里，2017 年 11 月 6 日开工，2018 年 11 月 20 日全线贯通。

京张高铁清华园隧道位于北京市海淀区，自北京北站引出后，从地面转入地下，从学院南路南侧入地，变身“地铁”，依次穿越北三环、知春路、北四环、成府路、双清路、清华东路，其中与北京地铁 13 号线并行，穿越北京地铁 10 号线、12 号线、15 号线以及 7 处重要城市道路、88 条重要市政管线，掘进区间有 3600 米为复杂卵石地层。

中铁十四局联合相关科研院所开展技术攻关，根据地质情况研制了两台世界上最先进的泥水平衡盾构机，借助全国首个大盾构智能控制中心平台，成功应用建筑信息模型（BIM）技术、三维可视化监控、盾构云平台指挥、自动化监控量测等措施，实现了智能模拟、精准预测、提前预警、实时修正，攻克了盾构超浅埋始发接收、长距离近接运营地铁并行施工、超近超浅穿越重要建（构）筑物等施工难题，确保了施工安全，并实现提前 4 个月贯通。2019 年 12 月 30 日，京张高铁正式开通运营。

京张高铁清华园隧道项目通过科技创新，推进智能建造，先后荣获“火车头”奖杯、“北京市建筑业绿色施工推广项目竣工示范工程”称号。获发明专利 24 项、省部级工法 3 项，并在全线 6 次信誉评价中 4 次位列前三。

在京张高铁清华园隧道科技创新中，中铁十四局掌握了高铁大直径城市盾构隧道掘进技术及绿色施工技术，实现了盾构隧道全预制拼装技术和地下空间多层布局，为城市空间综合开发利用提供了先例，也为高铁进城提供了更多可选方案。

苏通 GIL 综合管廊工程，全称为“淮南—南京—上海 1000 千伏交流特高压输变电工程”，以隧道方式过江，由国家电网投资建设、中铁十四局施工。隧道总长度为 5468.5 米，盾构隧道直径 11.6 米，水土压力达到 9.8 巴，是当时国内埋深最深、水土压力最高的盾构越江隧道。

苏通 GIL 综合管廊工程于 2016 年 8 月开工建设，盾构机 2017 年 6 月 28 日始发掘进，2018 年 8 月 21 日贯通，日均掘进 14.12 米，月均掘进 417 米，创造了当时水下大直径盾构隧道平均月掘进最高的世界纪录。钱七虎院士称其是国内现场管理最好、实体质量最优、建设进度最快的行业标杆工程。这项工程使中铁十四局的大盾构施工技术攻关取得重要突破。

苏通 GIL 综合管廊项目发表核心期刊论文 20 余篇，其中科学引文索引（SCI）论文5篇、工程索引（EI）论文2篇；获得专利14项，其中发明专利5项、实用新型9项。

湖南常德沅江隧道位于武陵大桥与桃花源大桥之间，隧道全长2240米，为双洞单层形式，双向四车道，设计时速60公里。盾构段左右线分别长1680米，盾构隧道直径11.3米，采用的“沅安号”盾构机由中铁十四局联合中国铁建重工集团股份有限公司（简称铁建重工）共同研制，为国产首台常压换刀式超大直径泥水平衡盾构机，具有完全自主知识产权。整机总长130米，总重3000吨，装机总功率6100千瓦。设计常压可更换中心刀、先行刀、刮刀等70多把，达到总数的1/3。项目于2016年10月16日开工建设，2017年12月28日盾构始发。2019年7月4日隧道贯通，10月16日正式通车。

南京江心洲夹江隧道盾构段左线长1167米，右线长1159米，盾构隧道直径15米，采用的超大直径泥水平衡盾构机整机长度约为140米。右线盾构于2018年12月26日始发，隧道于2019年10月25日贯通。左线盾构于2020年1月11日始发，隧道于2020年5月13日贯通。

济南黄河隧道是山东省新旧动能转换重大项目之一，也是2020年在建的世界直径最大的公轨合建隧道。隧道全长4760米，盾构段西线长2514米，东线长2519米，盾构隧道直径15.2米，采用超大断面盾构法施工。上层为双向六车道公路，下层为预留的轨道交通空间、烟道、纵向逃生通道、管廊。采用两台超大直径泥水平衡盾构机——“泰山号”“黄河号”，由北向南掘进穿越黄河。

2017年11月28日，济南黄河隧道工程奠基。盾构隧道东线于2020年10月30日贯通，西线于2021年1月23日贯通。济南黄河隧道工程大大加强了济南北部新城与主城区的联系，实现了新城城市综合功能的提升，加快了新旧动能转换，加速了济南从“大明湖时代”迈向“黄河时代”，为公轨合建和跨海、跨江、跨河立体化交通发展提供了新的解决方案，具有重要的借鉴意义。

济南黄河隧道东线贯通（2020 年 10 月 30 日）

广西南崇铁路留村隧道是广西首条高铁盾构隧道，设计为单洞双线，下穿云桂高铁等 5 条铁路、3 条市政道路、1 座地铁车站、3 处建筑群。隧道全长 5725 米，盾构段长 4006 米，盾构隧道直径 12.4 米。“壮美号”盾构机于 2019 年 12 月 26 日始发。通车后，将实现广西市市通高铁的目标，南宁吴圩国际机场与高铁无缝换乘，远期延伸到凭祥，届时广西将深度融入“一带一路”，提高广西面向东南亚国家联盟的国际大通道运输能力，推动沿线经济社会发展。

南京和燕路过江隧道盾构段长 2965 米，盾构隧道直径 14.5 米，2019 年 10 月 25 日盾构始发。通车后，将与浦仪公路配合，将八卦洲街道、浦口区、仪征市、江南快速连接，对促进区域间经济发展、提升南京市交通路网区域枢纽功能、方便市民交通出行意义重大，对发展长江经济带、加快江北新区建设、推进宁镇扬一体化发展和南京都市圈建设、落实江苏省“1+3”重点功能区战略发挥重要带动作用。

杭州艮山东路过江隧道是2022年杭州亚运会重点配套工程，全长4616米，穿越钱塘江的盾构段左线长3213.7米，右线长3210米，盾构隧道直径14.5米，最大埋深45米，设计为双向六车道，时速80公里。隧道右线采用进口泥水平衡盾构机，左线采用国产泥水平衡盾构机，工程于2019年4月29日开工，左右线于2020年10月28日始发，计划在2022年杭州亚运会举办前通车。隧道建成后将有效缓解周边过江桥梁交通压力，大幅提高城市远距离快捷通达能力，对钱塘新区两岸连接、协同发展具有重大意义。

长沙湘雅路过江隧道是湖南省首条双向六车道的大直径盾构隧道，全长4180米，采用国产泥水平衡盾构机施工，盾构段南线、北线均长1400米，盾构隧道直径14.5米。工程作为长沙市区“十八横十六纵”三十四条主干路之一，是一条沟通湘江东西两岸的重要过江通道，预计2023年通车。

苏州桐泾路隧道是国内首条下穿运营时速350公里高铁的大直径盾构隧道工程，位于苏州站西侧约2.1公里，线路全长2490米，其中盾构隧道左线、右线均长490米，采用国产大直径泥水平衡“姑苏号”盾构施工，盾构隧道直径13.25米。设计为双洞六车道城市主干道，设计时速60公里。隧道洞内布置为上下两层，上层为车道层单向三车道，下层为疏散通道及管线通道。2020年10月26日左线盾构始发，计划于2022年建成通车，届时桐泾路这一纵向主干道顺利北延，打通南北片区，对改善苏州区域交通条件、提升苏州城市能级具有重要意义。

杭州下沙隧道是2022年杭州亚运会重要的配套工程，是杭州打造国际性区域交通枢纽的标志性工程。隧道全长7650米，盾构段左线长1610米，右线长1606米，直径达14.5米，设计为双洞六车道，行车时速80公里。盾构机于2021年1月6日始发。盾构掘进需连续穿越河道、市政道路、泵站、老旧厂房及上海海森国际大厦等地面构（建）筑物，长距离穿越富含沼气地层，施工段最小转弯半径仅610米，在国内大直径盾构隧道施工中极为罕见，综合施工风险高。

上海市轨道交通机场联络线隧道是国家发展和改革委员会（简称国家发改委）首批确定的全国11条市域铁路示范线路之一，也是中国铁建在上海承建的第一个大盾构项目，采用泥水平衡盾构机施工，盾构隧道直径13.6米，盾构段长4921.7米。盾构隧道全线小间距长距离并行既有沪杭高铁运行段，安全风险大、施工难度高，是全线的控制性工程，也是当时国内直径最大的并行高铁盾构隧道。工程于2020年6月28日开工，预计2023年底完工。机场联络线建成后，将方便旅客在上海浦东、上海虹桥国际机场两大机场之间中转，方便沿线市民出行，提高线路沿线重要功能区的轨道交通服务水平，为提升上海城市能级和核心竞争力、落实长三角一体化发展国家战略提供有力支撑。

南京建宁西路过江通道位于长江大桥和扬子江隧道之间。中铁十四局承建左线盾构隧道工程，包含325米明挖工作井、明挖隧道和2349米左线盾构隧道。盾构隧道直径为14.5米，工程于2019年9月23日开工。建成后，将有效缓解南京跨江交通压力，便捷江北新区与主城区的联系，加快江北新区的发展，促进南京拥江发展、跨江融合，构筑江南、江北一体化协调发展的新格局。

武汉和平大道南延工程全长3042.5米，其中隧道长2486.3米，盾构段长1390米，单管双层，成型隧道双向六车道，盾构隧道直径15.4米，工程于2020年3月28日开工。盾构区间需穿越17种地层，地层转换频繁，且区间内存在4道坚硬岩墙，被誉为“地质博物馆”，是当时国内直径最大、施工难度最大的盾构隧道之一。

杭州市秦望路公路隧道北起秦望路与金桥南路交叉口，南至秦望南路（学院路），隧道全长2814米，盾构隧道段长1258米，盾构隧道直径15.2米，以双向六车道贯通两岸区间，实现江南、江北互联互通，同步预留地铁过江条件，建成后将成为华东地区直径最大的隧道。

北京东六环改造工程西线盾构隧道长7669米，盾构段长7336米，盾构隧道直径15.4米，为2021年国内在建直径最大盾构隧道和全国最长地下道路隧道。该工程是北京城市副中心东六环路入地工程，全长约16公里，是落实《北京城市总体规划（2016年—2035年）》和《北京城市副中心控制性详细规划（街区层面）（2016年—2035年）》的重点工程，改造之后的东六环主路将由双向四车道拓宽到双向六车道，对提升北京市交通服务水平、促进京津冀区域交通一体化、构建综合交通体系具有重要意义。

新建渝黔铁路重庆长江隧道盾构段全长3810米，采用一台泥水平衡盾构机施工，盾构隧道直径12.2米，采用的大直径盾构洞内组装技术在国内尚属首次，隧道主要穿越侏罗系泥岩夹砂岩地层，最大水土压力约0.9兆帕，计划于2023年底贯通。工程建成之后，将成为成渝城市群、长江中游城市群、海西城市群间高速客运交流的主通道，对推动沿线地区经济发展具有重要意义。

汕汕铁路汕头湾海底隧道为单洞双线隧道，是汕汕铁路的关键控制性工程，全长9781米，盾构隧道长2169米，盾构隧道直径14米，是国内首条设计标准为时速350公里、跨海大直径盾构的高铁海底隧道。隧道采用一台泥水平衡盾构机掘进，依次穿越890米软土、430米上软下硬地层和809米全断面硬岩。工程于2019年12月28日正式开工。施工中将遇到地质复杂多样、盾构施工段断裂破碎带、基岩突起、孤石、地面建（构）筑物密集等众多难题。该工程是粤东地区城际轨道交通网的重要组成部分，建成后对完善国家干线高速客运网络布局、强化粤东与珠三角的经济联系具有重要意义。

芜湖城南过江隧道位于长江皖江段“大拐弯”处，隧道北连芜湖市鸠江区二坝镇纬一路，下穿长江，南接芜湖市弋江区大工山路，工程设计为城市快速通道，隧道段全长4945米，盾构隧道左线长3950米，右线长3958米，盾构隧道直径14.5米，是国家发改委43个公共私营合作制（PPP）示范项目之一，也是安徽第一条过江隧道，号称“皖江第一隧”。隧道于 2019 年 11 月 6 日正式开工，计划 2024 年底通车。工程具有沉降敏感控制难度大、大透水开挖面稳定差、频繁更换刀具操作难、刀具更换频次高及风险大、大水深开舱风险巨大、盾构机选型设计复杂等困难。钱七虎院士看过芜湖城南过江隧道地质报告后说：“穿越 1.85 公里的基岩地层在国内是最难的！”

广湛高铁湛江湾海底隧道为全线控制性工程，隧道全长 9640 米，其中盾构段长 7352 米，盾构隧道直径 13.8 米，是我国目前独头掘进最长的大直径穿海高铁盾构隧道，具有开挖断面大、地质条件差、建设标准高、关键技术多等特点。广湛高铁通车后，广州中心城区至湛江中心城区的运行时间将由原来 3 个小时缩短至 1.5 个小时以内，将极大地改善粤西地区群众出行条件，融入粤港澳大湾区联动发展，提升粤西地区区域经济地位，促进湛江整体经济和社会发展。同时作为国家“八纵八横”高速铁路网的重要组成部分，在加强广东对外合作“陆海内外联动、东西双向互济”发展中发挥重要引领作用。

江阴靖江长江隧道由江北始发，穿越长江后于江南接收，隧道全长约 6445 米，其中盾构段长 4950 米，盾构隧道直径 15.5 米，为截至 2020 年底国内在建最大直径盾构隧道。穿越地层主要为粉质黏土及粉细砂层。该工程对落实长江经济带、长三角一体化发展国家战略具有十分重要的意义。工程项目已列入国务院《长江经济带综合立体交通走廊规划（2014—2020 年）》，是长江干线新建过江通道规划中的重点项目之一，是长江两岸人民期盼已久的民心工程。

深圳皇岗路快速化改造工程全长约 11.5 公里，是深圳市高快速网络系统的重要组成部分。中铁十四局施工的深圳皇岗路隧道盾构段长 2700 米，采用单洞双线设计，盾构隧道直径 15.2 米。主线盾构隧道下穿地铁 1 号线、2 号线、3 号线、11 号线东线、红荔路、振华西路、深南皇岗立交、福华立交、滨河皇岗立交共 9 处敏感区域。

深江高铁珠江口海底隧道为深圳至江门铁路的关键控制性工程，线路从东莞向广州南沙方向掘进，总长4515米，为单洞双线高速铁路，设计时速200公里，其中盾构段3590米，盾构隧道直径12.9米。盾构施工位于珠江口，下穿多条主航道，隧道最大深度达86.2米，高水压施工区域约110米。海水压力高，盾构掘进风险大。线路所经过地区经济发达、人口密集、生态环境好、环保要求高、施工难度较大，是当时国内埋深最大、水压最大的水下隧道。

武汉地铁12号线长江隧道为国内最长单洞双线地铁过江隧道，盾构段长4011米，盾构隧道直径为12.1米，隧道地质条件复杂、水压高，长距离穿越长江，工期紧张，具有险、大、难特点。隧道穿越大片老旧房屋，下穿合武高速铁路桥、京广铁路路基、武九北环线铁路路基等，均为运营铁路线路，施工风险大。

广州南站快速通道海珠湾隧道是广东省、广州市双重点工程，隧道全长4.35公里，盾构隧道东线长2077米，西线长2068米，盾构隧道直径14.5米，以双管盾构隧道形式下穿珠江水道，是目前广州市最大直径盾构隧道。道路等级为城市主干路，双向六车道，设计时速60公里。

武汉两湖隧道是目前国内直径最大的下穿湖底单管双层盾构隧道，也是国内大直径盾构最小平面曲线半径隧道。东湖段盾构隧道长1690米，盾构隧道直径14.5米，建成后，将进一步完善武汉武昌地区骨干路网结构，加强主城组团之间的交通连接，有效缓解武汉市的城市交通压力，方便市民出行。

南京地铁4号线过江隧道盾构段长3063米，盾构隧道直径11.2米，穿越地层主要为粉细砂、圆砾土层、粉砂岩，石英含量最高达90%，隧道最大覆土厚度55.35米，最大水压达7.4巴。

济南济泺路穿黄北延隧道为双向六车道公轨合建隧道，采用双管双层盾构形式，盾构隧道左线、右线均长2040米，盾构隧道直径15.2米，上层为三车道机动车道，下层预留城市轨道交通敷设条件。

中铁十四局在大盾构技术收获季建成和在建的大盾构项目，使企业的大直径及水下盾构施工掘进技术实现了跨越式发展，达到了国内先进水平，个别单项技术已接近和达到国际先进水平。随着施工技术的日臻成熟，自 2018 年之后，中铁十四局承揽的任务量呈爆发式增长之势，水下及大直径盾构国内市场的占有率接近 40%。孙钧院士、钱七虎院士、何华武院士等对中铁十四局的盾构施工及管理创新、技术创新给予充分肯定，并寄予厚望，希望中铁十四局脚踏实地，一步一个脚印地向“世界一流盾构施工承包商”的目标迈进。

中铁十四局建成及在建大直径盾构一览表

序号	工程名称	工程类别	建设标准	盾构隧道直径 / 米	盾构隧道全长 / 米	建设单位	水域 / 工法类型
1	南京长江隧道	公路隧道	快速路	14.5	3015+3022	南京长江隧道有限责任公司	穿长江 / 盾构法
2	南京地铁 10 号线过江隧道	轨道交通	地铁	11.2	3600	南京地铁建设有限责任公司	穿长江 / 盾构法
3	扬州瘦西湖隧道	公路隧道	快速路	14.5	1275	扬州市市政建设处	穿瘦西湖 / 盾构法
4	武汉地铁 8 号线长江隧道	轨道交通	地铁	12.1	3186	武汉地铁集团有限公司	穿长江 / 盾构法
5	芜湖城南过江隧道	公路隧道	快速路	14.5	3950+3958	芜湖长江隧道有限公司	穿长江 / 盾构法
6	京沈客专望京隧道	铁路隧道	高铁	10.5	3189+3180	京沈铁路客运专线京冀有限公司	盾构法
7	杭州望江隧道	公路隧道	快速路	11.3	1836+1830	杭州市钱江新城投资集团有限公司	穿钱塘江 / 盾构法
8	京张高铁清华园隧道	铁路隧道	高铁	12.2	1741+2708	京张城际铁路有限公司	穿城区 / 盾构法
9	苏通 GIL 综合管廊过江隧道	电力隧道	特高压	11.6	5468.5	国家电网有限公司	穿长江 / 盾构法
10	湖南常德沅江隧道	公路隧道	快速路	11.3	1680+1680	常德沅江隧道有限公司	穿沅江 / 盾构法

续表

序号	工程名称	工程类别	建设标准	盾构隧道直径 / 米	盾构隧道全长 / 米	建设单位	水域 / 工法类型
11	南京江心洲夹江隧道	公路隧道	快速路	15.0	1167+1159	南京市公共工程建设中心	穿长江 / 盾构法
12	济南黄河隧道	公轨合建隧道	快速路	15.2	2519+2514	济南城市建设集团有限公司	穿黄河 / 盾构法
13	武汉和平大道南延工程隧道	公路隧道	快速路	15.4	1390	武汉地产集团市政建设管理有限公司	盾构法
14	南京和燕路过江隧道	公路隧道	快速路	14.5	2965	南京市公共工程建设中心	穿长江 / 盾构法
15	杭州下沙隧道	公路隧道	快速路	14.5	1610+1606	杭州市经济技术开发区城市建设发展中心	盾构法
16	杭州艮山东路过江隧道	公路隧道	快速路	14.5	3213.7+3210	杭州大江东产业集聚区公路管理所	盾构法
17	广西南崇铁路留村隧道	铁路隧道	高铁	12.4	4006	广西南崇铁路有限责任公司	盾构法
18	苏州桐泾路隧道	公路隧道	快速路	13.25	490+490	苏州交投规划设计建设管理有限公司	盾构法
19	长沙湘雅路隧道	公路隧道	快速路	14.5	1400+1400	长沙市城市建设投资集团有限公司	盾构法
20	上海市轨道交通机场联络线隧道	轨道交通	地铁	13.6	4921.7	上海申铁投资有限公司	盾构法
21	南京建宁西路过江通道	公路隧道	快速路	14.5	2349	南京市公共工程建设中心	穿长江 / 盾构法
22	杭州市秦望路公路隧道	公路隧道	快速路	15.2	1258	杭州秦望工程建设运营有限公司	盾构法
23	深圳皇岗路隧道	公路隧道	快速路	15.2	2700	深圳市交通公用设施建设中心	盾构法

续表

序号	工程名称	工程类别	建设标准	盾构隧道直径/米	盾构隧道全长/米	建设单位	水域/工法类型
24	汕汕铁路汕头湾海底隧道	铁路隧道	高铁	14.0	2169	广东广汕铁路有限责任公司	盾构法
25	新建渝黔铁路重庆长江隧道	铁路隧道	高铁	12.2	3810	渝黔铁路有限公司	盾构法
26	广湛高铁湛江湾海底隧道	铁路隧道	高铁	13.8	7352	广东广湛铁路有限责任公司	盾构法
27	深江高铁珠江口海底隧道	铁路隧道	高铁	12.9	3590	广东深茂铁路有限责任公司	盾构法
28	北京东六环改造工程西线盾构隧道	公路隧道	快速路	15.4	7336	北京市首都公路发展集团有限公司	盾构法
29	江阴靖江长江隧道	公路隧道	快速路	15.5	4950	江苏省交通工程建设局	穿长江/盾构法
30	武汉市轨道交通12号线长江隧道	轨道交通	地铁	12.1	4010.5	武汉轨道交通12号线建设运营有限公司	穿长江/盾构法
31	武汉两湖隧道（东湖段）	公路隧道	快速路	14.5	1690	武汉市城市建设投资开发集团有限公司	穿东湖/盾构法
32	广州海珠湾隧道	公路隧道	快速路	14.5	2077+2068	广州交通投资集团有限公司	盾构法
33	济南济泺路穿黄北延隧道	公轨合建隧道	快速路	15.2	2040+2040	济南城市建设集团有限公司	盾构法
34	南京地铁4号线过江隧道	轨道交通	地铁	11.2	3063	南京地铁建设有限责任公司	穿长江/盾构法
35	成自铁路	铁路隧道	高铁	12.4	2620	成兰铁路有限责任公司	盾构法

第二章　发展战略　重大决策

知名品牌和超级工程背后，都是科学理性的顶层设计和国家发展战略的强力支撑，前者是果，后者是根。没有863计划、973计划（国家重点基础研究发展计划）的顶层设计和战略规划的支持，就不会有如今中国盾构产业的崛起和发展。

同时，没有企业层面的顶层设计和企业发展战略的聚焦，也不会有现在行业独树一帜的"中铁十四局大盾构"品牌。

"中铁十四局大盾构"，是中铁十四局用近20年的艰苦创业、负重爬坡、砥砺奋进闯出来的"发展之路"，是中铁十四局用近20年的科技创新、制度创新、管理创新打造出来的"金字招牌"。中铁十四局犹如大盾构施工领域中的一匹黑马，纵横驰骋，用近20年的时间占领了超大直径水下盾构隧道施工领域的制高点。有人说，是命运和机遇垂青于中铁十四局，也有人说，中铁十四局从激烈的市场竞争中幸运地成为赢家。但业内专家认为，"中铁十四局大盾构"绝不是"跟着感觉走"的率性而为，更不是天上掉下来的馅饼，而是中铁十四局科学正确的企业发展战略贯彻实施的必然结果，是顶层设计的完美案例，是一张蓝图绘到底的成功实践。

第一节　抢抓机遇　敢为人先

所谓机遇，指机会、有利的境遇、千载难逢的时机。敢为人先，是指敢于做先行者，开天下万物之先河，做他人未曾做过的事。抢抓机遇，敢为人先，是成大事者的基本素质和必备条件，对于一个企业的经营战略来说，更是成功企业的标配。古今中外，无一例外。

结缘金陵　源于南京

1984年1月，原中国人民解放军铁道兵第四师改工为铁道部第十四工程局，告别部队时期，以建筑企业的全新身份投入改革开放的建设大潮。江苏省南京市是中铁十四局开拓省会区域市场、实行区域经营第一个获得成功的省会城市。可以说，南京这座“六朝古都”，成就了中铁十四局太多的光荣与梦想。

老职工们都说，南京是中铁十四局的福地。早在20世纪80年代，中铁十四局就参建了南京浦口站改造工程、南京栖霞机务段工程和南京至镇江高速公路等多项工程。其中，1997年建成的南京禄口国际机场跑道工程，实现了复杂环境下的安全爆破，飞行区技术等级达到民航最高级（4E级），可满足当时世界各类运输机全重起降。

1992年，中铁十四局承建的南京绕城公路第1标段，长约6公里，施工中通过先进的“背载预压”方法，有效地解决了长江淤泥带软地基处理难题。该公路被称为“国内第一条汽车城市专用公路”，建成后，提升了南京的城市形象，改变了过境车辆在城市内穿行的乱象。

在重点工程中，中铁十四局承建的南京鼓楼隧道工程，是中国第一条城市地下立交工程。

南京鼓楼隧道工程总长 1152 米，其中隧道长 750 米，跨度 2.18 米，高度 10.25 米，南北两端引道长 402 米，纵坡为 3.5%。隧道设计为双向四车道，设计时速 60 公里。

20 世纪 90 年代，鼓楼广场为路口多、车流交织、平面转盘式交通形式，造成广场交通经常受阻，不堪重负。经过多年研讨论证，南京市人民政府制定了鼓楼广场交通改造方案。1994 年 9 月，南京市委、市建委发出立项改建南京鼓楼广场的通知，并将南京鼓楼隧道工程定为南京市“一号工程”。

南京鼓楼隧道工程自南向北穿越的地层依次为Ⅰ、Ⅱ、Ⅲ类围岩，长度分别为 120 米、110 米和 520 米，大部分为粉质黏土、红砂岩和凝灰质强风化砂岩。

南京鼓楼隧道工程在中国城市隧道建设史上曾创下四个“全国之最”。规模最大：总长 1152 米；难度最大：总跨度 23 米，最大埋深 14 米，属罕见的大跨度超浅埋隧道；工期最短：合理工期 3 年，但合同工期只有 365 天；建设速度最快：从 1995 年 6 月到 9 月的 4 个月，创下月成洞超百米的纪录。

南京鼓楼隧道工程于 1994 年 10 月 15 日开工，1995 年 10 月 15 日竣工，所获荣誉众多。例如，1996 年 6 月，全国铁道团委、共青团江苏省委、铁道部第十四工程局团工委、南京市人民政府联合授予南京鼓楼隧道工程为“青年文明号”工程。该工程成为古城金陵的一个新景观。首战告捷使中铁十四局在南京建筑市场“小有名气”。

中铁十四局承建的玄武湖隧道机电设备安装工程于 2001 年 11 月开工，2003 年 4 月 29 日正式通车。

2001 ～ 2003 年，中铁十四局承建了南京地铁 1 号线珠鼓区间工程。工程为双洞单线，右线隧道全长 651 米，左线隧道全长 650.4 米，2005 年 9 月 3 日正式运营。

南京绕城高速工程是中铁十四局在南京建筑市场的“第五个漂亮仗”。

2006年12月30日，绕城公路东南段正式开工建设，2010年9月30日建成通车，被誉为“绿色生态景观走廊”。中铁十四局也因此被誉为“绿色建筑使者”。

中铁十四局承建的南京青奥地下轴线交通工程是国内首座也是规模最大的城市地下互通立交。工程采用上下三层结构叠落布置，位于南京长江第三大桥和纬七路长江隧道之间，主要由青奥地下轴线主线隧道、滨江大道下穿隧道和青奥地下轴线广场地下空间（包括青奥博物馆和地下停车场）三部分组成。

作为当年南京青奥会的主要配套工程之一，总建筑面积5.5万米^2，共设计匝道11条，整体呈“T”字形布置，东西向长1668米，南北向长1260米；工程最大宽度75米，最大埋深27米，约9层楼高，是当时中国规模最大的地下综合交通枢纽工程。

中铁十四局因高质量地承建了南京青奥地下轴线交通工程，成为建筑市场的“青奥会领跑者”。

古都南京，在冥冥之中与中铁十四局结下了“不解之缘”。

万里长江，似乎也期待着与中铁十四局有一场里程碑式的“约会”。

试水BOT　敢啃硬骨头

所谓BOT模式，是英文build-operate-transfer model的缩写，通常直译为“建设－运营－转让模式”。BOT实质上是基础设施投资、建设和经营的一种方式，以政府和私人机构之间达成协议为前提，由政府向私人机构颁布特许，允许其在一定时期内筹集资金建设某一基础设施并管理和经营该设施及其相应的产品与服务。

1985年修建的深圳沙角B电厂是我国第一个事实上利用BOT模式引进外资的项目。1995年广西来宾电厂二期工程成为我国第一个经国家批准的BOT试点项目，标志着中国在能源、交通等领域试点规范化管理的正式开始。

BOT与南京结缘是2004年南京市决定修建南京长江隧道（2019年12月20日，隧道更名为南京应天大街长江隧道），该项目的建设风险要远远大于项目建成通车后的运营、回报风险。通过公开招标的方式选择有经验、有能力的建设承包商，是项目成功的关键。经过多轮筛选，南京市人民政府把目标锁定世界500强企业——中国铁建。

中国铁建高度重视南京长江隧道项目，因为它是中国铁建第一个BOT工程，于是安排副总经理何能金亲自带队赴南京组织工程建设任务。

由于BOT属于投资项目，投资大、风险高，令很多施工单位望而却步。中铁十四局领导班子始终高度关注着南京长江隧道项目，时任党委书记、董事长韩风险，总经理杨有诗与班子成员反复研究，认为BOT项目是新生事物，中铁十四局要敢冒风险、敢为人先，要有魄力有思路，大胆投入。另外，南京长江隧道属于大直径水下盾构隧道，当时国外大型水下隧道都是采用盾构法施工，干好这项工程，就能开拓未来国内广阔的市场。机会难得，必须抓住！

为此，中铁十四局党委委派时任中铁十四局副总经理兼中铁十四局集团工程发展股份有限公司总经理张挺军急赴南京向何能金副总经理汇报，表达了中铁十四局期望参建此项目的强烈愿望，并签订了施工意向书。

南京长江隧道工程总投资高达33.18亿元，主体工程包括左汊、右汊两条盾构隧道和右汊江心洲夹江大桥及其他附属工程。起初，中国铁建的意向是由中铁十四局和另一家工程局各购买一台盾构机，各承建一条盾构隧道。

中铁十四局领导班子经过科学论证，认为虽然两台盾构机的购置费用高达 7 亿多元人民币，相当于中铁十四局几年的利润，但是这个风险值得冒，这个“学费”必须交！最终，他们提出最理想的方案是由中铁十四局独立购买两台盾构机，承建两条隧道。为此，他们当面向中国铁建领导形象地陈述理由：10 米以上的大直径盾构机是新生事物，中国铁建是第一次接触，由一家单位施工，更有利于掌握世界最先进的隧道施工技术，同时也有利于培养施工技术和管理人员，对中国铁建开拓大盾构施工市场意义深远。在中铁十四局再三的努力和争取下，最终，经中国铁建总经理办公会研究决定，由中铁十四局购买两台盾构机，承建两条盾构隧道，由另一家工程局承建大桥及其他附属工程。

总部在山东省济南市，具有中国传统儒家文化底蕴的中铁十四局人，以“敢为人先、敢啃硬骨头”的精神，经过严谨的市场前景分析，将号称“万里长江第一隧”、当时“世界设计第二难”的南京长江隧道“收入囊中”。

集中力量办大事　组建“最强项目部”

南京长江隧道正式中标之后，中铁十四局决定举全局之力，集中力量办大事，组建中铁十四局乃至中国铁建史上“最强项目部”，为优质高效地完成南京长江隧道工程施工任务提供组织保障。

由时任中铁十四局党委书记、董事长韩风险任项目部指挥长兼党工委书记，从集团公司相关部门、各子分公司抽调精兵强将组成“史无前例”的班子，以便调动全局各种资源，举全局之力，全力做好南京长江隧道项目的工作。

时任中铁十四局党委书记、董事长韩风险（左）陪同时任中国铁建党委书记、董事长李国瑞（右）到南京长江隧道施工现场指导工作

时任中铁十四局总经理杨有诗（左）在南京长江隧道内指导工作

施工期间，韩风险多次深入工地，组织施工生产，解决施工难题。杨有诗统筹全局资源，是南京长江隧道项目的“总后勤部长”，数次赴南京项目部解决实际问题。中铁十四局各业务部室对南京长江隧道项目开辟了“绿色通道”，“急事急办”“特事特办”“立刻就办”，在资金、物资、人力等方面给予全力支持。

“黄埔军校”　储备人才

尽管组建了史上“最强项目部”，但对于大直径泥水平衡盾构机及施工掘进技术，除少数几个参建过广州地铁小直径土压平衡盾构项目的人员外，绝大多数人对大盾构的了解还属于“一片空白”，既没见过，更没操作过。

怎么办？中铁十四局领导班子着眼于现实，放眼于未来，将南京长江隧道项目视为进入盾构大市场的“试验田”。他们确定了以“订货—全过程监造—制造组装”为主要流程的“速成式”培训模式。从盾构机订货开始，项目部就派专人进行全过程监造，熟悉盾构机制造组装全流程。在盾构机制造商工厂里，中铁十四局有40多名学员全流程学习。车间就是他们的大课堂，在盾构机的组装拆解上，学员们与德国技术人员用英语进行面对面交流。他们白天在工厂旁站学习，晚上请制造商技术人员讲解盾构机相关知识，同时邀请广州地区有盾构施工经验的专家讲课。

中铁十四局陆续投入4000多万元科研经费，分批次对500多名正式员工和劳务队成员进行专业技术培训。

除了在制造商工厂里进行学习，项目部还派人到一些盾构施工“龙头”单位去考察学习，多方面积累经验，攻克技术难关，把所学的本领运用于盾构施工实践。经过南京长江隧道的锤炼，这批技术骨干成为后来中铁十四局大盾构事业的中坚力量。

因此，南京长江隧道工程项目部被誉为中铁十四局大盾构技术及管理人才的第一期“黄埔军校”。

不畏“拦路虎” 永攀“最高峰”

“奋斗的道路不会一帆风顺，往往荆棘丛生、充满坎坷。强者，总是从挫折中不断奋起、永不气馁。”[①]习近平总书记这样说。对中铁十四局管理者来说，亦是如此。自 2008 年 8 月 6 日起，南京长江隧道右线盾构机因“卡盘”停止了掘进，时间长达 240 天。当时，曾有专家忧心忡忡地表示：“长江下面地质极为复杂，解决不了的话，这个隧道就只能废弃了。”当时，社会上也谣言四起，“南京长江隧道恐怕要废弃”的传闻在坊间流传，街头巷尾议论纷纷，甚至见诸报端，给各方带来了巨大的舆论压力。

随后，建设单位将相关情况及时向上级有关部门做了汇报。2008 年 9 月 13 日，事故原因基本查明，认定造成右线盾构受阻的主要原因是刀具磨损严重，但监测系统未发出警报，导致刀盘磨损。

业内专家形象地比喻说：“这个报警器类似汽车的刹车盘报警器，汽车刹车盘磨损到一定程度后会自动报警，当盾构机刀具磨损到一定程度后它也应该自动报警，可后来发现刀具已几乎磨平了，报警器仍然没有报警。”

中铁十四局领导班子冷静沉着，科学应对，他们会同建设单位召开 36 次现场专家论证会，研究解决方案，投入科研基金 2000 多万元。他们还认真研究了世界盾构发展史，发现 1843 年修建英国伦敦泰晤士河隧道时，由于开始时没有掌握抵制泥水涌入隧道的方法，隧道施工常因被淹而停工。历时 18 年（中途停工 6 年），经历了 5 次特大涌水，付出了 6 人的生命代价，进行重大技术改进后，泰晤士河这条全长 370 米的隧道才掘进完成！

---

① 习近平：在纪念五四运动 100 周年大会上的讲话 . http://jhsjk.people.cn/article/31059998［2019-04-30］.

时任中铁十四局总经理张挺军（右）在南京长江隧道盾构机操控室内指导工作

世界盾构技术发展史充分证明了科技创新是唯一能攻坚克难的利器，这也更加坚定了中铁十四局解决南京长江隧道问题的信心和决心。

中铁十四局邀请钱七虎院士开展科技攻关，经过科学的现场调研后，钱七虎院士以科学家的担当，勇敢地站了出来，直面媒体，亲自赶赴现场召开新闻发布会，郑重表示："这项工程绝不能报废，更不能烂尾，我们有能力解决这个问题！"

在他的建议下，中铁十四局建设者们以敢为人先的勇气，带压更换磨损刀具，带压修复磨损刀盘，盾构机再次启动。他们自主改良的刀具性能提高 5 倍以上，确保了南京长江隧道如期建成通车。

与其他的越江隧道相比，南京长江隧道难度系数更高，自主创新比重也更高，开挖的每一个施工阶段，几乎都伴随着世界级难题的技术攻关。

南京长江隧道工程先后捧得中国建设工程鲁班奖（国家优质工

程）、国家优质工程奖金质奖、中国土木工程詹天佑奖、国家科学技术进步奖等。

南京长江隧道工程是中铁十四局彰显中国特色社会主义制度优势——集中力量办大事的成功实践，也是中铁十四局大盾构事业的发源地和里程碑，更是中铁十四局大盾构人心目中的“圣地”！

第二节　战略聚焦　产业协同

南京长江隧道的成功，使中铁十四局看到了大盾构发展的希望，也初步萌生了将大盾构确定为企业发展战略的思路。

差异竞争　特色经营

2010 年 5 月 28 日，南京长江隧道正式通车。中铁十四局上下倍感振奋，领导班子准备沿着新开辟的充满希望的盾构之路乘胜前进，做大做强盾构业务板块。这时，有关部门开始收紧投资性项目的投标，以避免企业的经营风险。

冷静分析自己的长处和短处，中铁十四局认识到，作为中国铁建旗下一家综合性工程局，涵盖铁路、公路、隧道、桥梁、房建等传统业务板块，属于“大而全”，但“不强”，没有核心竞争力的主营业务板块，在行业内没有叫得响的品牌。

放眼业内，建大桥比不过中铁大桥局（集团有限公司），因为该局是中华人民共和国成立的第一个大桥专业化工程局，有自己的国家一级资质设计院和 8 位中国勘察设计大师。电气化工程做不过中国中铁电气化局（集团有限公司），因为该局是 20 世纪 50 年代就成立的专业工程局，从中华人民共和国第一条电气化铁路——宝中铁路开始，几乎参与了所有电气化铁路干线的建设。修隧道比不过中铁隧道局（集团有限公司），因为它是老字号的铁道部隧道工程局，承建过著名的大瑶山铁路隧道、秦岭特长铁路隧道。即便在中国铁建内部，中铁十八局也以打长大隧道著称，在盾构隧道领域也以“穿山甲”著称，专攻硬岩隧道。

中铁十四局领导班子深刻地意识到，要想做强做大，就要避免走同质化竞争的老路，必须搞差异化竞争，发展自己独特的业务板块。

2010 年 8 月，领导班子鲜明提出：“我们的目标不仅是安全优质地将南京长江隧道建成世纪精品工程，更要通过这个平台体现一流的管理水平，‘专业 + 聚焦’，坚持差异化发展，培育专业优势，打造‘大盾构’品牌，培养一支和谐创新、具备核心竞争力的优秀团队，树立品牌形象，为提升中国盾构隧道施工水平作出最大贡献。”

为打造大盾构品牌，中铁十四局组织局内专家研究论证，将直径 10 米及以上的盾构定为大直径盾构，14 米及以上定为超大直径盾构。当时业内没有国家标准、行业标准、团体标准，中铁十四局的“局标”逐渐成为业内约定俗成的提法。俗话说“一流企业做标准”，大直径盾构和超大直径盾构的划分，在标准层面上助推了中国大盾构的发展。

由于思路明确，盾构业务板块随之出现可喜的局面：2010 年 8 月，中标长 12.86 公里的长株潭城际铁路树木岭盾构隧道；2010 年 10 月，中标长 3.6 公里的南京地铁 10 号线过江隧道。继南京长江隧道以后，中铁十四局大盾构业务一步一步迈上新台阶。

高铁盾构并重　统筹安排双赢

2004 年，国务院批准了《中长期铁路网规划》。2008 年，国家发改委又组织进行了修编调整，规划“四纵四横”等客运专线以及经济发达和人口稠密地区城际客运系统。

规划中的“四纵四横”客运专线实际上就是中国高铁的1.0版。伴随着2005年7月4日中国第一条高标准、设计时速为350公里的高速铁路——京津城际铁路正式动工，中国高铁建设的大幕徐徐拉开。

中国铁建和中国中铁（中国铁路工程集团有限公司）理所当然成为中国高铁建设的主力军，两大总公司都将发展铁路和高速铁路作为企业经营的战略重点。当年有一句非常流行的话：“铁”字头的施工企业，要以修建高铁多少论英雄。

中国高铁有巨大的发展前景，也有国家政策的强力支持，施工企业当然不能缺席。但是中铁十四局领导班子认为，对企业而言，不能因为发展高铁业务板块，就丢弃已经初步成功并充满希望的盾构业务板块。应当两者并重，统筹安排，共同发展，而绝不能顾此失彼，应当两条腿走路，一方面积极参与国家高铁建设，另一方面继续将盾构业务板块做强做大。

中铁十四局党政联席会多次研究高铁业务和大盾构特色板块统筹安排、共同发展的问题。其中2014年3月13日的会议纪要，有着原汁原味的记录：

一、北京至承德、张家口方向的高速铁路据设计院方面传来的信息，在北京段要采用地下方案，很可能是大直径盾构隧道，要求副总经理姜伟跟踪信息，继而制定投标方案，全程负责。

二、济南黄河隧道、芜湖城南过江隧道、湖南常德沅江隧道等8项工程，要快速推动，组成专班投标，划分阶段目标，千方百计争取中标。

三、集团公司相关领导、负责人、业务联络员要开动脑筋，靠上去，盯上去。大直径盾构是我们的专利，要巩固、扩大优势。副总经理周长进建议：成立一个大盾构决策机构，设立一个专家委员会。

中铁十四局领导班子经过详细调查和周密研究，统筹安排各种资源，优化配置两大业务板块，形成两个管理团队、两支骨干队伍，协同作战，发展共赢。每个业务板块由领导班子专人负责协调，统一调度安排。

在铁路及高铁业务板块，中铁十四局先后中标和承建了一批工程。2006年中标武广客专3标段，2008年中标石武客专SZ-2标段，2009年中标成绵乐客专CMLZQ-4标段，承建了浙赣铁路复线、宣杭铁路13标段、胶济铁路ZH-9标段、达成铁路2标段。

在盾构业务板块，2014年10月中标武汉地铁8号线长江隧道工程，2015年7月中标芜湖城南过江隧道工程，2015年10月中标京沈客专望京隧道工程，2015年12月中标杭州望江隧道工程，2016年3月中标京张高铁清华园隧道工程，2016年8月中标苏通GIL综合管廊过江隧道工程。

后来的实践证明，中铁十四局确立的“高铁盾构并重 统筹安排共赢”战略是正确的，也达到了预期的效果。

目标升级　产业协同

2016年，站在“十三五”起点，中铁十四局确定了大直径及水下盾构发展目标（大盾构战略2.0版）：整合投资、设计、工业制造、施工技术等资源，打造全产业链竞争优势，加强前瞻性研究和技术储备，积极参与海峡隧道建设；立足国内领先，争创国际化品牌，参与国外大盾构项目施工；推进大直径及水下盾构技术进步，为继高铁、核电、特高压之后的第四张“国家名片”开足马力。

从2012年起，中国铁建通过坚持战略引领，加强改革创新、加速资源整合、加快转型升级，产业结构日益优化、协同效应日益显现、创效能力日益提升，按照“7+1”的产业发展战略，成立改建了16家专业集团公司，重组兼并了10家外部公司，实现了由路内向路外、由地上向地下、由陆地向水域、由国内向国际的拓展。

在产业协同渐成主流的背景下，中国铁建通过资源配置和经营协调，提高大盾构业务集中度，扶持领军企业实施聚焦战略，打造专业品牌。

中铁十四局依托中国铁建高端营销，积极融入“7+1”产业组合，加强与中铁第四勘察设计院集团有限公司（简称铁四院）等设计单位和铁建重工等盾构设备制造单位合作，通过协同经营形成综合集成能力，搭建资本与项目对接平台，提高项目前端影响力、市场对接能力、行业控制力，致力于构建产业一体化生态链。

中铁十四局将大盾构培育成企业的核心竞争力，进而拉动全产业链更高水平的可持续发展。依托核心竞争力、围绕产业上下游拓展辅业，大盾构业务发展带动了盾构施工、机电安装、轨道铺设、管片生产、轨枕预制和工程检测、盾构再制造等业务齐头并进。

截至2020年底，中铁十四局在建筑工业化板块，已建成10个综合性装配式建筑产业园、17个管片预制厂、9个轨枕轨道板预制厂、5个装配式住宅预制厂、4个制梁场；在工程检测板块，2016年实施检测资源整合后规模迅速扩大；在新材料板块，已实现混凝土外加剂、盾构机油脂等产品的量产。

第三节　术业专攻　品牌塑造

“闻道有先后，术业有专攻”，人类的进步就是靠着专业分工才得以创造出巨大的不断增长的社会财富。对于中铁十四局来说，大盾构专业化战略初步得到了市场的认可，而如何打造品牌效应、再造发展新引擎、寻找新的发展战略支撑点，成为摆在领导班子面前必须要回答的新课题。

当时，承担轨道交通和盾构隧道施工任务的中铁十四局集团隧道工程有限公司面临着突出问题：一是随着承揽盾构项目的逐年增多，现有人力资源、机械设备难以满足需要，“鱼”和“熊掌”兼得力所不及；二是大盾构市场前景广阔，但还未形成突出的核心竞争力和有影响力的品牌效应。

整合优势资源　成立专业公司

大盾构和水下盾构隧道施工主要用于城市道路、城市轨道交通、公路、铁路入城通道、过江通道及跨海通道的建设中。随着我国城市基础设施建设投资规模的不断扩大，以盾构施工为主的城市地下空间开发逐渐成为地方政府的主要选择。

从国际市场看，当时盾构法施工的隧道已占到70%以上，矿山法已经逐步被取代。而随着国产盾构机制造行业的发展，竞争日趋激烈，盾构机在国际上的价格也有所下降，这为盾构施工的广泛应用提供了必要条件。

从国内市场看，矿山法隧道施工的短板越来越明显，不仅安全与风险控制难度大，而且在环保上也饱受“诟病”，虽然前期投入小、成本低，但后期易产生渗漏问题，维护成本高。盾构法隧道施工虽初期投入成本高，但效率高、安全性好，一次开挖成型，不渗不漏、线性优美，管片寿命长，后期维护成本大幅降低，在国内市场越来越受到认可。

相比轮渡与桥梁，采用盾构法修建的水下隧道具有较强的抵御战争与自然灾害的能力，在不同的气候条件下均能全天候通行，对生态环境影响小。我国海岸线漫长、河流湖泊众多，水下隧道建设需求将更为巨大。以长江过江通道为例，根据国务院2014年出台的《长江经济带综合立体交通走廊规划（2014—2020年）》，长江干线规划重点新建过江通道有87座，到2030年，国家发改委规划长江干流过江通道将达185座。

2016年7月13日，国家发改委印发《中长期铁路网规划》，在“四纵四横”高速铁路的基础上，形成以“八纵八横”主通道为骨架、区域连接线衔接、城际铁路补充的高速铁路网，其中包括大直径海底隧道、过江隧道、城市隧道。

2016年前后，受益于PPP模式的推广，国内城市轨道交通建设形成了新一波的热潮，盾构施工市场迎来了大的发展机遇期。

2016 年 4 月 27 日，为落实“聚焦超大直径盾构和水下盾构业务，打造企业核心竞争力”的发展战略，提升大盾构经营平台和研发平台的创新能力，经中铁十四局总经理办公会和董事会讨论通过，决定成立“大盾构事业部”。其业务范围是负责超大直径盾构和水下盾构项目的前期经营和管理。

大盾构事业部的成立，为当时中铁十四局大盾构事业的发展和特色经营提供了集团公司层面的组织机构保障，提高了大盾构相关事宜的办事效率，收到了“立竿见影”的效果。

到有鱼的地方去撒网，到有草的地方去放羊，到有活力的地方找市场。嗅到市场先机后，经过长期酝酿、慎重考虑，中铁十四局党委达成共识：成立一家大盾构施工专业化公司，突出专业特色，专攻盾构业务市场。通过前瞻性分析建筑业市场发展前景，基于深入推进专业化战略和聚焦核心竞争力持续提升的需要，中铁十四局将组建大盾构公司提上了议事日程。

2016 年 8 月 30 日，中铁十四局党委召开研究大盾构专题会，审议并通过了《关于整合重组大盾构和轨道交通资源组建大盾构公司的方案》，决定以隧道公司为主体进行拆分，整合技术、人员等优质资源，将大盾构业务划至新设立的大盾构公司。会议明确了大盾构的界定（10 米及以上叫大直径盾构），突出大盾构主业，体现优势，通过转型升级，打造大盾构领域的行业龙头。

2016 年 8 月 31 日，经中国铁建批准，“中铁十四局集团大盾构工程有限公司”（简称中铁十四局大盾构公司）正式成立，全国首家大盾构施工企业诞生。这一次，中铁十四局又站到了行业的风口。

优化地域布局　补齐短板弱项

中铁十四局是一家全国性的大型施工企业，施工项目分布广，2016

年之前，经营范围遍及中国33个省（自治区、直辖市、特别行政区）以及世界20多个国家和地区，所属11个区域指挥部基本覆盖全国。同时作为驻鲁中央企业，自2016年起，中铁十四局已连续多年跻身山东施工企业综合实力三甲行列，且排名第一。

“十三五”伊始，中铁十四局重点打造国内施工、投资及特色经营、海外三大业务板块，立足主业，出台扶持政策，持续培育各工程公司专业优势。但与中国铁建系统内外同行业大型施工企业相比，中铁十四局在工程公司地域布局上并不合理。

当时所辖的13家子分公司中，除位于北京的中铁十四局集团房桥有限公司（简称房桥公司）外，其余12家均集中于山东。这种“扎堆”式布局，既与全国性企业的定位不符，也不利于属地经营规模的持续提升和专业优势的协调联动，对企业长远发展产生掣肘。因此，优化工程公司在全国的地域布局，对于中铁十四局来说势在必行。

在中铁十四局大盾构公司选址问题上，领导班子从战略全局和系统思维出发，倾向于江苏省南京市。南京是中铁十四局的“福地”。从2004年9月南京长江隧道中标起，经过十几年潜心发展，中铁十四局在国内超大直径和水下盾构隧道工程领域的竞争优势日益凸显。念念不忘，必有回响，南京市浦口区也抛来“橄榄枝”，2017年10月27日，中铁十四局大盾构公司正式入驻南京市浦口区，重回金陵城，整装待发。

专业化发展　专家型建造

事实上，中铁十四局组建大盾构公司，绝非简单分出一块业务，而是通过组建专业化公司，在专业化打造核心竞争力基础上，逐步打造为专家公司，在“专”上做文章，真正让大盾构战略落地生根。

从2010年南京长江隧道建成通车开始，在国内超大直径和水下盾构施工领域，中铁十四局率先实现了“江河湖海城”、地质条件、行业、盾构直径、施工工艺五个“全覆盖”。大盾构业务的发展，也带动了多项业务的齐头并进，这种依托核心竞争力、围绕产业上下游拓展辅业的模式，对中铁十四局的发展起到了至关重要的作用。

2017 年 12 月 25 日，在中国铁建首届“十大品牌”颁奖仪式上，中铁十四局“大盾构”荣登“十大品牌”之首。颁奖词高度概括了中铁十四局专注大盾构事业的历程：“十年铸盾，剑指四方，无坚不摧。他们驾驭钢铁巨龙，无惧黑暗，穿越黄河、穿越长江、穿越海峡……每一次巨大刀盘的破土而出，都石破天惊；每一项超级工程的横空出世，都是一个传奇；每一个坚实前行的脚印，都把文明的种子深深嵌入大地。”

在这次颁奖仪式上，时任党委书记、董事长张挺军代表中铁十四局，第一次向外界提出了中铁十四局大盾构的三个梦想：走出国门、穿越海峡、培养院士。

经过多年的发展，中铁十四局大盾构公司施工项目涉及入城通道、江河湖海水下隧道、轨道交通、综合管廊、海绵城市等工程领域，建成了众多举足轻重的标杆性工程，占据了行业领军地位。

“成立大盾构公司是中铁十四局产业发展、转型升级、高质量发展的里程碑。”中铁十四局党委书记、董事长吴言坤说。

引领全球建设发展，创造人类梦想奇迹。这一梦想激励着一代代大盾构人勇往直前。

创建知名品牌　搭建高端平台

2005 年，中铁十四局负责施工的南京长江隧道开工建设，开启了中国超大直径和水下盾构建设新纪元，这也是中国大直径盾构施工技术水平达到世界先进水平的重要标志。中铁十四局通过十年积累，完成技术体系和施工核心团队建设。

2016 年，成立全国首家大直径及水下盾构施工的专业化公司——

中铁十四局大盾构公司，实现专业建造。

2016 年 8 月，由中国工程院主办、中铁十四局承办的“渤海湾海底隧道修建关键技术高端论坛”在烟台成功举办，23 位院士和 9 位国际专家出席，让更多国际专家学者了解了中国大盾构，推动了中国大盾构走向国际。

2016 年 11 月 9 日，德国前总理格哈特·施罗德博士专程造访中铁十四局，对其在大直径和水下盾构隧道施工领域取得的长足进步和发展表示祝贺，并希望中铁十四局大盾构走向世界，挑战更多难题。

中铁十四局大盾构业务不断发展，吸引了世界各地业界同行的目光，并受邀对新加坡、法国、德国、荷兰、日本、埃及、以色列等国家进行考察和技术交流，“中铁十四局大盾构”品牌影响力已冲出国门，走向世界。

2017 年，中铁十四局荣获中国铁建“十大品牌”，在品牌建设上迈出了坚实的一步。

2018 年 10 月，由江苏省有关单位主办、中铁十四局等单位承办的“长江中下游大盾构技术峰会”在南京成功举办。峰会报告了长大盾构隧道施工全领域最新进展，并就超大、超长、超深水下盾构隧道技术创新与前沿技术等热点开展了学术交流和技术研讨。

2018 年 11 月 7 日，由中铁十四局赞助的国际隧道协会年度颁奖大会在中国成功举办。11 月 8 日，时任国际隧道协会主席率领 30 多位国外专家到南京江心洲夹江隧道大盾构工地考察，对中铁十四局在大盾构领域取得的进展表示赞叹。

2019 年 8 月 23 日，中铁十四局“院士专家工作站”揭牌仪式在济南举行。钱七虎院士出席并为“院士专家工作站”揭牌。钱七虎院士作为中国铁建大盾构事业的科技导师，一直陪伴、激励着中铁十四局开创大盾构技术新局面。

2020 年 10 月 26 日，坝道工程医院中铁十四局分院在济南举行揭牌仪式。分院是由中铁十四局与坝道工程医院共建的“互联网 + 工程医院”平台，也是全国首家专注于大盾构及水下隧道工程施工、健康监测、运营维管特色领域的工程医院分院。挂牌当日还举行了水下隧道工程智能建造技术交流会。中国工程院院士、坝道工程医院院长王复明为分院揭牌。

中铁十四局党委书记、董事长吴言坤（前中）在苏通 GIL 综合管廊项目工地

2020 年 12 月 9 日，为使大盾构业务向产业链上游进行技术延伸，打造大盾构科技新业态，进一步健全人才引进机制，加大科研人才培养力度，经研究决定，成立“中铁十四局集团有限公司大盾构与地下空间科技发展研究院”。

研究院设在南京，下设综合管理办公室、智能盾构创新团队（技术所）、标准工法创新团队（技术所）、地下工程创新团队（技术所）。

研究院是中铁十四局大盾构公司的补充与增强，侧重于打造大盾构的科技品牌，拓展大盾构的技术内涵。开展基础性、前瞻性和共性关键技术创新，突破大盾构核心配套装备和关键技术；优化“产学研用”深度融合的创新创业环境，打通上下游技术链和产业链，形成集高新技术研发、高层次人才集聚、专业人才培养、优势产业育成和科技创新服务为一体的研究机构。

研究院的研究方向是超大直径盾构隧道安全建造运营关键技术、深长隧道重大地质灾害主动防控关键技术、地下工程智能建造与智慧运维关键技术、地下大空间综合开发关键技术等方面。

第四节　企业愿景　世界一流

党的十九大报告首次提出了“高质量发展”的新表述，表明中国经济由高速增长阶段转向高质量发展阶段。2018 年 3 月 5 日，在政府工作报告中提出的深入推进供给侧结构性改革等九方面的部署，都围绕着高质量发展。

“不谋全局者，不足谋一域，不谋大势者，不足以谋一时。”竭泽而渔者，眼前也不可能有真正的“发展”。只有着眼长远，才能发展当前。

2020 年是“十三五”的收官之年。站在历史的节点上，中铁十四局开始谋划“十四五”高质量发展的远景目标。2020 年 7 月 21 日，中铁十四局召开党委常委（扩大）会，通过了《中铁十四局　中铁十四局党委加快打造世界一流大盾构的意见》，开启了新时代的新征程。

时代背景与重要意义

进入 2020 年，中国铁建正按照培育“具有全球竞争力的世界一流企业”目标要求，加快转型升级步伐，全力打造“品质铁建”。为了在激烈的市场竞争中锚定优势、构建新发展格局，为中国铁建实现高质量发展助力，中铁十四局提出建设“铁建一流”企业目标，打造在大盾构行业领域引领全球行业技术发展的领军企业，为企业高质量发展提供支撑。

“中铁十四局大盾构”作为中国铁建“十大品牌”之首，是其十余年来精心培育、倾力打造的核心优势，也是打造“品质铁建”、跨入“铁建一流”的支柱力量。中铁十四局敢为人先，勇于探索，在公路、高铁、地铁等长大隧道和地下空间掘进施工中，成功打造了一支在国内大盾构施工领域市场占有率遥遥领先的专业化劲旅。“人无我有，人有我优，人优我精”的核心优势凸显，从该行业的“追随者”快速成长为“领跑者”。

2020 年，国务院国有资产监督管理委员会扎实推进“对标世界一流管理提升行动”，要求中央企业落实《国企改革三年行动方案（2020—2022 年）》部署，促进管理与改革创新良性互动，实现企业高质量发展。

中铁十四局深入贯彻落实，决定通过加快打造世界一流大盾构企业，进一步深化大盾构板块的战略引领，一张蓝图绘到底，推动科技创新、产业孵化，集中力量加快关键核心技术攻关，打造高端品牌，占领行业高端。这不仅能带动大盾构施工核心技术及勘察设计、建设施工、装备制造、管养维护于一体的产业链强势崛起，也是促进国家基础建设稳步进入快车道的需要，更是顺应人民对便捷交通网络、美好生活向往需求的需要。

远景规划与具体设想

中铁十四局打造世界一流大盾构企业的远景规划是：以习近平新时代中国特色社会主义思想为指引，全面践行“品质铁建”发展理念，紧紧围绕“争创建筑行业一流企业”奋斗目标，聚焦大盾构施工及其相关产业（专业）领域，聚能管理和技术“两类创新”，聚力市场和现场“两个根本”，聚合人才和资产“两种资源”，做大规模、做强科技、做优效益、做亮品牌、做实管理，努力打造市场份额领先、科技创新领先、创效水平领先、品牌形象领先、综合实力领先的“世界一流大盾构企业”。

为实现“世界一流”目标，中铁十四局明确提出“四个坚持”的理念。一是坚持战略引领。一以贯之推进“大盾构战略”，一张蓝图绘到底，久久为功。二是坚持守正笃行。中铁十四局总经理周长进明确提出：“要把每一个大盾构项目建成精品，使每一个大盾构项目都成为名片。”仅在 2019 年、2020 年，周长进就深入大盾构施工项目 20 多次，现场解决问题。三是坚持高端突破。善于高端经营，突破高端项目，攻克高端技术，打造高端品牌，占领行业高端。四是坚持统筹联动。“全局一盘棋”，全集团、全产业链统筹联动，各单位、各部门共同发力。

中铁十四局总经理周长进主持“2020 轨道交通高质量创新发展峰会”专题报告会

具体发展目标是：从 2020 年到“十四五”末，分两步走，把中铁十四局打造成占据市场优势（巩固 40% 以上的国内市场地位）、掌握核心技术、拥有一流团队、全产业链发展的“世界一流大盾构企业”，实现“走出国门、穿越海峡、培养院士”三个梦想。

实施方案与具体措施

高质量经营：加强与各级政府相关部门的沟通联系，围绕城市建设所需、政府部门所想、市民生活所盼，把握设计端和客户使用端两个重点，建立良性渠道，从项目咨询、立项论证、设计规划、桥隧比选等前端环节入手，引导建设需求，创造大盾构项目。

加强与铁路、公路、市政、能源等地下空间和通道建设需求单位部门沟通联系，围绕京津冀、长三角、粤港澳、长江、黄河等热点地区，开发核心客户，培育核心市场。

积极推动以大盾构施工带动关联项目工程承包，以大盾构项目投资带动片区开发、流域治理以及其他新兴板块。

积极践行“海外优先”战略，加强与中国铁建国际经营平台合作，借船出海、组团出海，尽快走出国门。

积极融入中国铁建区域经营格局，善于利用中国铁建平台运作项目，加强与以铁四院为主的设计单位密切沟通，深化与铁建重工等设备制造商合作，通过资源聚合提升经营效能。

高品质建造：始终以“如履薄冰、如坐针毡、如临深渊”的态度，把每一个大盾构项目建成精品，使“安全平稳，善作善成”成为“中铁十四局大盾构”品牌核心。在“管片不渗不漏、无错台、地面毫米级沉降”基础上，打造新质量标准。

始终把安全生产摆在极端重要的位置，确保每一个大盾构项目施工过程安全，确保每一项大盾构工程主体结构安全。更加关注以盾构机为重点的设备自身安全，加快制定以安全生产为核心的大盾构项目全流程施工作业规程。

坚持稳产就是高产，把“高效掘进、有序推进”作为进度管理的基本准则，加强专业化、精细化、智能化、科学化建设，全面推进施工现场5S[①]管理，“盾构施工工厂化，文明施工常态化”。

坚持专家策划、深度策划、全面策划、及时策划，使精准策划成为大盾构项目高品质管理的重要措施。定期组织中铁十四局专家对大盾构项目策划执行情况进行巡回督导。

加快完善盾构智慧管控中心使用功能，发挥其在安全生产、掘进参数、设备状态、沉降变形、成本消耗等方面的监控效能。

以“智慧工地”建设为抓手，围绕机械化换人、智能化减人的目标，运用大数据、云计算、BIM、人工智能（AI）等先进技术，大力推进智能建造。

高平台研发：坚持“科学研究为提升行业话语权服务，科研攻关为承接高端项目服务，技术革新为施工生产服务”的科技工作方针，使科技创新成为“中铁十四局大盾构”的重要优势。

尽快建成水下隧道和超大直径盾构隧道领域的国家重点实验室。中铁十四局层面的研发定位是：科研资源统筹，科研选题论证，科研成果评审，重大科研课题组织实施。

实用平台以中铁十四局大盾构公司及相关专业公司为主体组织建设，目标是建成能够解决现场实际问题、引领施工技术革新创造的科技攻关团队。中铁十四局大盾构公司围绕大盾构施工及设备再制造，房桥公司围绕管片生产，中铁十四局集团电气化工程有限公司围绕机电安装、系统集成和隧道管养，山东铁正工程试验检测中心有限公司围绕工程检测、高性能混凝土，在集团总部统筹下有序开展相关课题科技攻关。

---

① 5S是指整理（seiri）、整顿（seiton）、清扫（seiso）、清洁（seiketsu）、素养（shitsuke）5个项目，因日语的罗马拼音均为S开头，故简称为5S。

充分发挥中国岩石力学与工程学会水下隧道工程技术分会、工程实验室、院士工作站、博士后科研工作站以及中国铁建水下隧道工程实验室等多元化科研平台作用，积极争取国家重大科技专项和科技研发课题，积聚更多科研院所、专家学者参与科技研发，建设中铁十四局大盾构高端智库。

探索发明专利、科研成果内部付费流转价值，建立职务发明专利转化权益分配制度，实施更富成效、让科研人员更有获得感的科技创新激励措施。

紧盯琼州海峡、渤海湾海底隧道等超级工程的前瞻性技术研究与储备，与中国工程院等有关高端智库加强合作、有力推进，早日实现建设海峡隧道梦想。

中铁十四局大盾构公司要抓住南京打造具有全球影响力创新名城的重大机遇，在深化科技体制机制改革上积极探索，在推动自主创新和科技成果转化上持续用力。

高水平管理：把降成本、控费用、提效益作为大盾构板块可持续发展的重要支撑，深入开展“项目管理年”活动，通过“流程梳理、短板补强、治亏攻坚、精准预控、价值提升”五大行动，不断提高项目管理水平。

积极参与各行业、各地区水下盾构和超大直径盾构隧道施工定额编制。运用盾构智慧管控中心，全面积累各类地质、各种断面盾构消耗数据，加快编制内部施工定额。

从制造标准入手，抓紧研究大盾构后配套设备模块化、标准化、周转化实施方案，减少购置、避免闲置。

高价值拓展：积极向设备维保、刀具加工、油脂易耗品及紧固件研发等产业链上下游纵深发展。采取包括混合所有制在内的多种方式，开展盾构机再制造。加快建设芜湖盾构产业园。

推进盾构组装拆解、高压进舱压气作业、冷冻作业等专业施工队伍组建。实施盾构机辅助工业产品自主生产。

推进水下隧道和超大直径盾构隧道应急抢险、缺陷治理、病害整治、全生命周期安全检测、工程寿命期满再建造等关键技术研究及相关产业孵化。

提高盾构智慧管控中心对外提供盾构掘进数据监测与预警服务能力。

在加强自有盾构作业人员技能培训的基础上，与有关行业主管部门或学会、协会合作，探索面向社会开展盾构作业人员技能培训及取证工作。

推动中国铁建围绕大盾构板块发展进行高层对接，释放“十大品牌”之首的市场效应；加强与系统内盾构机及其相关设备制造企业的技术交流和沟通互动，合作共赢。

第五节　蓝图不变　文化自信

2013 年 2 月 28 日，习近平总书记在中共十八届二中全会第二次全体会议上的讲话中指出，“为官一方，为政一时，当然要大胆开展工作、锐意进取，同时也要保持工作的稳定性和连续性”。要真正做到一张好的蓝图一干到底，切实干出成效来。“一张好的蓝图，只要是科学的、切合实际的、符合人民愿望的，就要一茬一茬接着干，干出来的都是实绩，广大干部群众都会看在眼里、记在心里。”[①]

2016 年 7 月 1 日，习近平总书记在庆祝中国共产党成立 95 周年大会上号召全党“不忘初心、继续前进”。习近平总书记在强调“不忘初心”的同时，也强调了文化自信！[②]

---

① 提高解决改革发展基本问题的本领——关于科学的思想方法和工作方法 . http://jhsjk.people.cn/article/28343516［2016-05-12］.

② 习近平：在庆祝中国共产党成立 95 周年大会上的讲话 . http://www.xinhuanet.com/politics/2016-07/01/c_1119150660.htm［2016-07-01］.

学者们认为：一张蓝图绘到底，必须建立在高度的文化自信之上。

中铁十四局大盾构事业，为什么近20年目标不偏、镜头不换、主题不变，一张蓝图绘到底，一步一个脚印、扎扎实实地就像接力棒一样把“中铁十四局大盾构”做成了一个金字招牌？吴言坤的回答是，源于我们“实·干·家”的文化自信。

就企业内部来讲，文化力的作用不可低估。所谓文化力，是企业文化所形成的约束力、凝聚力、号召力作用于每个成员，渗透到生产经营的各个环节，最终影响企业整体行为的创造力量。

“实”的魅力内涵

经过多年的发展与凝练，中铁十四局形成了独具特色的“实·干·家”企业文化，保证了企业大盾构战略的稳步可持续发展。

吴言坤认为，中铁十四局大盾构事业四届领导班子“一张蓝图绘到底”是源于“实·干·家”企业文化的自信，特别是，企业文化里的约束力非常强大。他说：“‘一张蓝图绘到底’做起来是相当不容易的。目前还存在着很多‘新官不理旧账’的事，或者是‘用新瓶装旧酒’，事业可以继承，但要重新换概念换提法。我们中铁十四局是真正的‘一张蓝图绘到底’。从2004年南京长江隧道工程开始到2021年，17年来，培育出‘中铁十四局大盾构’这个品牌十分不易，要在我们手里砸了，我们就是中铁十四局的罪人，甚至是中国铁建的罪人。我相信，不光我们这届班子，甚至以后的历届班子，都会把‘中铁十四局大盾构’这张蓝图绘到底，绝不会动摇。”

“实”即诚信唯实，蕴含了儒家传统文化因素，是保持平稳发展的基础支撑。

谋事务实。中铁十四局面对激烈的市场竞争，不驰以空想，不骛于虚声，从立身实际出发，确立了以发展大盾构业务为核心竞争力的战略主题，以“实立企，以务实”的态度谋划企业发展。在发展规划上，从核心竞争力培育、全产业链发展到构建产业“三分格局”、“5+1”提质增效举措、实施海外优先战略、建设“铁建一流”目标，不断充实完善创新，一张蓝图绘到底，保持企业发展的连续性，保证了企业沿着正确的方向前进。在管理实践上，率先探索“法人管项目”模式，推进工程公司专业化建设，实施“小局指大工区”模式，加强“两支队伍”和“架子队”建设，推进“三项制度”改革，持续开展“项目管理年”活动。企业管理的务实举措，有效地保证了企业及时应对发展难题，赢得了大盾构事业平稳健康快速发展的良好局面。随着大盾构施工规模的不断扩大，管理资源不匹配问题显现，中铁十四局通过增加劳务派遣、临时工转劳务派遣、社会化招聘、返聘等措施补短板。

作风踏实。中铁十四局坚持党对企业的领导，把握发展核心要务，班子带头，以身作则，勤政勤事，树立了务实作风的表率。在选人用人上，用务实的人、能干会干的人，讲五湖四海，讲团队建设，从源头上树立务实的导向。一般来说，项目经理是项目管理成败的关键。一个项目经理选好了，即使工程还没开工，也意味着已经有一半的成功把握；相反，用人不准，工程还没开工，就预示着失败一半或已经失败。另外，从文化和人文的角度看，项目经理的专业背景、与之匹配的团队成员性格和精力都需要慎重考虑。在良好风气营造上，严明奖罚，以贡献定奖励，拉开收入差距，积极治亏治乱，严肃依规依法追责，树立优胜劣汰的务实导向。在经济管理上，大力实施项目策划监管，实施项目包保，化解潜在风险，彰显了务实的工作态度。在经济数据上，集团各项数据上报真实，不浮夸、不攀比，营业收入连年增长，实现经营规模扩大的有效传递，资产质量实，产业结构日趋合理，有力地印证了务实带来的成果。

守信诚实。中铁十四局在大盾构项目的履约上一诺千金，积极寻求与建设单位的共赢，形成了京津冀、长三角、珠三角、长江经济带核心客户群体，以诚信交往，以实实在在的业绩说话，大盾构核心竞争力优势扩大，装配式建筑与地方合作力度加大。在与客户交往中，较好地诠释了诚信、有礼、重义等儒家文化精髓，齐鲁之风、泰山厚重、铁军气质、有礼重诺成为集团区别于其他机构的鲜明文化标识。

“干”的风采品格

自 2004 年以来，围绕“中铁十四局大盾构”品牌的创建和中铁十四局大盾构事业的发展，树立起“争先尚干”的品格。这种品格传承了铁道兵精神的核心，也是企业高质量发展的动力源泉。

干事创业。中铁十四局认真贯彻落实中国铁建的要求，有步骤、有计划地优化工程公司区划布局，积极拓展延伸产业链经营，大力开拓新兴产业，为其未来发展夯实了基础。鲜明提出建设“铁建一流”的目标，大力实施海外优先战略，属地经营再上台阶，债转股落地，极大地振奋了全体职工的士气。

干在实处。中铁十四局统筹改革举措，部署工作事项，注重从实处着手，强调落实，富有执行力。立足经营是龙头，提前加大力度加强区域总部建设，人员、资源、资金、政策、干部优先向区域总部配置，保证经营承揽大局。立足在建是基础，全力推进项目总体策划，落实项目监管，确保重难点项目履约。立足经济是关键，加大力度保收治亏，确保项目创效。立足创新是动力，大力进行管理和技术创新。立足转型是方向，全力培养两级核心竞争力，布局新兴产业。同时以“项目管理年”活动为载体，落实五大行动，形成干在实处的氛围。对大型施工企业来讲，项目管理是管理之本、管理之基、管理之源，把所有项目管理到位，企业一定发展，反之，项目管理缺位，两级总部再努力，也事倍功半、收效甚微，所以增强项目管理的鲜明导向至关重要。

苦干争先。中铁十四局在国家重点工程项目中发挥主力军作用，在城市化发展的基建交通领域起到生力军作用，在大盾构高端行业发挥着先锋军作用，不怕艰苦，富有干劲，勇于挑战，敢于争先。在急难险重项目、高风险项目、高科技含量项目上攻坚克难，在核心竞争力和发展产业板块上率先拓展新领域，探索新模式。一靠苦干，不为困难所阻；二靠争先，敢争一流，敢于创新，敢为人先，创造了新业绩，不断刷新纪录，实现自我超越，优势板块率先实现了在行业和系统内的突破。

“家”的情怀担当

中铁十四局“实・干・家”企业文化中的“家”，就是爱企爱家，爱党爱国，既体现了中铁十四局人的家国情怀，又是保证中铁十四局大盾构事业长盛不衰的根本所在。

爱企如家。中铁十四局秉持“有人才有家，有员工才有企业”的观念，大力开展“爱企如家”主题教育活动，树立员工主人翁意识，以企为家，爱岗奉献。营造赏罚分明、奖优罚劣的秩序，能者上、庸者下，重经历、重贡献，为优秀员工营造公平的发展环境。通过推进全员绩效考核以及模拟股份制，让每个人知道项目经营好坏与参建职工息息相关，将管理层和作业层结成命运共同体，凝心聚力干好大盾构事业。广泛开展形式多样的员工活动，提高工地驻地居住条件，最大限度地保障员工的福利待遇，营造友爱、温暖、健康、活泼、向上的“企业如家”的氛围。

家国情怀。在新时期继续发扬实践铁道兵的精神，永远保持着“背起行囊扛起枪”、时刻听从党和国家召唤的坚定状态，招之即来，来之能战，战之能胜；坚守以国为荣的使命担当，作为铁道兵精神传承的队伍、新时期建设的中坚团队、建筑中央企业的生力军，以责任、使命、担当为内涵的家国情怀。

2020年3月5日，中铁十四局正式印发《建设“实·干·家”特色企业文化实施纲要》，对“实·干·家”特色企业文化的实施进行科学规划，压实文化建设责任，确保“中铁十四局大盾构”发展战略一张蓝图绘到底，用文化约束力、凝聚力、号召力，保证将大盾构事业进行到底！

第三章　关键技术　全面解析

第一节　大直径及水下盾构施工成套技术

综　　述

“中铁十四局大盾构”品牌位列中国铁建“十大品牌”之首，施工领域涉及入城通道、江河湖海水下隧道、轨道交通、综合管廊、海绵城市等。先后承建南京长江隧道、南京地铁10号线过江隧道、扬州瘦西湖隧道、武汉地铁8号线长江隧道等数十项水下及超大直径、大直径盾构隧道工程，全球首创并应用盾构常压换刀技术，发展小空间常压换刀和滚刀、齿刀互换新技术，成功建设“万里长江第一隧”“万里长江第一廊”“中国智能高铁第一隧”“万里黄河第一隧”“穿越高铁最大直径盾构隧道”等国内外标杆性工程，率先在国内超大直径和水下盾构施工领域实现了五个“全覆盖”。一是“江河湖海城”全覆盖。13次穿越长江、4次穿越钱塘江、4次穿越黄河、2次穿湖、4次穿越湘江、5次穿海、多次穿越城市繁华区。二是地质条件全覆盖。涵盖了软土、黏土、砾岩、卵石、钢板砂、花岗岩、孤石群、岩溶区、江中冲槽、上软下硬、左软右硬、强透水、高水压等。三是行业全覆盖。涉足铁路、公路、市政、地铁和水工等行业以及“大土木”相关联的全部领域。四是盾构直径全覆盖。从 2 米微型盾构机新管幕法施工、4 米泥水盾构机过长江到 16 米超大型泥水盾构机施工，基本掌握了各种直径盾构施工技术。五是施工工艺全覆盖。创新并应用大直径盾构洞内回拖、洞内始发接收、"钻爆＋盾构空推"、江中溶洞勘查与处理、海上钻爆处理孤石和基岩突起、江面海面注浆固结、常压换刀、带压进舱、自旋式水刀泥饼切割、泥浆絮凝绿色处理、衡盾泥置舱等新技术、新方法、新工艺，形成 150 余项发明专利和创新工法。

中铁十四局通过近 20 年的技术积累和优质发展，已经攻克多项世界级的技术难题，在“始发安全防护技术”、“多种复杂地质条件下的穿越技术”、“复杂地质高水压过江海隧道施工的防水技术”、“大直径盾构始发保护及到达接收技术”、不同地质“泥水指标控制”技术、“带压进舱换刀技术”等方面取得了丰硕的成果，掌握了盾构设备适应性配置、常压及带压刀具更换、大直径及超大直径盾构微扰动施工、孤石及基岩凸起海上爆破、泥水盾构刀盘冲刷系统等核心技术，形成的《超大型泥水盾构越江施工技术研究与实践》《泥水盾构施工管理手册》等施工管理成果，填补了国内空白，被钱七虎院士誉为“国内第一家率先掌握大直径盾构施工核心技术的施工企业”。

践行“一流企业做标准、二流企业做品牌、三流企业做产品”理念，在大盾构工程实践中，中铁十四局特别注重大盾构相关标准的制定与实施，技术标准助力中国大盾构走向国际。参编了《全断面隧道掘进机 泥水平衡盾构机》（GB/T 35019—2018）、《盾构法水下交通隧道技术规程》；主编了《大直径泥水盾构施工技术指南》、《大直径泥水盾构施工安全技术规程》、《公路隧道泥水盾构施工技术指南》（团体标准参编中）、《大直径盾构带压及动火作业安全操作规程》，主 / 参编了《盾构法隧道修复加固工程施工质量验收规范》、《盾构隧道施工测量技术规范》（发布实施）、《城市轨道交通地下结构健康检测监测技术规范》

（发布实施）、《上海市域铁路隧道及地下工程施工技术规程（试行）》、《上海市域铁路隧道及地下工程施工质量验收标准》。近 20 年来，围绕大盾构多年的工程实践与技术积累，从国产装备制造、规划设计、施工建造、技术操作、风险管控等方面，逐步形成了盾构建造技术的系列标准规范。申请的 10 项国际专利技术已布局欧洲发达国家，扩大了该技术领域的国际影响力。

解　析

中铁十四局在大盾构隧道施工领域拥有七大核心技术，即“超大直径盾构选型及刀盘刀具配置技术”“高水压复合地层新型常压/带压换刀技术”“超大直径盾构高效掘进与精准穿越技术”“盾构大数据及智能化建造技术”“超大直径盾构绿色集成建造技术”“超大直径盾构隧道管片生产线设计及生产创新成套技术”“盾构隧道机电工程系统建造及运维管理技术”。形成了“大型结构管片高精度制作”“长江隧道群大盾构安全施工”“海底隧道复杂环境高效掘进”“城域高铁大盾构智能化建造”“城市轨道交通绿色综合修建”五大核心技术群。中铁十四局已成为全国乃至全球盾构隧道建造行业的领军者和技术先导队，是中国大盾构“国家队”的引领者和开拓者。

核心技术一：超大直径盾构选型及刀盘刀具配置技术

1. 超大直径盾构设计集成技术

盾构机的性能及其与地质条件的适应性是盾构隧洞施工成败的关键，采用盾构法施工，就必须选择最佳的盾构施工方法和最适宜的盾构机。针对粉质黏土、粉细砂、上软下硬地层、全断面硬岩等“软－硬”地层，中铁十四局掌握了全面的盾构设计集成技术，对孤石群、断裂带、

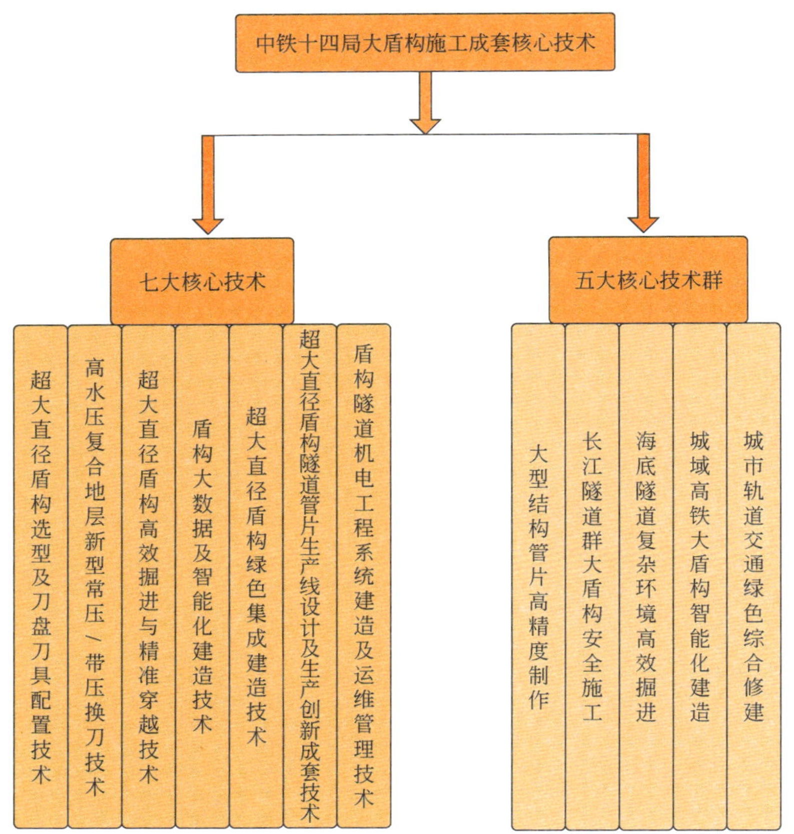

中铁十四局大盾构施工成套核心技术框架图

溶洞群、硬岩凸起等特殊地质，掌握了针对性的解决方案，并成功应用于全国各类穿江越湖海城的工程项目实施中，建立了盾构选型数据库、专家库，实现了为盾构科学选型与工程安全推进的保驾护航。

2. 刀盘刀具系统配置技术

（1）刀盘适应性配置技术：提出了根据盾构工法的种类、刀具与地质的匹配性、开口率等因素，合理地选择、配备相应的刀盘，创新开发刀盘耐磨保护设计技术和刀盘磨损检测装置技术，形成了盾构掘进刀盘与地质适应性匹配技术，提高了掘进效率。

（2）刀具适应性配置技术：根据刀具运动方式、布置位置和方式以及形状，创新刀具耐磨优化设计技术和刀具磨损检测装置技术，提出了基于不同地层的刮刀、先行刀、滚刀、贝壳刀以及超挖刀等刀具的配置形式，提高了刀具之间的协同作用，显著提高了刀具的切削效率。

核心技术二：高水压复合地层新型常压/带压换刀技术

1. 第一代常压换刀技术

南京长江隧道在全球首次使用常压换刀装置进行换刀，实现了常压状态下更换刀具，省时省力、安全高效，大大降低了盾构机磨损刀具的更换风险，为盾构机在艰难地层中能够稳步推进并顺利通过提供了强有力的保障，促进了盾构技术发展与推广应用。

2. 第二代小空间常压换刀技术

南京地铁 10 号线过江隧道工程首次开发并应用了“小空间常压换刀装置和技术”，由丝杠导向定位模式升级为“液压油缸 + 刀箱”的更换模式，操作更简便、换刀速度更快，安全性和可靠性也大大提高。

继南京长江隧道首次实现常压换刀作业以后，中铁十四局又将该项技术由 15 米级成功创新拓展到 10 米级小空间盾构机上，实现了盾构长距离掘进的新突破。

3. 第三代常压滚齿互换技术

武汉地铁 8 号线长江隧道工程在国内首次成功实现了常压下更换滚刀技术和常压下滚刀、齿刀互换技术，大幅缩短了换刀时间，降低了成本，保证了盾构机掘进的顺利进行。实现了大直径盾构在上软下硬土岩复合地层和软土硬岩多地层穿越技术的新飞跃。

4. 首次开发泥饼水刀切割技术

武汉地铁 8 号线长江隧道工程首次创新研发并使用水刀切割装置进行刀盘泥饼的清理工作，开发了固定水刀冲刷和旋转水刀切割技术，实现了盾构掘进期间连续高强冲刷效果，有效攻克了大直径盾构黏土地层掘进刀盘泥饼难题。

固定水刀冲刷装置

核心技术三：超大直径盾构高效掘进与精准穿越技术

1. 大直径盾构穿越软硬不均地层掘进控制技术

针对长距离穿越土岩复合地层，世界上首次针对性地设计并应用了常压土岩复合刀盘，建立了大直径泥水盾构长距离穿越高水压、强透水土岩复合地层高效掘进施工控制技术体系，形成了 26 项专利技术，克服了长达1.4公里上软下硬高强度胶结砾岩复合地层掘进速度慢、刀具磨损快及更换难、刀盘结泥饼等众多世界级的难题。

2. 大直径盾构穿越溶洞、孤石、断裂带等特殊地质安全掘进控制技术

（1）系统研究了可伸缩摆动刀盘配置、刀间距及高差设置、重型滚刀配置、保压系统配置等，保证了盾构机快速、安全的掘进要求，形成了海域复杂地质环境下盾构设备成套适应性配置技术，解决了海底孤石群、基岩凸起、破碎带等困难地质环境中盾构机整体化配置的技术难题。

（2）首次成功应用了适用于高气压环境下盾构机人闸自动监测系统，解决了海底高水压环境中高频次带压进舱安全控制的难题，确保了破碎地层带压进舱的施工安全，开发了“矿山法隧道内混凝土套筒”盾构机海底接收技术。

3. 受限空间下同步快速施工物料运输技术

解决了满足大直径泥水盾构受限空间下高效掘进的无轨运输、同步施工、施工通风等关键技术难题，形成了受限空间环境下同步施工物料高效运输成套技术。

4. 大直径盾构精准穿越风险源微沉降控制技术

通过多年技术积累和工程实践验证，形成了微沉降控制技术理论体系及关键技术。

（1）提出了高水压、强透水土岩复合地层盾构开挖面稳定性控制机理。

（2）建立了大直径泥水盾构穿越复杂环境“三过程、五阶段”全过程地表变形规律，研发了敏感环境沉降变形控制新材料，建立了大直径泥水盾构长距离穿越高密集棚户区及文物建筑群等高敏感区沉降系统控制关键技术。

（3）建立了既有建（构）筑物的损伤评估体系，确定了隧道施工影响下重要风险源的变形控制指标及其三阶段控制标准；创新分析了不同加固措施的试验段变形控制效果；实现了自动化的工前指导和工后评估，为盾构施工参数的合理选择及施工全过程的安全可控提供了保障。

5. 大直径盾构始发接收技术

开展了大直径盾构超浅埋、超深埋始发接收技术研究，提出了超浅埋盾构始发洞门端头土体加固技术、始发基座及反力架施工技术、负环管片拼装及洞门密封破除技术，解决了盾构机超浅埋始发、接收过程中的技术难题。

6. 长距离无抽排直接穿越沼气地层技术

（1）依托苏通 GIL 综合管廊过江隧道工程，针对盾构隧道穿越超高水压（9.8 巴）和富水砂层，研制了主轴承和盾尾密封系统，保证了盾构机密封耐压能力达到 10 巴以上。

（2）依据高要求规范和标准，对电气系统和遥控系统、照明系统进行防爆设计，填补了国内外空白。

（3）泥水盾构沼气地层密封阻隔施工控制技术：创新提出了沼气地层泥浆成膜技术和一种新型的克泥效对有害气体密封阻隔作用试验装置及试验方法，确保了沼气地层泥水平衡盾构机安全施工，对保证大直径盾构安全和快速穿越有害气体地层具有良好的推广借鉴价值。

7. 高水压高石英含量密实砂层高效掘进技术

创新研制了国内首台泥水盾构冲刷实验台，建立了管道磨损、面板冲刷、搅拌排渣数值分析模型，通过系统实验研究分析，为解决高石英含量密实砂层管道磨损、刀盘磨损、面板冲刷等提供了技术支撑，保证了盾构高效掘进。

8. 盾构掘进参数、刀具磨损与地层的匹配性技术

研发了一种新型盾构掘进及刀具磨损试验装置，揭示了盾构掘进参数、刀具磨损与地层的匹配性关系，指导了盾构快速掘进，提出了密实砂层长距离掘进大直径泥水盾构常压换刀预测技术，为工程安全高效施工提供了技术支撑。创新应用了基于三维激光扫描技术的刀具磨损量化评估方法，对检修刀具磨损量进行三维实体模型重构量化分析，指导了刀具耐磨改进设计；提出了超高水压密实砂层泥水盾构刀具削掘寿命、换刀时机、换刀方案的预测分析方法，为现场常压换刀作业提供了理论支撑。

9. 长距离高水压泥水盾构尾刷保护与更换技术

通过采用流体力学计算软件模拟不同工况与不同压差下盾构尾刷磨损情况，加强盾尾密封结构设计，有效预防了盾尾渗漏所造成的不良后果，确保了泥水盾构安全、高效掘进。

10. 富水砂层管片上浮抑制与结构快速稳定技术

形成了富水砂层抑制管片上浮参数匹配技术，有效控制隧道管片椭变及上浮，确保了隧道不渗不漏，实现了隧道结构快速稳定和长期运行安全。

核心技术四：盾构大数据及智能化建造技术

1. 盾构数据综合监控指挥系统

从场区视频、隧道内掘进数据及其他施工信息采集、传输搭建（地下监控设备），项目监控分中心搭建（项目部、地面站级），远程综合监控中心搭建（公司总部）三个层次入手，研发了设计系统物理架构，实现多层级互联互通技术体系。

盾构智慧管控中心

2. 盾构类施工项目安全监控的智能识别技术

采用“互联网+大数据”技术，研发了盾构类施工项目安全监控系统，实现了对在建项目施工现场“全方位、全时域、无死角”监控，采用神经网络、智能识别等新技术，实现了施工项目场区环境风险、操作风险的智能识别与处置，形成了安全、智能的分析管理平台，实现了无人化、智能化现场远端辅助管理，大大增强了施工现场的管控范围及管控力度。

3. 多类型多模式盾构掘进大数据采集及监控可视化技术

采用数据采集、参数预警、智能分析、风险评价等手段，研发了涵盖土压平衡盾构机、泥水平衡盾构机，涉及德国海瑞克公司、中国铁建重工集团股份有限公司、辽宁三三工业有限公司等多类厂家的盾构数据采集系统，并根据多类型多模式盾构个性化特征，涉及研发其监控数据可视化显示方法，实现了施工进度控制、盾构数据监测、掘进工效分析、人员管理、材料消耗、风险预警等功能模块的开发及应用。

4. 基于安全监控系统的盾构类施工项目应急指挥调度技术

基于数据共享与多层实施联动，研发了涵盖盾构类施工项目风险的联动报警、远程诊断、指挥调度、应急处置等功能的综合应急指挥系统，实现了事故风险发生及发生后的应急管理。

5. 盾构类施工项目的“工程医院”系统

开展了盾构隧道故障及风险的远程诊断系统开发，实现了盾构隧道建设过程、维修管养期间的专家远程在线会诊，包括工程案例库、工程检测分析、专家会诊、故障诊断等主要功能模块，实现了盾构施工项目的“工程医院”救治及延寿。

6. 大数据分析的盾构类施工项目的优化决策系统

依托系统盾构类施工项目数据的长期采集与分析，开展基于大数据分析的优化决策系统研发，开展推力、扭矩、掘进速度、贯入度、泥浆配比等关键参数优化研究与应用，基于数据累积对项目策划、施工进度、工艺流程、技术标准等研发项目方案推动及优化设计功能，实现了大数据分析优化决策，提高了生产力。

7. 盾构类施工项目数据综合监控指挥系统

依据“信息化、智能化、标准化”建设高标准，拓展监控系统的应用广度及深度，研发了盾构类施工项目数据综合监控指挥系统的应用程序（APP）——“盾构家”，并研发其配套语言呼叫系统、用户信息管理验证系统等。

8. 盾构掘进关键安全预警评估子系统

盾构掘进预警系统将实现实时监控、远程指挥等功能，可极大提高各层级对在建项目的管控水平；将极大地推进盾构施工的信息化、智能化、标准化建设；通过“互联网 + 大数据”对盾构掘进中的各项参数进行实时分析，及时解析故障、问题和缺陷的根源，修改不合理的参数，减少盾构停机和维修所耗时间和经济成本，减少材料消耗量，根据不同地层匹配不同的参数以加快施工进度；时刻监测注浆量及围岩压力，确保盾构隧道施工过程中邻近建（构）筑物安全，降低房屋损害等所致的经济赔偿，避免在复杂地质条件下出现质量和安全事故，为确保盾构隧道顺利施工和满足工期要求提供数据支撑，减少施工时间和管理成本。

以上技术成果对我国盾构施工行业技术及管理水平的提高具有重大意义，同时也为打造“中铁十四局大盾构”核心竞争力发挥了关键的支撑作用。

核心技术五：超大直径盾构绿色集成建造技术

1. 盾构隧道全预制拼装技术

将轨下结构和附属管槽进行预制化拼装建造，国内首次实现盾构隧道轨下结构全预制拼装。创新研发了机械化拼装台车，实现了轨下结构建造工厂化、机械化、专业化和智能化，具有工期短、效率高、安全可靠、节约成本的显著成效，实现了绿色、节能、环保的施工目标。

2. 城市核心区复杂环境下管片高精度拼装技术

形成了城市核心区复杂环境下管片高精度拼装技术，创建了盾构隧道自动导向系统，实现了实时导向、精准控制，实现了盾构隧道掘进高精度控制，建立了管片工厂化自动建设系统和管片智能操控拼装系统，实现了及时纠正、精准安装，引领了大直径盾构隧道拼装技术水平，刷新了盾构隧道拼装精度的新高度。

3. 盾构泥浆无污染绿色处理与资源化利用技术

创新研发了一种无污染、无异味、快速絮凝的非离子型聚丙烯酰胺（PAM）絮凝剂和一种高分子聚酯丝滤带材料，引进了先进的泥水处理、压滤、离心相结合的泥浆综合处理设备，实现了处理全过程自动控制、自动切换、环保高效、循环利用的泥浆处理技术，全面解决了黏土地层掘进中大量废浆处理难题，实现了无污染、零排放的绿色、环保施工要求，创新了盾构泥浆绿色环保综合处理技术。

4. 新能源建造技术

为进一步提高长大隧道绿色施工水平，创新研制了“新能源管片箱涵电液运输车”，可改善施工环境、降低运输能耗、满足高效掘进、改善施工通风，经行业专家论证经济、安全、可行。

核心技术六：超大直径盾构隧道管片生产线设计及生产创新成套技术

中铁十四局掌握了模具运行、钢筋加工、混凝土灌注以及混凝土养护等自动化控制技术，以及振动器振动力自动监测技术、管片脱模自动吊装技术、管片重载自动导引车（AGV）智能搬运技术、管片模具自动清理及脱模剂喷涂技术、管片混凝土自动抹面技术、三维智能扫描检测技术、管片智能化生产管理信息技术等一批先进技术，为项目全生命周期管理提供了有力支撑，保证了工厂化施工的安全、有效、可控。

管片是隧道的最终屏障，在隧道建设过程和建成投入使用后，始终发挥着最直接、最重要的保障作用，是盾构隧道施工安全、结构安全和使用寿命的根本。

中铁十四局自2006年开始探索管片预制施工，从无到有，从有到精，在钢筋混凝土管片领域深入探索研究十几年，五穿长江、一过黄河、一越湖一跨海，形成了房桥管片品牌，涉及铁路、公路、市政、地铁、水工、电力等领域，实现了行业全覆盖，以质量之精、品牌之优牢牢占据国内行业领先地位。

中铁十四局先后参与了40余项国家重点工程隧道建设，包括当时长江上隧道长度最长、盾构直径最大、工程难度最大、挑战最多的工程——南京长江隧道，世界上已建成的最大直径的单管双层盾构隧道工程——扬州瘦西湖隧道，国内城市核心区域最长的高铁盾构隧道——京沈客专望京隧道，“中国高铁智能建造第一隧”、国内城市核心区穿越地层最复杂的高铁、单洞双线大直径高风险盾构隧道——京张高铁清华园隧道，国内水压最高、埋深最深、掘进最快、全球首条特高压穿越长江隧道——苏通GIL综合管廊过江隧道，国内最大的单洞双线地铁越江隧道及国内第一条采用双层衬砌的盾构隧道——武汉地铁8号线长江隧道，在建的穿越长江的最大直径盾构隧道工程——南京江心洲夹江隧道，在建的最大直径的盾构隧道、黄河上第一条公轨合建的隧道——济南黄河隧道。

中铁十四局管片产品品种齐全，包括6米、9米、10米、11米、12米、13米、14米、15米级的各种直径规格，实现了“江河湖海城”全覆盖，在沿江、沿海、京津冀大盾构市场中，打造了明显的区域优势及品牌效应。

开发了引领国内大型管片生产的技术体系和智能化成套生产技术，包括高精度管片模具的制作和检测技术、钢筋自动化加工控制技术、混凝土自动化灌注控制技术、混凝土振捣自动监测技术、混凝土养护自动化控制技术、管片脱模自动吊装技术、管片模具自动清理及脱模剂喷涂技术、管片混凝土自动抹面技术等系列前沿技术。

通过采用管片智能化生产管理信息技术，以及物联网建造、数字孪生等先进技术，打通了生产、运输、拼装等环节的信息壁垒，实现了动态库存管理、管片拼装定位追踪、整体生产流程统一管控，建立了国内第一个大型管片智能化管理系统，为项目全生命周期管理提供了有力支撑。

核心技术七：盾构隧道机电工程系统建造及运维管理技术

作为盾构工程全产业链的终端，机电设备系统是保证整个隧道工程能够正常运营并发挥效益和保证工程安全的关键部分。

不同的隧道机电设备系统由于设计使用功能的不同，组成项目的差别也较大，而且由于行业的不同，专业划分也存在一定的差异，以盾构城市道路隧道为例，整个隧道机电工程按专业划分为供配电、照明、通风、消防、给排水、监控、通信、机械设备等八大系统。

如果把盾构隧道工程比喻成一个人，那么土建施工提供了坚实的骨骼，而机电设备系统则使工程具有了生命的力量；隧道的监控、通信系统如同隧道工程的神经和大脑，负责指挥整个身体；隧道的供配电，照明，通风，消防给排水，监控、通信，机械设备等不同系统像身体的五脏六腑，保证身体正常运行机能。

不同的隧道机电设备系统由于设计使用功能的不同，专业划分也存在一定差异，隧道机电设备系统的专业构成主要有以下几个部分。

（1）供配电部分用于保证工程电源的供应，包括供变电系统、低压配电系统等。

（2）照明部分提供满足不同需求的照明保障，包括正常照明、应急照明等。

（3）通风部分负责工程通风、排烟的功能实现，含隧道通风系统、环保除尘系统、空调系统等。

（4）消防给排水部分保障隧道消防功能和给排水需求，包括消火栓系统、自动喷淋系统、气体灭火系统、灭火器系统、给排水系统等。

（5）监控、通信部分是机电设备系统管理的核心，用于监控隧道各系统运行状态，控制各类设备运行启停，保障工程正常安全运行。监控、通信部分涵盖分子专业最多，是隧道机电工程中最复杂的部分，可简单划分为隧道中央计算机系统、隧道交通监控系统、通信系统、设备监控系统（BAS）、火灾自动报警系统（FAS）、隧道结构健康监控系统等。

（6）机械设备部分包括保证隧道运行需要的各类机械，也是隧道机电设备系统的重要组成部分，常包括隧道人防（防淹）门系统、人员疏散通道逃生系统、联络通道卷帘门、电梯设备等。

除了以上部分，盾构隧道的机电设备还包括智能管养系统、安防及门禁系统、电子巡检系统、电子警察系统、收费站系统等其他辅助系统。

所谓隧道的运营维管是指隧道开通运营后的设备维护保养、值班监控、工程保洁、维修维护、应急情况处理、革新和改造等。业务范畴覆盖隧道、管廊、市政工程、绿化及轨道交通等领域，涵盖“病害诊治”，多专业设备巡检、安防、保洁等业务，具备超前“诊治”、维保、快速应急抢修、监护、改造、大修和意外损失恢复的全天候智慧化管理服务能力。

1. 行业技术优势

1）机电设备安装

（1）齐全的专业资质。中铁十四局及子分公司拥有齐全的隧道机电设备系统工程施工资质，全面覆盖隧道机电设备系统工程安装各专业，包括由住房和城乡建设部核发的通信工程施工总承包一级、机电工程施工总承包一级、铁路电务工程专业承包一级、铁路电气化工程专业承包一级、公路交通工程（公路机电工程）专业承包一级。

由山东省住房和城乡建设厅核发的消防设施工程专业承包一级、输变电工程专业承包二级、建筑装修装饰工程专业承包一级、建筑机电安装工程专业承包一级、电子与智能化工程专业承包一级。

由济南市行政审批服务局核发的建筑工程施工总承包三级、电力工程施工总承包三级、城市及道路照明工程专业承包三级、环保工程专业承包三级、市政公用工程施工总承包三级。

针对城市隧道机电施工，在总体层面有机电工程施工总承包一级，在专业层面有公路交通工程（公路机电工程）专业承包一级，在具体专业层面有消防设施工程专业承包一级（保证盾构隧道消防系统专业化施工）、输变电工程专业承包二级（保证盾构施工用电及隧道机电工程施工）、建筑装修装饰工程专业承包一级（保证隧道建筑装饰装修全流程）、建筑机电安装工程专业承包一级（保证隧道机电工程安装施工）、电子与智能化工程专业承包一级（保证隧道机电工程的监控系统集成）。其他市一级资质则保证了其他剩余施工项目的全覆盖。

（2）拥有长期合作的覆盖国内外的供应商资源。中铁十四局与国内外的众多设备制造商保持长期稳定的合作关系，拥有完整的供应商管理体系。公司严格控制产品质量，按照成本和质量要求进行采购，进一步提升设备物资网采集比例和供给质量，加大大型设备及周转材料的调剂力度，健全对外经营机制，提升周转使用率。与北京铁路信号有限公司、深圳中兴信息技术有限公司、久盛电气股份有限公司等全国350余家知名企业签订了战略合作协议，进行多产品、多层次的深度合作，提升了产业、供应链现代化水平，助力公司机电设备安装施工生产能力进一步增强，实现高质量发展。

（3）拥有成熟的专业化施工队伍。近年来，中铁十四局高度重视盾构隧道机电安装专业化劳务施工队伍建设，加大“两支队伍”引进和“架子队”建设力度，在近20年的专业化施工过程中，培养了一大批专业、优秀的核心施工队伍，通过实施集约化管控，成建制管理团队，提升了机电安装生产组织水平。截至目前已与通州建总集团有限公司、山东益通安装有限公司等13家专业劳务公司建立了长期战略合作协议，机电设备安装实现百分之百“架子队”施工。

（4）拥有盾构隧道机电设备安装装配式施工成套技术。盾构隧道的机电设备系统构成复杂，除隧道主体部分设备外，其他机电设备安装区域往往空间狭窄、管线密集，采用常规施工方法，不仅施工环境布置困难，而且各类设备及管线经常相互干涉，从而需要修改、避让，这既影响了工期，也容易造成资源浪费。多年来，通过创新实践，形成了盾构隧道机电设备安装装配式施工成套技术。装配式施工是近年来建筑行业兴起的新型施工方式，这种方式通过工厂化预制生产各类构件，将大量需要现场制作的构件转换为工业自动化生产，施工现场通过像搭积木般简单的组合施工就可完成。装配式施工更加节能、环保、绿色，是新时代建筑安装的发展方向。

利用BIM+建造技术，建立施工安装环境、设备、管路的数据模型，对管线进行模拟排布，对施工流程进行虚拟仿真，能够提前发现并解决各类冲突干扰，优化施工。同时，利用优化后的建筑模型，通过计算机软件，对各类需要加工的风管、水管、支架进行模块化拆分分组，直接形成预制加工组建模型。生产的模型再交由工厂化的加工工厂直接进行生产预制。加工好的组件，按BIM+技术编制的运送配置计划配送，到场后即可快速安装拼接成型。

通过建立机电安装BIM+技术中心、加工预制工厂，中铁十四局在机电安装领域构建了成套的盾构隧道机电设备装配式施工成套技术体系，有效地提高了隧道机电工程安装施工效率。

（5）拥有自建的构件研发生产基地。组件装配自动化研发生产中心是中国铁建首个地铁模块自动化生产基地，成立于2019年8月，基地占地3000余平方米，先期总投入500多万元，拥有风管生产五线设备、角钢法兰自动焊接机、焊接机器人、立式直缝焊等先进设备数十台，是集设计、研发、生产、组装于一体的高自动化生产工厂，主要产品有各类风管、支架及冷水机房装配式组件和小型机具等，设有生产、检验、仓储、成品展示、办公等区域。可根据客户要求，利用BIM+技术自动生成图纸，快速进行模块化生产。

（6）打造机电安装与装饰装修一体化施工能力，占领隧道机电安装制高点。为适应目前盾构隧道工程“机电安装 + 装饰装修”一体化施工管控模式，提高专业发展定位，汇集资源优势，发挥专业人员作用，实现对装饰装修专业的精准管控，中铁十四局集团电气化工程有限公司于2019年11月成立装饰装修事业部，印发了《装饰装修分部管理暂行办法》。装饰装修事业部定位于组织协调专业工程施工，管理、调配、培育装饰技术力量，补齐专业短板，劳务队伍、物资集中管控，实现优势资源共享，探索总结装饰装修领域项目管理经验，增强板块管控能力，提高装饰装修项目创效水平。

地铁盾构隧道装饰装修专业工程有着工期紧张、工作面狭小、交叉施工多等特点。装饰装修事业部自成立以来，以新白广城际项目、南京地铁7号线项目装饰工程为试点，陆续成立济南穿黄隧道项目、南京横江大道项目、南京地铁2号线项目等装修分部，承接专项施工任务约3.2亿元。装饰装修事业部对技术力量、劳务队伍、物资实施，统一调配，培养锻炼了自有设计技术人员、劳务队伍。与部分装饰板材、防火板等材料供应商建立战略合作关系，现场安全、质量、工期可控，形成前期策划，图纸、方案优化，现场组织调配，后期维护服务的全过程精准管控能力。

2）盾构隧道维管

（1）专业化队伍。2003年，中铁十四局进入基础设施运营维管市场并成立了系统内首支隧桥管养队伍，经过近20年的发展，截至2020年底，拥有专业车辆维护设备106台、专业运维员工683人、缺陷责任期专家20人、一级建造师12人、各专业工程师60人。

基础设施运营维管团队为中铁十四局盾构施工全产业链的重要一环，属于集团公司工程竣工前期蓝军队伍，负责为土建结构及机电设备安装“挑毛病、找问题”，打造高质量品牌工程，为客户提供全寿命周期的质量管控与服务。在建设期，施工单位按设计图纸规范施工，竣工前盾构隧道维管缺陷责任期从后期维护、检修、设备安全、稳定运营考虑确保盾构隧道安全运营。基础设施运营维管团队现有缺陷责任期专家20人，特种作业人员百分之百地持证上岗。在南京长江隧道、扬州瘦西湖隧道、湖南常德沅江隧道建设后期提前介入施工，受到建设单位一致好评。从隧道运营开始累计接待系统内外各单位考察1100余场次；召开盾构隧道建设、维管交流会1000余次，为施工单位与建设单位沟通交流提供了便捷的桥梁。

（2）标准化管理。中铁十四局能够在激烈的盾构隧道维管市场竞争中增强竞争力，保持可持续发展，科学有序的管理是关键，讲究的是管理的规范化、程序化、标准化、制度化。“三手册一预案”等企业标准助力维管分公司成为盾构隧道维护管养行业标准的“领跑者”。

《基础设施运营维管分公司管理标准化手册》是对盾构隧道等市政工程运营维管的实践经验总结，是中铁十四局盾构隧道维管团队整体智慧的结晶。熟悉并遵从该手册的要求和规定，严格执行“规范化、精细化、信息化、长效化”的养护标准，是维管团队做好本职工作的基础和关键，亦是维管分公司稳健发展制胜的必要保障，为最终实现“增强全员服务意识、打造隧桥管养金牌”的管养目标打下了坚实基础。

《项目技术部工作指导手册》系统地总结了维管项目技术管理经验，

梳理了项目各阶段工作管理流程，促进了项目技术管理工作的规范化、程序化、科学化，为进一步提高项目整体技术管理水平打下了坚实的基础。该手册编写从项目技术管理角度出发，建立项目运营维管技术管理体系，明确运营维管部门工作职责，进一步梳理项目技术管理工作流程，从项目前期阶段、实施阶段以及项目收尾阶段等方面说明各阶段所做的准备工作及工作内容，使项目技术管理工作更加透明化、流程化、模块化，为下一步项目技术管理提供有利的参考依据。

《安全标准化手册》是为严格落实企业安全生产主体责任，加强盾构隧道维管安全生产管理，防止或减少运营生产安全事故，促进运营生产持续健康发展，消除各种安全隐患编制的。按照“管行业必须管安全、管业务必须管安全、管生产经营必须管安全”的原则，建立全员安全生产责任制，健全安全生产监督管理体系，确保安全生产投入，采用先进的安全生产技术和管理方法，实行全员、全过程、全方位的安全管理，推进安全生产文化建设，不断提升盾构隧道维管业务板块的安全管理水平。

《突发事件应急处置预案》是为有效应对盾构隧道工程可能出现的紧急或重大突发事件，中铁十四局在长期的运营管理中探索出的一整套应对盾构隧道突发事件应急处置预案。该预案包括：总体预案；盾构隧道设备、设施抢修应急预案；交通封闭应急预案；防汛防涝及防突发渗漏专项应急预案；防雪防冻专项应急预案；突发双路供电异常事件专项应急预案；突发火灾事件专项应急预案；反恐应急预案；突发浓雾事件专项应急预案；防高温预案；防台风、大风应急预案；渗漏引流应急专项应急预案；等等。这些预案能够及时采取应急控制措施，组织实施抢险抢修工作，最大限度地预防事件的发生和控制事件的深度发展，避免和减轻因突发事件而造成的损失和社会影响，保障了公共设施安全和人民财产安全，更好地服务于社会，服务于人民。

（3）智慧化维管。盾构隧道属于重大公共工程，它的运营服务水平广受瞩目，时刻保障隧道处于安全运行的状态是其正常运营服务的决定性因素。在持续提供服务的过程中，中铁十四局通过建设隧道智能管理平台，对隧道进行科学养护，提升了人员的管理水平，使得隧道保持良好的运行状态。

盾构隧道本身结构复杂，且设施及设备种类繁多，要想及时掌握它们的运行状态，对其进行科学养护，就必须融合现代信息技术，只有这样，才能使管养过程更高效、管理决策更科学。中铁十四局利用信息技术，开发出盾构隧道智能维管系统，包括办公子系统和维管子系统。办公子系统主要为满足日常办公相关功能；维管子系统主要包含隧道维管相关功能，包括 PC（个人计算机）端和巡检 APP 端。

智能维管软件系统操作简便，界面美观，运行稳定可靠，理念先进，充分展现出智能盾构隧道维管模式的优势；软件设计结构合理，且具有高度开放性、兼容性和可移植性的特点；采用“C/S（客户端/服务器，公司内部模式）+B/S（集团管理及网上客户服务平台）”方式；具有可靠的安全防护措施以及提供完备的自动备份策略；智能化程度高，能提供对关键信息的预警提示功能；系统配备灵活的定制工具，以适应盾构隧道维管企业不断变化的管理机制；移动终端与服务器数据库软件能够实现多种通信方式，能够实现数字化签名；数据库建立养护计划、故障维修记录、日常巡检记录、分类汇总、查询统计、档案资料查询、各类报表统计分析等基础功能；满足特殊要求；等等。

智慧维管运用智慧数据系统、智慧管控系统、智慧运维系统，通过对盾构隧道现状的分析，结合隧道管理的发展趋势，设计“隧道智慧控制系统”应用的方案，建立智慧隧道平台，将各个系统的功能整合在统一的应用界面上，集中控制、管理。隧道智慧管理系统技术包括智慧服务、智慧维管、智慧管控三部分。

中铁十四局盾构隧道维管业务在向多领域、多专业、信息化方向发展，运用“互联网＋”，构建“隧道群”管理平台，实现了科技化、标准化和智慧化管理。

2. 综合性优势

1）全流程保障优势

盾构隧道施工是一个综合性的施工，除涉及盾构隧道掘进、管片加工预制、工作井建筑、机电安装工程等主要工作外，还需要掘进供电保障、场地迁改保证等辅助性施工工作的保障。

中铁十四局下设的专业化子公司，具有综合的专业施工能力，能够全程保障工程的施工。从最初的现场各类管线迁改、大型临水临电组织，到施工过程用电保障、各类机电安装，直至施工结束后的隧道管养工作，已经具备了全产业链条的实施与保障能力，足以形成体系化的综合优势。

2）建养一体优势

“建养一体”是指将工程的建设与管养维护工作作为一个工作整体统筹考虑、综合实施的工程实施方式。

在建养一体实施时，要求工程建设方既要具有工程建设能力，还要具有对工程的长期管理养护、维修更新的能力。

工程建设与工程管理养护关系非常紧密，工程建设为工程使用提供基础，而工程的管理养护则保证工程的用户使用体验。工程的建设施工过程决定了工程的初始质量状态，工程的日常使用过程则不断影响到初始质量状态的稳定。当工程受到良好后续管理和养护作业支持时，可以保证工程的质量状态稳定不出问题，甚至可以进一步提高工程的使用体验。

当采用建养一体时，工程建设者既是养护者，也是建设者，两者对工程质量责任统一，有利于工程质量的稳定和提高。

根据类似工程运营维护经验，工程从通车试运营到工程使用状态的稳定需要一定的过渡期。工程结束初期，设备正处在故障“澡盆曲线”的初期高发阶段；对使用者来说，需要对工程的正确使用有一个熟悉了解的过程；对工程的管养维护者来说，工程的养护管理流程也需要一个磨合过程。

当采用建养一体时，管养维护者就是工程的建设者，熟悉工程情况，这就对整个过渡期的各方面的磨合有极大的促进作用。

工程在整个寿命周期中，需要不断地自我更新，才能不断适应新时代提出的新需求，发挥最大的效益。以城市公路隧道机电设备中的道路照明灯具为例，灯具有固定的使用寿命，除了日常故障损坏需要更新外，一定年限后还需要整体更换，新更换的灯具必然是更高效、更节能的新型灯具。

当管理养护单位具有一定的大修施工能力时，这种盾构隧道工程在运营期的持续改进就有了更有力的保障，这也是建养一体的特点。

机电安装与维管专有技术及知识产权清单

序号	授权号	授权名称	类别
1	ZL201310520041.9	地铁施工的斜井提升运输系统及设置方法	发明专利
2	ZL201220396139.9	风管吊丝钻孔、安装工具	实用新型专利
3	ZL201320624001.4	一种地铁导线放线装置	实用新型专利
4	ZL201320624043.8	一种扁铁煨弯装置	实用新型专利
5	ZL201320629580.1	一种镀锌风管钻安装孔辅助工具	实用新型专利
6	ZL201420110446.5	承插式管道敷设的牵引器	实用新型专利
7	ZL201520828557.4	一种消除长距离线路感应电压的开关控制电路	实用新型专利
8	ZL201520828558.9	隧道照明施工专用梯车	实用新型专利
9	ZL201620414603.0	一种膨胀锚栓安装装置	实用新型专利

续表

序号	授权号	授权名称	类别
10	ZL201620414604.5	一种低空用钢管运输装置	实用新型专利
11	ZL201620414602.6	一种照明导线放线车	实用新型专利
12	ZL201720245578.2	一种建筑施工管道角度测量装置	实用新型专利
13	ZL201720245579.7	一种地铁空调循环水系统	实用新型专利
14	ZL201720246032.9	一种城际铁路地下站屏蔽门顶部与结构墙面密封结构	实用新型专利
15	ZL201720246033.3	一种城际铁路高架站安全门安装结构	实用新型专利
16	ZL201720246034.8	一种风管支架	实用新型专利
17	ZL201720246686.1	一种电缆剥皮工具	实用新型专利
18	ZL201720246687.6	一种管道运输装置	实用新型专利
19	ZL201820416717.8	一种简易线缆放线架	实用新型专利
20	ZL201820416718.2	一种扩底锚栓便捷安装工具	实用新型专利
21	ZL201820416719.7	一种多线径剥线夹	实用新型专利
22	ZL201820416720.X	一种便携式折叠剥线钳	实用新型专利
23	ZL201820416725.2	一种轨道定位画线车	实用新型专利
24	ZL201920409245.8	一种风机吊架	实用新型专利
25	ZL201920409249.6	一种漏缆切割工具	实用新型专利
26	ZL201920409247.7	一种用于地铁隧道消防管路的快速定位装置	实用新型专利
27	L201920409248.1	一种扁铁打孔装置	实用新型专利
28	ZL202020593764.7	一种新型消火栓箱辅助加固装置	实用新型专利
29	2012SR022934	地铁杂散电流检测系统软件 V1.0	软件著作权
30	2012SR022939	过江隧道监控系统软件 V1.0	软件著作权
31	2014SR144996	BIM 绿色分析系统 V1.0	软件著作权

第二节　城市核心区地铁盾构施工成套技术

随着社会的快速发展和城市化进程的不断推进，城市交通日益繁忙，传统交通设施已难以满足人们的现代生活出行需要，交通拥堵成为困扰现代城市发展的痛点和难点。为了缓解城市公共交通压力，方便人们出行，城市地铁应运而生并蓬勃发展。作为中央大型建筑施工企业的中铁十四局迅速适应市场需要，组建专业化公司，积极投入地铁建设之中，秉承“建一处地铁，树一块丰碑”的原则，高标准、高起点、严要求，科学组织、精心施工、优质履约，快速成长为全国地铁建设的主力军。

城市地铁工程大多位于城市繁华的闹市区，施工区域工程地质水文地质条件差、地下管线密布、周边高楼林立、地面交通繁忙、征地拆迁事项多；尤其是大城市核心区，具有前期征拆困难、占用时间长、扰民、民扰矛盾突出、文明施工标准高、场地狭小、施工组织难度大、施工安全风险高等特点，给工程施工带来了巨大的挑战。在地铁建设中，为了迎接各种挑战、克服施工中面临的各种复杂难题、确保工程质量施工安全以及优质履约，中铁十四局与高校联合，先后探索开发实施了叠落式盾构隧道安全掘进控制技术、敏感建（构）筑物微扰动精细化控制技术、盾构长距离掘进自动化渣土输送技术、洞内狭小空间盾构脱壳解体技术、盾构多工法空推与过站综合控制技术、盾构机横移接收技术、双护盾 TBM 硬岩高效掘进技术、“一网四格”安全管理法、精细化绿色建造技术、党建工作与施工生产高度融合等技术与管理手段，总结形成了盾构法上下重叠隧道液压轮式移动钢拱台车施工工法、土压平衡盾构小净距叠落下穿高架桥施工工法、全断面大埋深高水压砂卵石地层土压平衡盾构气压辅助施工工法等多项工法。通过实践探索，总结形成了一整套行之有效的涵盖城市核心区及各种复杂条件的地铁盾构施工关键技术，满足了工程建设需求，提高了企业核心竞争力。

1. 叠落式盾构隧道安全掘进控制技术

城市地铁线路在城区地段受规划条件、既有建（构）筑物、车站设置形式、沿线管线布置、场地征拆、设备运输等多种因素影响，隧道线路无法在水平方向布置，通过采用立体结构设计，使隧道在空间上呈叠落式布置，相邻车站也采用特殊结构设计，该方案在施工过程中增加了施工安全质量控制的难度。中铁十四局率先开发实施了叠落式盾构隧道安全掘进控制技术。

1）土体分层沉降控制技术

优化施工步序，采用先下后上的顺序减小对地层及成型隧道的影响。采用在不同埋深的土层中埋设分层沉降监测探头（磁环）的方式，实施分层沉降监测，实时掌握结构上方土体变形及沉降情况，根据沉降规律及时精确调整盾构机掘进参数，有效地控制地层的沉降和水平位移，减小隧道施工相互影响，并根据土体水平位移监测结果得出隧道开挖的三维运动规律，对不同形式的叠落隧道建立模型，为类似工程提供经验。

2）成型隧道结构受力自动监测技术

通过在管片内外主筋的主要受力部位安装钢筋计，实时测得钢筋受力，反向推算钢筋混凝土结构的弯矩，通过实测和计算对比，复核管片在叠落状态下的受力状态，提前制定对管片、土体加强的方案；同时通过应力监测摸索施工过程中的力学规律确保隧道的稳定。

3）叠落隧道盾构始发技术

利用始发井口和车站组合进行盾构始发或者错位竖井始发，在叠落段设置了有效的荷载支撑体系，防止施工荷载对成型隧道产生影响；主要通过计算预先设置内部固定支撑体系或施工过程中设置可移动式支撑受力体系传递施工荷载。

4）支撑台车紧跟技术

盾构机在上线掘进时，整机重量巨大加之施工动荷载，对下线隧道影响大，下线隧道通过专用的走行台车对主机进行支撑，增加了成型隧道的承载能力，避免隧道的损坏。

施工过程中，根据监测要求对盾构机的掘进参数控制、二次注浆加固、重叠段管片加强、台车支撑加固、壁后注浆、成型隧道的管片环向、纵向拼装缝张开量、管片错台、螺栓应力、管片裂缝等方面进行严格把控，保护及减小两次盾构通过时地层二次叠加沉降，确保成型隧道施工质量。

2. 敏感建（构）筑物微扰动精细化控制技术

通过盾构施工变形动态预测和掘进参数实时调整，构建盾构下穿民房、文物、地下管线等敏感建（构）筑物盾构施工掌子面滑移破裂模型，基于盾构施工掌子面极限支护力设计及稳定性评估系统，实现对掌子面稳定性的实时精细化调控；通过盾构隧道施工全过程信息化实时监控系统平台，对掌子面前方土体三维破裂模型和盾构开挖全过程进行三维可视化实时显示，实现盾构隧道施工过程安全风险的动态预测和实时控制，达到下穿敏感区域的精细化防控目的，保证盾构穿越敏感建（构）筑物的施工速度和质量。

1）盾构施工变形动态监测预测技术

盾构在穿越敏感建（构）筑物过程中，采用自动化监测系统进行实时数据监测，通过数据反馈进行现场施工指导，强化穿越后产生扰动的精细化防控。通过自动化系统实时监测的数据进行数据处理，得出数值变化曲线，并通过曲线变化规律进行后续变化预测，进而超前进行处理，以最小化盾构穿越后对敏感建（构）筑物的影响。

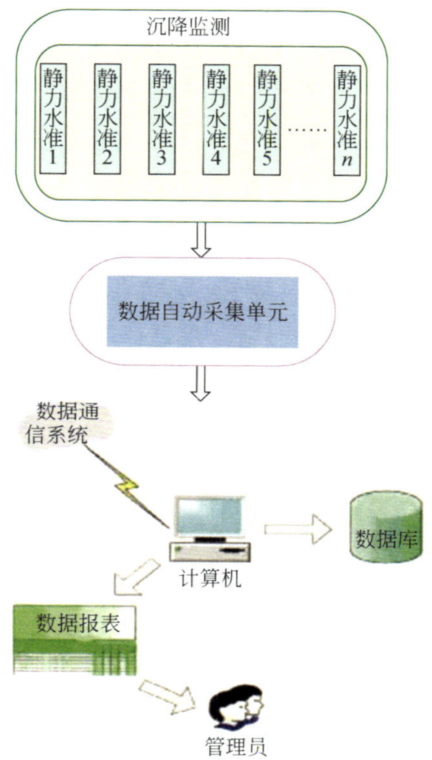

自动化系统监测结构图

2）三维可视化实时显示技术

盾构施工中，运用三维可视化实时显示技术对盾构机的掘进进度、姿态进行三维模拟，模拟隧道的线路形式及结构状态，对隧道管片进行预组装模拟，通过三维视图的形式表达，同时配合盾构机自身配备的监控室系统，共同组成具有实时直观性的展现目前盾构施工状态的三维可视化实时显示技术，实现对盾构状态的实时控制和预控，有效避免盾构掘进出现过大偏差。

3）控制敏感建（构）筑物下方地层变形克泥效注入技术

盾构机开挖直径与盾体外径存在理论间隙，主要表现为沉降曲线第二阶段沉降。在近距离下穿或沉降要求极高的工况下，通过盾构机主机径向注入孔，利用专用注入设备，在盾体与地层的空隙注入特殊的高强度塑性材料——克泥效。克泥效具有不凝固、有一定的承载能力的特性，克泥效工法不会因材料凝固而卡住盾体，还能有效填充掘进产生的空隙，阻止主机长度范围内的沉降，起到支撑上方土体结构稳定的作用，将地面沉降控制在“毫厘”之间。

4）控制敏感建（构）筑物下方地层变形实时补偿注浆技术

在穿越敏感建（构）筑物过程中通过实时补偿注浆技术对穿越周边环境进行土体间隙填充及加固，达到控制敏感建（构）筑物下方地层变形的效果。通过不同的浆液配比调整浆液参数，针对不同的地层沉降规律选用浆液及时进行填充，有效控制盾尾沉降，降低施工成本。同时采用凝结时间更短的双液浆进行二次或多次注浆，进一步加强注浆效果，精确控制建（构）筑物沉降及地表沉降。

5）盾构机掘进远程监控技术

每台盾构机都在项目部驻地建立自有监控中心，公司总部通过网络与每个项目监控中心连接，在总部建立指挥中心，实现公司对每台设备施工状态的监控，以便及时发现盾构施工中的问题，加强现场进度管控，更好地指导现场施工。同时建立大数据收集系统，对所有设备掘进参数进行收集存储；对全国不同城市、不同地层掘进参数进行总结并不断更新，为新上场盾构项目施工提供数据和经验支撑，并实现实时监控数据调取、技术分析、指导应用的多方位立体化结合。

3. 盾构长距离掘进自动化渣土输送技术

企业创新开发的“场地仿真模拟系统”，将连续皮带机自动化渣土运输系统应用到长距离盾构掘进区间隧道，通过对实际工况参数（地质情况、曲线半径、掘进速率、满载荷载）的提取和分析，结合结构固定点位、主皮带效率、转载皮带效率等数据确定连续皮带机主要参数，并提前进行施工模拟。施工中，通过盾构机主机皮带、洞内连续皮带机、竖直提升皮带机、转载皮带机、地面布料机等系统实现渣土的运输，同时将皮带机控制系统与盾构机操作系统相结合，实现盾构渣土运输的自动化和连续性。连续皮带机自动化渣土输送技术解决了有轨运输效率受距离影响效率低与盾构掘进能力不匹配的矛盾，通过垂直提升皮带机、布料机，实现了盾构的连续掘进，大大提高了盾构施工总体掘进速度，同时实现了施工的连续、安全与高效并驾齐驱。

1）场地仿真模拟技术

中铁十四局与清华大学联合开发了仿真专用软件，通过软件对施工现场进行建模，模拟施工现场布置及利用效率，通过对各个环节的分析，模拟各设备故障率、制约点、施工效率，提前找到制约环节，因地制宜地对现场进行优化，最大限度地提高场地利用效率和施工效率。

2）连续皮带机自动化渣土输送技术

利用连续皮带机实现不间断出渣,皮带机跟随盾构机掘进进行延伸，利用水平和垂直皮带在不同的部位进行有效的转渣和结合，实现了渣土运输全自动化，达到了渣土从掌子面至弃土坑“一站式”运输。城市轨道施工长距离隧道采用皮带机运输出渣能力强，同时“支吊”皮带机架很大程度上减小了对隧道空间的占用，有利于其他工序的开展，皮带机的自动化、机械化程度高，减少劳动力占用，便于施工组织管理。在加快工程进度、缩短工期方面有极大的优势。

4. 洞内狭小空间盾构脱壳解体技术

盾构施工相对于其他工法有着自身的特点，其始发和接收对施工场地面积、位置、空间尺寸、辅助措施、施工组织均有着较高的要求。但随着我国城镇化进程的加速，中型及大型城市的城区环境日趋复杂，地下管线的密集度日渐增加，市政交通对工程建设的“容忍度”日渐降低，占地的成本日渐增高，人们对绿色文明施工的要求越来越高。这使得盾构接收的场地越来越难以寻找且成本日渐增高，盾构接收井位置处的管线迁改及交通导改越来越难以实施，这些都为盾构施工带来了新的挑战。目前，常规的盾构机拆解是在预留的竖井内进行的，但当现场不具备预留竖井的条件时，需要在暗挖车站或区间内进行盾构拆解。

洞内狭小空间盾构脱壳解体主要是在盾构机暗挖隧道（车站）内接收后，通过拆除盾体内主要配套设备，保留盾构机壳体，再进行后续二衬结构浇筑的施工工艺。

盾构机脱壳解体是非常规设备拆解，通过加强盾构机出洞接收安全控制、盾构机洞内拆解步骤控制、盾构机拆解过程及盾构机分解运输的安全控制，实现了盾构机接收的多样化，有效减少了地面占地及竖井开挖施工。

1）模块化设计

对主机各部分进行模块化设计，主机各部分通过螺栓连接，既便于拆装，又减少了拆装过程中对部件的破坏性。该设计通过主机外部增加外壳，内部模块化组装，提前对内部结构进行合理布局，实现了脱壳后内部结构重新装配，提高了盾构机的修复能力。

2）吊点、吊具选型

通过对拆解零部件的规格尺寸及中心位置分析，精确实现了部件吊点的选定；根据盾壳及成型隧道的承载能力，实现了利用已有结构件提供承载力，运用吊装动态化管理，选用合理的吊装吊具，达到了洞内解体安全管控的要求。

3）解体模拟

利用仿真软件对盾构机各零部件进行模拟，实现了洞内狭小空间盾构脱壳解体过程“预拆解”，实现了解体顺序最优化，避免了拆解过程的干扰；同时通过解体模拟，可总结出解体施工过程中的风险薄弱处，进一步减小施工风险，达到“保安全、高质量”的施工目标。

5. 盾构多工法空推与过站综合控制技术

盾构多工法空推与过站综合控制技术是指盾构机在完成一段盾构区间掘进后需经过车站（中间竖井），在保证盾构机不进行拆解的前提下，进行一段距离空推，空推过站后进行下一段盾构区间的掘进任务。中铁十四局通过多年来的工程实践，积累了丰富的先进技术、工法和成功案例。

1）填土过站

填土过站是利用中间竖井进行土方回填，创造盾构机地下掘进环境，使盾构机不进行接收拆解直接连续掘进至接续段盾构区间的方式。待盾构机通过后，对回填渣土重新进行清理，拆除竖井内管片。填土过站大大提高了施工效率，实现了盾构连续掘进，有效地避免了盾构机接收和二次始发的风险，有利于及时封闭洞门的施工。

2）混凝土导台过站

盾构机短距离过站采用。根据基坑、盾构区间曲线及标高，两端仿照接收、始发托架形式，在混凝土内弧面预埋钢轨，绑扎钢筋笼后用混凝土浇筑成连续的导台结构，连续导台作为盾构机在基坑范围内的行走支撑，完成盾构机的整体过站。混凝土导台具有承载力大、稳固性好等特点。

3）钢结构托架过站

短距离钢结构托架过站是将托架与结构底板固定起来，盾构机在托架上进行滑移的工艺。盾构机分别进行接收后进行二次始发，采用钢结构托架过站可实现长距离过站，将托架与主机焊接起来，在底板铺设钢板或在托架底部安装轮对，采用顶推工艺顶推托架实现盾构机的行进，避免了盾构机拆机和组装调试，大大提高了施工效率。

4）钢套筒过站

短距离过站（中间竖井）采用钢制套筒，通过套筒将接收与始发洞门连接，钢套筒兼做托架，通过专项设计对套筒进行加固，底部回填低标号混凝土和黏土或砂土，对钢套筒进行定位加固，做好各部分密封连接后，盾构机正常掘进通过后封闭洞门。钢套筒过站的优点是在地下水丰富地段不用降水，安全可靠。

盾构多工法空推与过站综合控制技术的应用可减少盾构机拆装机次数，规避拆装机过程中的施工风险及物资消耗，同时可最大限度地缩短施工工期，进而创造一定的经济收益。

6. 盾构机横移接收技术

在地铁建设中，当盾构机完成隧道掘进需要拆解时，往往因城市施工空间限制，盾构机拆解吊出井口跟完成隧道轴线不在同一轴线上，甚至两者相距几米到几十米的距离，在此情况下，要完成盾构机拆解吊出任务，必须要对盾构机进行横移，将盾构机从隧道移到洞口，平移至已定的吊出井口，完成盾构机拆解吊出施工。

1）盾构机横移施工准备技术

首先是完成平移通道底板的浇筑，在平移通道铺满钢板，安装接收托架。

2）盾构机横移施工技术

盾构机顺利滑动到托架上之后，首先应该清除托架四周固定托架的挡块或焊接处，将平移侧的焊口打磨平滑，安装固定平移油缸，在托架平移侧底部铁板涂抹上黄油，尽量减小盾构机平移时的摩擦力。

盾构机接收到托架并固定牢靠后，启动液压泵站，使平移千斤顶慢慢伸出，当千斤顶头部接触到盾构机托架时，停止千斤顶伸出，对泵站、挡块焊接及盾构机托架四周清理情况进行复查，在没有问题的前提下恢复平移千斤顶伸出，使托架及盾构机平稳地向吊装井口平移。

7. 双护盾TBM硬岩高效掘进技术

双护盾TBM，又称伸缩护盾式TBM，可实现不停机式的连续施工，即在管片拼装的同时进行掘进施工，掘进效率极高，具有以下四个方面的优势。

1）安全、高效、快速

双护盾TBM配置有前后护盾，在前后护盾之间设计有伸缩盾，后护盾配置支撑靴。在地质条件良好时，通过支撑靴支撑洞壁来提供推进反力，掘进和安装管片同时进行，具有较快的进度。双护盾TBM施工使隧道掘进、衬砌、出渣、运输作业完全在护盾的保护下连续一次完成，实现了安全、高效、快速施工。

2）对不良地质具有较强的适应性

（1）对富水地段，采用红外探测为主、超前地质钻探为辅的综合超前地质预报方法进行涌水预报。对涌水可实施堵、排结合的防水技术：TBM主机区域配置潜水泵，将水抽至后配套台车上的污水箱内，同时TBM配置有超前钻机，可以利用超前钻机钻孔，利用注浆设备进行超前地层加固堵水。

（2）对断层破碎带，双护盾TBM能采用单护盾模式掘进。

（3）同时可利用TSP203系统对断层破碎带进行超前地质预报，利用红外探水仪和配置的超前钻机探水。利用配置的超前钻机和注浆设备对地层进行超前加固，同时刀盘面板预留注浆孔的设计能满足对掌子面加固的需要。

（4）对深埋隧道，因地质构造复杂，在深埋条件下不可避免地会引起围岩应力的强烈集中和围岩的应力型破坏。双护盾TBM掘进时因掌子面较圆顺，对岩体的损伤可以降到很低的程度，保护了围岩的原始状态，不易发生应力集中的情况。

（5）对岩爆地段，由于双护盾TBM刀盘设有喷水装置，在预测的地应力高、易发生岩爆地段，利用双护盾 TBM 配置的超前钻机钻孔，在钻孔中注水湿化岩石，喷水对掌子面岩石能起到软化的作用，提前将应力释放。同时，通过管片安装、豆砾石回填和水泥浆灌注，使双护盾 TBM 能快速支护并通过岩爆地段。

3）实现了工厂化作业

双护盾 TBM 掘进时，在护盾的保护下完成掘进、出渣、管片拼装等作业而形成隧道，豆砾石的喷灌、注浆、通风、供电等辅助作业也实施了平行作业，充分利用了洞内空间。双护盾 TBM 施工具有机械化程度高、施工工序连续的特点。隧道衬砌采用管片衬砌技术，管片采用工厂化预制生产，运到现场进行装配施工，预制钢筋混凝土管片具有质量好、精度高的特点。与传统的现浇混凝土隧道衬砌方法相比，该方法施工进度快、周期短，无须支模、绑筋、浇筑、养护、拆模等工序，避免了湿作业，施工现场噪声小，减少了环境污染。隧道衬砌的装配式施工，不仅实现了隧道施工的工厂化，而且更方便隧道运营后的管片更换与维修。

4）自动化、信息化程度高

双护盾 TBM 采用了计算机控制、遥控、传感器、激光导向、测量、超前地质探测、通信技术，是集机、光、电、气、液、传感、信息技术于一体的隧道施工成套设备，具有自动化程度高、对周围地层影响小、有利于保护环境的优点。施工中用人少，且降低了劳动强度和材料消耗。双护盾 TBM 具有施工数据采集功能、TBM 姿态管理功能、施工数据管理功能、施工数据实时远传功能，实现了信息化施工。

8.“一网四格”安全管理法

“一网”就是安全生产工作控制网。项目上场后，由项目经理组织技术、质量、安全、设备物资、前期等有关部门（工区）负责人和业务骨干，对工程项目及管理活动进行全过程、全方位的风险源辨识、分析、评估、汇总，并根据施工进展和安全生产需要进行调整和补充，将其控制责任对应岗位职责进行细化分解，构建项目安全生产工作控制网。

“四格”是以“一网”为基础，把安全生产管理分为方案安全、作业安全、管理安全及应急安全四个网格。项目建设过程中所有的风险源，均按照一定类别纳入上述四个网格进行责任管理。方案安全主要指通过技术方案和施工组织方案的严格把控，避免施工中因受力状态失控引起的安全事件或事故，如基坑垮塌、盾构掘进坍塌、开舱掌子面失稳等；作业安全指施工现场的管理，作业人员自身及所处作业环境的安全状态管理，包含静态安全管理（即确保作业环境安全、物的不安全状态管理）及动态安全管理（即人的不安全行为管理）；管理安全主要指日常生活中的安全管理，如食物中毒、安全内保、火灾、交通事故、工人讨薪、恶劣天气危害等；应急安全主要指对可能造成较大影响或损失的突发事件的应急管理。

（1）界定各岗位对安全的责任，形成纵向网格。方案安全由项目总工程师负专责，通过工程技术、质检部门及工区技术管理人员层层落实责任到管理一线；作业安全由生产经理负专责，通过安全生产部及工区安全管理人员层层落实责任到作业一线；管理安全由项目书记负专责，通过综合办公室，层层向项目各部门、工区落实安全责任；应急安全由项目经理负专责，通过调集项目及公司、社会资源，迅速控制事态，避免事态扩大或造成更大损失。

（2）清晰描述岗位责任和工作流程，形成横向网格。依据“人人管安全，处处有安全”的指导思想，编制各层级、各岗位管理作业指导书，明确安全责任接口，理清安全管理的流程和标准，并对其进行详细描述，努力实现不同专业、不同岗位间的“无缝对接”，不让任何一点安全责任落空。

（3）“一网四格”运行过程中，通过日常考核及与员工收入挂钩，强化执行效果。

9. 精细化绿色建造技术

绿色建造技术就是为实现绿色策划、绿色设计和绿色施工任务所采取的先进管理和技术，最大限度地节约资源和保护环境，实现可持续发展。工程立项的绿色策划阶段解决的是绿色建造作为工程立项的总体策划问题。绿色设计重点解决的是绿色建筑的实现问题。绿色施工重点解决的是在工程施工过程中坚持以人为本的原则，不仅要减轻劳动强度，改善作业条件，而且要注重施工过程中最大限度地节约资源，减少废弃物的排放。这三个阶段互为关联，紧密配合，最终才能够达到绿色建造预期的目的。

在地铁工程建设中，中铁十四局秉承资源节约和生态环保的基本理念，追求高效、低耗、环保，以先进技术为先导，以优化落实施工方案为主线，围绕“四节一环保”强化精细控制，统筹兼顾，最大限度地节约各项施工资源，减少施工活动对周边环境的影响，将节能减排和环保控制统筹管理贯穿于施工全过程。

（1）优化施工方案，永临结合，立体布置，减少施工占用土地。

（2）创新工作方法，合理划分施工流水段，减少周转材料使用量，节约施工材料。

（3）建立奖励机制，修旧利废，提高物资周转及利用率。

（4）采用封闭场棚、离心除尘设备和工艺隔噪声、控扬尘、降废水，减少污染物排放。

10. 党建工作与施工生产高度融合（支部建在连上、安全管理融入“一网四格”）

秉承铁道兵精神，发扬“支部建在连上”的优良传统，以支部创先争优为主题，创新项目书记和支部标准化建设两个机制，以党员身份管理、党员活动室建设和“五个先锋”（岗位先锋、突击先锋、安全先锋、技术先锋、创效先锋）为载体，对党员干部队伍提出了公开承诺、争创一流、定期点评、量化考核等四项举措。通过扎实推进基层党组织建设，党支部的战斗堡垒作用、党员的先锋模范作用更加凸显，项目党建工作与施工生产紧密融合，有力地促进了工程的安全、优质、快速完成，结出了累累硕果。2012 年“七一”前夕，北京地铁 9 号线项目党支部被中共中央组织部评为“全国创先争优先进基层党组织”，2016 年，1 名支部书记被评为“全国优秀党务工作者”。

中铁十四局（大盾构）施工技术获奖清单

序号	科研成果	获奖时间	获奖单位	奖项	授奖单位
1	大型及复杂水下隧道结构分析理论与设计关键技术	2011 年	中铁十四局	国家科学技术进步奖二等奖	中华人民共和国国务院
2	高水压浅覆土复杂地形地质超大直径长江盾构隧道成套工程技术	2014 年	中铁十四局	国家科学技术进步奖二等奖	中华人民共和国国务院
3	复杂地形地质条件下超大直径泥水盾构穿越长江成套关键技术研究	2014 年	中铁十四局	山东省科学技术进步奖一等奖	山东省人民政府
4	地铁大直径泥水盾构长距离穿越长江建造技术	2015 年	中铁十四局	山东省科学技术进步奖一等奖	山东省人民政府
5	地铁大直径泥水盾构长距离穿越长江建造技术	2015 年	中铁十四局	中国岩石力学与工程学会科学技术奖一等奖	中国岩石力学与工程学会
6	地铁大直径泥水盾构长距离穿越长江建造技术	2015 年	中铁十四局	中国施工企业管理协会科学技术奖科技创新成果一等奖	中国施工企业管理协会
7	高水压砂层中大直径盾构隧道控沉与防水关键技术	2017 年	中铁十四局	天津市科学技术进步奖一等奖	天津市人民政府
8	复杂环境下地铁盾构区间建造技术及其风险管控	2017 年	中铁十四局	江苏省科学技术奖三等奖	江苏省人民政府
9	砂卵石地层盾构隧道施工安全控制与高效掘进技术	2015 年	中铁十四局	国家技术发明奖二等奖	中华人民共和国国务院

续表

序号	科研成果	获奖时间	获奖单位	奖项	授奖单位
10	城市复杂环境下富水砂卵石地层明挖长隧道施工关键技术	2013 年	中铁十四局	中国施工企业管理协会科学技术奖科技创新成果二等奖	中国施工企业管理协会
11	城市复杂环境下富水砂卵石地层明挖长隧道施工关键技术	2013 年	中铁十四局	中国岩石力学与工程学会科学技术奖三等奖	中国岩石力学与工程学会
12	高含水量超软土水泥土地下连续墙施工技术	2017 年	中铁十四局	中国公路建设行业协会公路工程科技创新成果二等奖	中国公路学会
13	长江漫滩大型地下交通枢纽施工关键技术	2017 年	中铁十四局	中国铁道建筑总公司科学技术奖一等奖	中国铁道建筑总公司
14	长江漫滩大型地下交通枢纽施工关键技术	2017 年	中铁十四局	中国施工企业管理协会科学技术奖科技创新成果一等奖	中国施工企业管理协会
15	长江漫滩大型地下交通枢纽施工关键技术	2017 年	中铁十四局、中铁十四局大盾构公司	山东土木建筑科学技术奖一等奖	山东土木建筑学会
16	长江漫滩大型地下交通枢纽施工关键技术	2017 年	中铁十四局、中铁十四局大盾构公司	中国岩石力学与工程学会科技进步奖三等奖	中国岩石力学与工程学会
17	长江漫滩大型地下交通枢纽施工关键技术	2017 年	中铁十四局	中国公路学会科学技术奖三等奖	中国公路学会
18	临江复杂环境大型地下互通立交综合体明挖修建关键技术	2020 年	中铁十四局	江苏省科学技术奖一等奖	江苏省人民政府
19	超高水压沼气地层特高压GIL盾构法越江电力管廊施工关键技术研究	2019 年	中铁十四局大盾构公司	江苏省地下空间学会科学技术奖一等奖	江苏省地下空间学会
20	超高水压沼气地层特高压GIL盾构法越江电力管廊施工关键技术研究	2019 年	中铁十四局大盾构公司	中国岩石力学与工程学会科技进步奖三等奖	中国岩石力学与工程学会
21	超高水压沼气地层特高压GIL盾构法越江电力管廊施工关键技术研究	2019 年	中铁十四局大盾构公司	电力建设科学技术进步奖二等奖	中国电力建设企业协会

续表

序号	科研成果	获奖时间	获奖单位	奖项	授奖单位
22	超高水压沼气地层特高压GIL盾构法越江电力管廊施工关键技术研究	2019年	中铁十四局、中铁十四局大盾构公司	中铁建科学技术奖特等奖	中国铁建股份有限公司
23	超高水压沼气地层特高压GIL盾构法越江电力管廊施工关键技术研究	2020年	中铁十四局大盾构公司	江苏省综合交通运输学会科学技术奖一等奖	江苏省综合交通运输学会
24	海域复杂环境地质条件下海底地铁盾构隧道施工技术研究与应用	2019年	中铁十四局大盾构公司	江苏省地下空间学会科学技术奖二等奖	江苏省地下空间学会
25	海域复杂环境地质条件下海底地铁盾构隧道施工技术研究与应用	2019年	中铁十四局、中铁十四局大盾构公司	中铁建科学技术奖一等奖	中国铁建股份有限公司
26	复杂地质条件大直径泥水盾构符合衬砌地铁越江隧道综合建造技术	2019年	中铁十四局、中铁十四局大盾构公司	中国岩石力学与工程学会科学技术奖二等奖	中国岩石力学与工程学会

中铁十四局集团（大盾构）工程获奖清单

序号	获奖工程	获奖时间	获奖单位	奖项	授奖单位
1	南京长江隧道工程	2013年、2015年	中铁十四局	中国建设工程鲁班奖（国家优质工程）、中国土木工程詹天佑奖、国家优质工程金奖	中国建筑业协会、中国土木工程学会、中国施工企业协会
2	扬州瘦西湖隧道工程	2015年、2017年、2019年	中铁十四局、中铁十四局大盾构公司	江苏省优质工程奖“扬子杯”、中国建设工程鲁班奖（国家优质工程）、中国土木工程詹天佑奖	江苏省住房和城乡建设厅、中国建筑业协会、中国土木工程学会

续表

序号	获奖工程	获奖时间	获奖单位	奖项	授奖单位
3	南京青奥地下轴线交通工程	2016年、2017年	中铁十四局	江苏省优质工程奖"扬子杯"、中国建设工程鲁班奖(国家优质工程)、中国土木工程詹天佑奖	江苏省住房和城乡建设厅、中国建筑业协会、中国土木工程学会
4	无锡地铁1号线土建工程11A标(太湖广场站及区间)	2015年、2016年	中铁十四局	江苏省优质工程奖"扬子杯"、国家优质工程金奖	中国施工企业协会
5	苏州市轨道交通2号线工程II-TS-02标土建工程	2016年	中铁十四局	"铁建杯"	中国铁建股份有限公司
6	无锡地铁2号线09标	2016年	中铁十四局	江苏省优质工程奖"扬子杯"	江苏省住房和城乡建设厅
7	苏州市中环快速路北段工程	2017年	中铁十四局	江苏交通优质工程	江苏省交通运输厅
8	武汉市轨道交通8号线一期土建施工部分BT项目三标段项目	2017年、2019年、2020年	中铁十四局、中铁十四局大盾构公司	湖北省建筑优质结构工程、铁建杯、湖北省市政示范工程金奖、湖北省建设优质工程(楚天杯)、中国建设工程鲁班奖(国家优质工程)	湖北省建设工程质量安全协会、中国铁建股份有限公司、湖北省市政工程协会、湖北省建设工程质量安全协会
9	南京至高淳城际轨道禄口机场至溧水段工程项目	2019年、2020年	中铁十四局	"铁建杯"、江苏省优质工程奖"扬子杯"、国家优质工程奖	中国铁建股份有限公司、江苏省住房和城乡建设厅、中国施工企业协会
10	苏州市轨道交通2号线及延伸线	2019年、2020年	中铁十四局	"铁建杯"、江苏省优质工程奖"扬子杯"、国家优质工程奖	中国铁建股份有限公司、江苏省住房和城乡建设厅、中国施工企业协会
11	宁和城际轨道一期土建工程	2020年	中铁十四局	江苏省优质工程奖"扬子杯"	江苏省住房和城乡建设厅

续表

序号	获奖工程	获奖时间	获奖单位	奖项	授奖单位
12	常德沅江隧道工程项目	2020年	中铁十四局	湖南省优质工程奖、湖南省建设工程“芙蓉奖”	湖南省建筑业协会
13	苏通GIL综合管廊工程	2020年、2021年	中铁十四局、中铁十四局大盾构公司	“铁建杯”、中国电力优质工程奖	中国铁建股份有限公司、中国电力建设企业协会
14	杭州市望江路过江隧道	2020年	中铁十四局	杭州市建设工程“西湖杯”	杭州市建设工程质量安全管理协会
15	苏州轨道交通4号线17标项目	2020年	中铁十四局	江苏省优质工程奖“扬子杯”	江苏省住房和城乡建设厅
16	常州地铁1号线土建11标	2021年	中铁十四局	江苏省优质工程奖“扬子杯”	江苏省住房和城乡建设厅
17	新建京张铁路1标	2021年	中铁十四局、中铁十四局大盾构公司	“铁建杯”、铁路优质工程奖	中国铁建股份有限公司、中国铁道工程建设协会

专利清单

序号	专利名称（编号）	完成年度	申请专利单位	专利类型
1	盾构机管片输送器自动油脂注入装置（CN201010011853.7）	2011年	中铁十四局	发明专利
2	盾构机仰拱块运输系统中的旋臂吊机（CN201410173449.8）	2015年	中铁十四局	发明专利
3	超大直径盾构机盾尾圆弧度现场校正装置（CN201410002129.6）	2015年	中铁十四局	发明专利
4	一种超大盾构始发洞门密封钢环整体安装装置（CN201410163143.4）	2015年	中铁十四局	发明专利
5	泥水盾构刀盘冲刷系统（CN201410103414.7）	2015年	中铁十四局	发明专利
6	泥水盾构粘土地层自造浆调制工艺（CN201410176592.2）	2016年	中铁十四局	发明专利

续表

序号	专利名称（编号）	完成年度	申请专利单位	专利类型
7	大直径泥水盾构废弃泥浆再利用同步的注浆（CN201410173446.4）	2016年	中铁十四局	发明专利
8	隧道混凝土衬砌全自主养护设备及其使用方法（CN201510384033.5）	2017年	中铁十四局	发明专利
9	一种结构可调整的盾构刀具磨损试验模型刀盘（ZL201711408265.5）	2020年	武汉大学、中铁十四局大盾构公司、国网江苏省电力有限公司建设分公司	发明专利
10	一种装配式施工便道的施工方法（ZL201811609872.2）	2020年	中铁十四局大盾构公司	发明专利
11	管片运输吊机刹车装置（CN201420544768.0）	2015年	中铁十四局	实用新型
12	一种滚刀更换模拟仓（CN201720271664.0）	2017年	中铁十四局大盾构公司	实用新型
13	一种常压刮刀更换模拟仓（CN201720271683.3）	2017年	中铁十四局大盾构公司	实用新型
14	一种高水压条件下泥水盾构盾尾刷更换液氮冻结安全保护装置（CN201720367957.9）	2017年	中铁十四局大盾构公司	实用新型
15	一种盾构始发素墙封闭止水加固结构（CN201720270685.0）	2017年	中铁十四局	实用新型
16	一种盾构隧道用箱涵翻转设备（CN201720271685.2）	2017年	中铁十四局	实用新型
17	复杂地质环境下穿越黄河泥水盾构机刀盘和泥水环流装置（CN201520836618.1）	2016年	中铁十四局	实用新型
18	隧道混凝土衬砌全自主养护设备（CN201520471589.3）	2017年	中铁十四局	实用新型
19	大直径泥水盾构高压冲刷装置（CN201320757610.7）	2017年	中铁十四局	实用新型
20	大直径双层隧道快速施工平板衬砌台车（CN201320781297.0）	2017年	中铁十四局	实用新型
21	大型管片运输吊机（CN201320757737.9）	2017年	中铁十四局	实用新型

续表

序号	专利名称（编号）	完成年度	申请专利单位	专利类型
22	一种泥水盾构防结泥饼常压更换冲刷切削刀（CN201720594589.1）	2017 年	中铁十四局大盾构公司	实用新型
23	一种高水压条件下泥水盾构盾尾刷更换液氮冻结安全保护装置（CN201720367957.9）	2017 年	中铁十四局大盾构公司	实用新型
24	土体沉降传感器及土体沉降监测系统（CN201720322941.6）	2017 年	中铁十四局、中铁十四局大盾构公司	实用新型
25	一种泥水盾构防结泥饼常压更换冲刷切削刀（CN201720594589.1）	2018 年	中铁十四局大盾构公司	实用新型
26	新型 U 型梁架设设备（ZL201720799296.7）	2018 年	中铁十四局大盾构公司	实用新型
27	用于地连墙钢筋笼的吊装系统及其吊装装置（ZL201721687694.6）	2018 年	中铁十四局大盾构公司	实用新型
28	回旋钻机及其钻头（ZL201721687695.0）	2018 年	中铁十四局大盾构公司	实用新型
29	回旋钻机及其稳定装（ZL201721687693.1）	2018 年	中铁十四局大盾构公司	实用新型
30	一种用于地下连续墙 H 型钢接头防绕流的锁扣装置（ZL201820181129.0）	2018 年	中铁十四局大盾构公司、无锡地铁集团有限公司、同济大学	实用新型
31	一种地下连续墙除障安全保护装置（ZL201820181454.7）	2018 年	中铁十四局大盾构公司、无锡地铁集团有限公司、同济大学	实用新型
32	一种盾构刀具切削刀变化测试装置及系统（ZL201820300594.1）	2018 年	北京交通大学、中铁十四局	实用新型
33	一种低净高钢梁式悬灌梁挂篮（ZL201820314096.2）	2018 年	中铁十四局、中铁十四局大盾构公司	实用新型
34	一种盾构机刀盘中心区域冲刷装置（ZL201820314095.8）	2018 年	中铁十四局、中铁十四局大盾构公司	实用新型
35	一种可移动式快速拆管设备（ZL201820312294.5）	2018 年	中铁十四局、中铁十四局大盾构公司	实用新型

续表

序号	专利名称（编号）	完成年度	申请专利单位	专利类型
36	一种大直径泥水盾构机通风筒储放装置（ZL201820324627.6）	2018年	中南大学、国网江苏省电力有限公司、中铁十四局大盾构公司	实用新型
37	一种耐磨蚀盾构刀具（ZL201820431040.5）	2018年	国网江苏省电力有限公司经济技术研究院、武汉大学、中铁十四局	实用新型
38	一种吊耳加工装置（ZL201820440274.6）	2018年	中南大学、国网江苏省电力有限公司经济技术研究院、中铁十四局大盾构公司	实用新型
39	一种隧道用泥浆泵运输车（ZL201820450688.7）	2018年	中南大学、国网江苏省电力有限公司经济技术研究院、中铁十四局大盾构公司	实用新型
40	隧道衬砌结构内力测量数据线的走线防水装置（ZL201821018185.9）	2018年	西南交通大学、中铁十四局大盾构公司	实用新型
41	一种大直径盾构隧道电缆悬挂施工辅助平台（ZL201820324630.8）	2019年	中南大学、国网江苏省电力有限公司、中铁十四局大盾构公司	实用新型
42	公铁两用桥的双拼U型梁结构（ZL201820682848.0）	2019年	中铁十四局大盾构公司	实用新型
43	一种用于盾构机人闸仓的自动喷淋系统（ZL201820916839.3）	2019年	中铁十四局大盾构公司	实用新型
44	一种用于盾构舱内带压动火作业的气体置换系统（ZL201820916220.2）	2019年	中铁十四局大盾构公司	实用新型
45	一种盾构带压进仓动火排烟系统（ZL201820916808.8）	2019年	中铁十四局大盾构公司	实用新型
46	一种用于海底盾构隧道的盾尾密封装置（ZL201820916828.5）	2019年	中铁十四局大盾构公司	实用新型
47	一种盾构带压进仓吸氧面罩（ZL201820915830.0）	2019年	中铁十四局大盾构公司	实用新型
48	一种用于盾构机人闸仓的视频监控系统（ZL201820935502.7）	2019年	中铁十四局大盾构公司	实用新型
49	一种用于盾构机人闸仓的有害气体自动检测系统（ZL201820916827.0）	2019年	中铁十四局大盾构公司	实用新型

续表

序号	专利名称（编号）	完成年度	申请专利单位	专利类型
50	一种盾构机用循环水冷却装置（ZL201820324102.2）	2019年	中南大学、国网江苏省电力有限公司、中铁十四局大盾构公司	实用新型
51	一种大直径泥水盾构机错车平台（ZL201821140746.2）	2019年	国网江苏省电力公司经济技术研究院、中铁十四局大盾构公司、中南大学	实用新型
52	一种用于特高压的电力管廊结构（ZL201821810898.9）	2019年	国网江苏省电力有限公司经济技术研究院、中铁十四局大盾构公司、武汉大学	实用新型
53	一种混凝土滑模缓冲器（ZL201821129875.1）	2019年	中铁十四局大盾构公司、中南大学	实用新型
54	一种便携式管道密封检测装置（ZL201821813701.7）	2019年	中铁十四局大盾构公司、中南大学	实用新型
55	一种可伸缩式隧道开挖作业台架（ZL201821519900.7）	2019年	中铁十四局大盾构公司、中南大学	实用新型
56	一种风动凿岩机冷凝装置（ZL201821129865.8）	2019年	中铁十四局大盾构公司、中南大学	实用新型
57	一种压力钢管轨道运输车（ZL201821813721.4）	2019年	中铁十四局大盾构公司、中南大学	实用新型
58	一种可移动式探照灯支架（ZL201821966925.1）	2019年	国家电网有限公司、国网新源控股有限公司、安徽绩溪抽水蓄能有限公司、中铁十四局大盾构公司、中南大学	实用新型
59	一种用于洞室施工的长状物料运输车（ZL201821966923.2）	2019年	国家电网有限公司、国网新源控股有限公司、安徽绩溪抽水蓄能有限公司、中铁十四局大盾构公司、中南大学	实用新型
60	一种用于带式压滤设备的自动润滑装置（ZL201821735606.x）	2019年	中铁十四局大盾构公司	实用新型
61	一种用于盾构废浆的絮凝固结沉降装置（ZL201821731864.0）	2019年	中铁十四局大盾构公司	实用新型
62	絮凝剂自动制备及投加装置（ZL201821663759.8）	2019年	中铁十四局大盾构公司	实用新型

续表

序号	专利名称（编号）	完成年度	申请专利单位	专利类型
63	一种带式压滤设备用二次压滤装置（ZL201822214501.6）	2019 年	中铁十四局大盾构公司	实用新型
64	基于光纤光栅技术的裂缝宽度监测系统（ZL201822153896.3）	2019 年	中国矿业大学、中铁十四局大盾构公司、苏州南智传感科技有限公司	实用新型
65	一种边坡大量程测距仪（ZL201822251685.3）	2019 年	中铁十四局大盾构公司、中国矿业大学、苏州南智传感科技有限公司	实用新型
66	一种箱涵运输架可调节式箱涵运输车（ZL201822050823.1）	2019 年	中铁十四局大盾构公司	实用新型
67	一种可移动式人员避车工作平台（ZL201822167088.2）	2019 年	中铁十四局大盾构公司	实用新型
68	一种可拆卸式活动管卡（ZL201822024663.3）	2019 年	中铁十四局大盾构公司	实用新型
69	一种粉煤灰储量罐用除尘泄压装置（ZL201822186858.8）	2019 年	中铁十四局大盾构公司	实用新型
70	一种隧道管片运输车（ZL201822105175.5）	2019 年	中铁十四局大盾构公司	实用新型
71	一种用于基坑的遮雨棚（ZL201822233961.3）	2019 年	中铁十四局大盾构公司	实用新型
72	一种格构柱应力释放安全装置（ZL201822233965.1）	2019 年	中铁十四局大盾构公司	实用新型
73	承压水收集回收利用系统（ZL201822214499.2）	2019 年	中铁十四局大盾构公司	实用新型
74	一种直立式混凝土构件钢筋笼胎具（ZL201822163026.4）	2019 年	中铁十四局大盾构公司	实用新型
75	一种预制混凝土构件的钢筋保护层施工辅助装置（ZL201822129524.7）	2019 年	中铁十四局大盾构公司	实用新型
76	一种用于盾构隧道现浇车道板施工的偏重液压模板台车（ZL201920031434.6）	2019 年	中铁十四局大盾构公司	实用新型
77	一种防止三轴搅拌机泥浆外溅的装置（ZL201822063986.3）	2019 年	中铁十四局大盾构公司	实用新型

续表

序号	专利名称（编号）	完成年度	申请专利单位	专利类型
78	一种简易的岩壁梁锚杆钻孔定位装置（ZL201920270503.9）	2019 年	中铁十四局大盾构公司、国家电网有限公司、国网新源控股有限公司、安徽绩溪抽水蓄能有限公司、中南大学	实用新型
79	一种用于岩壁梁爆破施工的钻孔辅助装置（ZL201920530831.8）	2019 年	中铁十四局大盾构公司、国家电网有限公司、国网新源控股有限公司、安徽绩溪抽水蓄能有限公司、中南大学	实用新型
80	一种用于地基处理的复合锚杆装置（ZL201920109036.1）	2020 年	中铁十四局大盾构公司	实用新型
81	一种大直径盾构隧道管片嵌缝及手孔封堵台车（ZL201920109316.2）	2020 年	中铁十四局大盾构公司	实用新型
82	一种岩体小断面通道的顶管管节（ZL201920181214.1）	2020 年	中国矿业大学、中铁十四局大盾构公司	实用新型
83	一种海底地形动态监测的装置（ZL201921032828.X）	2020 年	中铁十四局大盾构公司	实用新型
84	静力水准仪固定基座装置（ZL201921938786.6）	2020 年	中铁十四局大盾构公司	实用新型
85	一种新型嵌缝台车（ZL201921455891.4）	2020 年	中铁十四局大盾构公司	实用新型
86	一种新型轨枕吊装拆除装置（ZL201921456631.9）	2020 年	中铁十四局大盾构公司	实用新型
87	一种泥水盾构机刀盘机构（ZL201921457715.4）	2020 年	中铁十四局大盾构公司	实用新型
88	一种固结灌浆仰角孔封孔用封孔塞（ZL201921456632.3）	2020 年	中铁十四局大盾构公司	实用新型
89	一种压力钢管焊接装置（ZL201921455892.9）	2020 年	中铁十四局大盾构公司	实用新型
90	一种泥水盾构施工泥浆输送处置构件（ZL201920788138.0）	2020 年	中国国家铁路集团有限公司、西南交通大学、中铁十四局大盾构公司	实用新型

续表

序号	专利名称（编号）	完成年度	申请专利单位	专利类型
91	一种用于盾构隧道中箱涵垂直运输的转运工装（ZL201921117787.4）	2020 年	西南交通大学	实用新型
92	用于标定泥水盾构环流系统泥浆流速的试验装置（ZL201922028325.1）	2020 年	中铁十四局大盾构公司	实用新型
93	地下连续墙导墙结（ZL201921210529.0）	2020 年	中铁十四局大盾构公司	实用新型
94	装配式预应力临时封盖（ZL201921221117.7）	2020 年	西南交通大学	实用新型
95	基坑降水井施工平台（ZL201921217359.9）	2020 年	中铁十四局大盾构公司	实用新型
96	泥水盾构废弃泥浆压滤废水处理系统（ZL201920944543.7）	2020 年	西南交通大学	实用新型
97	一种隧道内轨下结构拼装装置（ZL201921449853.8）	2020 年	中铁十四局大盾构公司	实用新型
98	用于盾构工作井端头复合加固的斜孔注浆导向管（ZL201922365628.2）	2020 年	中铁十四局大盾构公司	实用新型
99	一种重载坦克轮（ZL201922452596.X）	2020 年	中铁十四局大盾构公司	实用新型
100	一种载重平板拖车（ZL201922445676.2）	2020 年	中铁十四局大盾构公司	实用新型
101	一种盾尾注浆混液阀（ZL201922455480.1）	2020 年	中铁十四局大盾构公司	实用新型
102	一种盾构机红绿灯交通指示装置（ZL201922485657.2）	2020 年	中铁十四局大盾构公司	实用新型
103	一种管道除锈工具（ZL201922452289.1）	2020 年	中铁十四局大盾构公司	实用新型
104	一种桶装水支架（ZL201922455721.2）	2020 年	中铁十四局大盾构公司	实用新型
105	一种砂浆罐排渣装置（ZL201922492490.2）	2020 年	中铁十四局大盾构公司	实用新型
106	一种新型悬臂吊车（ZL201922452410.0）	2020 年	中铁十四局大盾构公司	实用新型

续表

序号	专利名称（编号）	完成年度	申请专利单位	专利类型
107	一种压缩空气分气包（ZL201922454244.8）	2020 年	中铁十四局大盾构公司	实用新型
108	一种用于隧道全预制轨下结构边箱涵垂直运输转运装置（ZL201922222893.5）	2020 年	中铁十四局大盾构公司	实用新型
109	一种用于泥水环流系统试验投料口的双球控制阀门（ZL201922264363.7）	2020 年	中铁十四局大盾构公司	实用新型
110	一种泥浆渗透成膜试验装置中压实隔离二合一拼盘（ZL201922253388.7）	2020 年	中铁十四局大盾构公司	实用新型
111	一种考虑刀盘转动情况下的泥浆动态渗透成膜试验装置（ZL201922265709.5）	2020 年	中铁十四局大盾构公司	实用新型
112	一种泥水平衡盾构环流系统中卵石运动规律试验装置（ZL202020338105.9）	2020 年	中铁十四局大盾构公司、西南交通大学	实用新型
113	一种喷雾式自动洗车池（ZL201922024085.8）	2020 年	中铁十四局大盾构公司、西南交通大学、中铁工程设计咨询集团有限公司	实用新型
114	洗车槽沉渣清理装置（ZL201922129064.2）	2020 年	中铁十四局大盾构公司、西南交通大学、中铁工程设计咨询集团有限公司	实用新型
115	丝杆式双约束钢筋定位装置（ZL201922031616.6）	2020 年	中铁十四局大盾构公司、西南交通大学、中铁工程设计咨询集团有限公司	实用新型
116	一种大直径盾构负环连接板焊接工装（ZL201922219041.0）	2020 年	中铁十四局大盾构公司、西南交通大学	实用新型
117	一种盾构机压力舱板背装式摄像通道装置（ZL201922305107.8）	2020 年	中铁十四局大盾构公司	实用新型
118	一种口型预制件养护装置（ZL201922278451.2）	2020 年	中铁十四局大盾构公司	实用新型
119	一种简易的混凝土缓冲装置（ZL201921456465.2）	2020 年	中铁十四局大盾构公司	实用新型

续表

序号	专利名称（编号）	完成年度	申请专利单位	专利类型
120	一种便携式电缆临时支架（ZL201921458700.X）	2020 年	中铁十四局大盾构公司	实用新型
121	一种地铁车站轨顶风道与盾构同步施工移动式台车(ZL201921238325.8)	2020 年	中铁十四局大盾构公司	实用新型
122	一种盾构隧道内同步施工台车(ZL201921240854.1）	2020 年	中铁十四局大盾构公司	实用新型
123	盾构掘进参数实时采集系统软件 V1.0（2018SR225434）	2017 年	中铁十四局大盾构公司	软件著作权
124	盾构项目远程视频监控系统软件 V1.0（2018SR224881）	2017 年	中铁十四局大盾构公司	软件著作权
125	盾构施工人员定位及环境监测系统软件 V1.0（2018SR610900)	2017 年	中铁十四局大盾构公司	软件著作权
126	移动端盾构施工监测系统软件 V1.0(2018SR741588)	2017 年	中铁十四局大盾构公司	软件著作权

工法清单

序号	工法名称	工法等级	完成单位	获批部门
1	高含水量超软土水泥土地下连续墙施工工法	省部级	中铁十四局	交通运输部公路局
2	高含水量超软土水泥土地下连续墙施工工法	省部级	中铁十四局	山东省住房和城乡建设厅
3	高含水量超软土箱型多室现浇隧道施工工法	省部级	中铁十四局	山东省住房和城乡建设厅
4	长江漫滩高承压水大型基坑内套直立开挖基坑施工工法	省部级	中铁十四局	山东省住房和城乡建设厅
5	大型地下交通枢纽箱型框架隧道支模体系施工工法	省部级	中铁十四局	山东省住房和城乡建设厅
6	长江漫滩地下空间结构侧墙复合防水施工工法	省部级	中铁十四局	山东省住房和城乡建设厅
7	长江漫滩高承压水超深格栅地连墙施工工法	省部级	中铁十四局	山东省住房和城乡建设厅

续表

序号	工法名称	工法等级	完成单位	获批部门
8	长江漫滩高承压水超深自凝灰浆墙施工工法	省部级	中铁十四局	山东省住房和城乡建设厅
9	长江漫滩高承压水大型超深基坑分区组合式降水施工工法	省部级	中铁十四局	山东省住房和城乡建设厅
10	大直径盾构隧道全预制轨下结构施工工法	省部级	中铁十四局大盾构公司	山东省住房和城乡建设厅
11	大直径泥水盾构强透水卵石地层液氮垂直冷冻加固带压进仓施工工法	省部级	中铁十四局大盾构公司	山东省住房和城乡建设厅
12	盾构隧道海底孤石及破碎带处理施工工法	省部级	中铁十四局大盾构公司	山东省住房和城乡建设厅
13	高渗透富水地层地铁深基坑地连墙施工工法	省部级	中铁十四局大盾构公司	江苏省住房和城乡建设厅
14	大直径地铁盾构隧道单管双线复合衬砌同步快速施工工法	省部级	中铁十四局、中铁十四局大盾构公司	中国公路建设行业协会
15	大直径泥水盾构高水压复合地层常压下滚刀齿刀互换施工工法	省部级	中铁十四局、中铁十四局大盾构公司	中国公路建设行业协会
16	非加固条件下大直径泥水盾构长距离穿越棚户区沉降控制施工工法	省部级	中铁十四局、中铁十四局大盾构公司	中国公路建设行业协会
17	复杂环境强透水地层工况下大直径泥水盾构覆土平衡综合接收施工工法	省部级	中铁十四局、中铁十四局大盾构公司	中国公路建设行业协会
18	江底长距离上软下岩复合地层施工工法	省部级	中铁十四局、中铁十四局大盾构公司	中国公路建设行业协会
19	临近江河强透水地层超大直径盾构安全始发施工工法	省部级	中铁十四局、中铁十四局大盾构公司	中国公路建设行业协会
20	道路交叉口围护结构支撑装配式预应力临时封盖施工工法	省部级	中铁十四局大盾构公司	中国公路建设行业协会
21	高渗透富水地层格构柱钻孔灌注桩施工工法	省部级	中铁十四局大盾构公司	中国公路建设行业协会
22	高渗透富水地层盾构工作井端头复合式加固施工工法	省部级	中铁十四局大盾构公司	中国公路建设行业协会

|第四章| 核心技术 攻关纪实

中铁十四局通过近 20 年的技术积累和高质量发展，在大盾构隧道施工领域拥有“超大直径盾构选型及刀盘刀具配置技术”“高水压复合地层新型常压 / 带压换刀技术”“超大直径盾构高效掘进与精准穿越技术”“盾构大数据及智能化建造技术”“超大直径盾构绿色集成建造技术”“超大直径盾构隧道管片生产线设计及生产创新成套技术”“盾构隧道机电工程系统建造及运维管理技术”核心技术，已成为全国乃至全球盾构隧道建造行业的领军者和技术先导队，是中国大盾构“国家队”的引领者和开拓者。

辉煌成绩的背后是异常艰辛的探索。中铁十四局领导班子成员有一句共同的座右铭：“对大自然要有一颗敬畏之心。”因为地下空间永远是充满未知的。一条隧道相邻的左右线，地质条件也是不同的。就是在这种千变万化的地质中，中铁十四局探索出一整套大盾构掘进施工关键技术。他们认为，所谓的高水平就是把疑难的问题解决了。下面让我们回望一下他们如履薄冰、不畏艰难、百折不挠的探索创新历程。

第一节 盾构选型 成败关键

中国盾构行业有这样一种共识：在盾构施工中，地质是基础，设备是关键，人员是根本。盾构法施工主要依靠盾构设备这个载体，因此盾构设备选型是施工成功的一个重要环节，是盾构施工的关键。盾构机选型所需要考虑的因素包括：土质条件、岩性；开挖面稳定性（自立性能）；隧道埋深、地下水位；设计隧道的断面；环境条件、沿线场地［附近管线和建（构）筑物及其结构特性］；衬砌类型；工期、造价；等等。

从南京长江隧道开始，中铁十四局就形成了一套科学的盾构机选型理念，并成功付诸实践，尤其是在大直径盾构选型方面处于行业领先位置。

南京长江隧道的选型试验

南京长江隧道使用的 2 台泥水加压式盾构机是根据工程的地质条件专门设计制造的。

南京长江隧道盾构机的刀盘结构形式为中心支撑、辐条面板式，6 个辐条，辐条内可更换部分刀具。刀盘上共配置 118 把刮刀，其中 75 把可以通过辐条在常压下进行更换，便于检查刀具的磨损情况。盾构机的压力舱被隔板分成 2 个舱——泥浆舱和气压调节舱，同时还设有人闸、主舱和副舱。通过人闸，技术员可以进到压力舱内部检修设备，而主、副舱的设置则可以实现人员进（出）舱前对加（减）压过程的适应，以防止出现加减压病症，保证进舱人员的安全。压力舱中的泥水压力是通过气压舱的压缩空气施加的，压力舱的这种构造使带压进舱检修设备变为可能。

选型的优点有四个：一是参数记录系统方便分析。这两台盾构机所配备的参数自动记录系统，可记录盾构机自开始运转直至隧道贯通所有的盾构机的参数，包括掘进速度、刀盘转速、刀盘扭矩、推力、泥浆参数、壁后注浆参数、油脂参数等，为总结盾构技术、分析盾构机故障和地质情况提供了完善的数据支持。二是能够在常压下更换刀具。具备独创性的常压更换刀具的设计，依仗该设计，左线盾构才得以顺利通过复合地层，而没有对刀盘造成严重的损伤。三是配备了足够强大的碎石机。在盾构机选型阶段，由于考虑到了砾砂和卵砾地层有较大石块存在，2台盾构机配备了足够强大的碎石机。实践证明，碎石机的配置非常成功，它将大块的泥岩和石块破碎成了泥水管路所能允许的大小，消除了开挖舱底部堆积、泥水管路频繁堵塞的可能。四是配备中心冲刷系统。为了防止刀盘在钙质泥岩和淤泥质粉质黏土中结泥饼，盾构机设计了中心冲刷系统，可以1兆帕压力由刀盘中心沿主辐臂之间的空隙用泥水进行冲刷。盾构机在钙质泥岩地层中早期掘进时，未开启中心冲刷，刀盘出现结饼的迹象：推力增大、速度降低、扭矩明显上升等。开启了中心冲刷系统后，1天之内就取得了显著的效果，恢复了正常的掘进参数。

但由于是首次选型，也存在着不足之处，即刀具设计不适应南京长江隧道的复杂地质，所配刀具有效部分（合金齿）在砾砂层中磨损严重，直接导致右线盾构停机。

武汉地铁8号线长江隧道的“三选一”

汉地铁8号线长江隧道越江段所穿越的地层复杂多变，具有多种地质形态，且分布不均。越江隧道在长江两岸共计约1800米，穿越地层上部为软土层，下部为粉细砂层，对刀具磨损较轻。

江中段约1365米，上部为粉细砂层，下部为复合地层，主要包括约495米的Q4圆砾土、约1365米的强风化砾岩、约750米的弱胶结砾岩层、约430米的中等胶结砾岩，四种岩层上下重叠。

根据成都地铁、南京地铁、类似地层的施工实例，武汉地铁8号线复合地层介于既可使用滚刀，也可使用贝壳形先行刀掘进的重叠区间，使用这两种刀具均能掘进，但施工效率可能会有较大区别且有较大施工风险。

当时，第一种意见是，采用“贝壳形先行刀＋重型刮刀”模式，刀具可常压更换，以应对黏土地层；第二种意见是，采用“双刃滚刀＋重型刮刀”模式，刀具可常压更换，以应对高强度的砾岩；第三种意见是，主臂布设部分可常压更换滚刀。经过深入分析、研究，最终决定采用在主臂内布设轨迹覆盖其断面范围的可常压更换双刃滚刀，并且在未进入硬岩地层时，在刀座上安装并联贝壳刀，当进入该地层后，再更换为双刃滚刀。

武汉地铁 8 号线针对“上软下硬”地质，采用主臂布设部分可常压更换滚刀的选型方案，在直径 12 米盾构机上首次实现了常压更换滚刀和刮刀，以及世界首创“滚刀、齿刀原位互换”的技术，创造了大直径泥水盾构施工新纪录。这种创新方案针对性、适应性强，在掘进实践中取得了良好的效果，最高月掘进达 686 米，而另一家单位在相邻的、同地质条件的盾构施工中，由于盾构选型问题，在掘进中遇到了许多困难。

苏通GIL综合管廊的“变通”

苏通 GIL 综合管廊工程位于长江下游三角洲平原前缘地带，盾构隧道穿越地层以淤泥质土、粉质黏土、粉土、粉细砂及中粗砂等底层为主，其中细砂、中粗砂等地层标准贯入击数大于 50。长江南侧土层地段 780 米，隧道穿越标准贯入击数大于 50 的密实砂层长度约 3300 米，砂层中石英含量超过 70%，江北侧土层地段 1086 米。

隧道穿越地层为含沼气地层，沼气呈团块状、囊状、蜂窝状集聚分布。中煤科工集团沈阳研究院有限公司出具的安全预评价结论为：该区域最大瓦斯压力为 1.53 兆帕，施工过程中最大瓦斯涌出量为 67.2 米^3/ 分钟。

鉴于苏通 GIL 综合管廊工程特殊的地质条件，借鉴煤矿巷道沼气安全管理经验，有专家提出，苏通 GIL 综合管廊工程盾构机选型必须采用全防爆设计方案，以保证施工生产的绝对安全。但全防爆盾构机造价相比无防爆设计方案要高出100%甚至150%。中铁十四局组织相关专家学者反复论证，认为盾构机是一个相对封闭的大型地下工程施工成套设备，重要的电器、元器件均处于盾壳的保护之内。另外，不同于煤矿巷道，苏通GIL综合管廊隧道是长江水下施工，盾尾密封装置保证了外部水体、气体无法进入成型盾构隧道内，沼气浓度会大大降低，只有微量和少量的沼气能够进入成型隧道内。为确保施工安全，盾构机进行适度防爆设计，即可保证施工安全。据此，中铁十四局选择了盾构机适度防爆设计选型方案，获得建设单位和设计单位的同意。根据此方案，中铁十四局配合盾构机生产厂家，按局部防爆方案设计生产盾构机。

针对长距离无抽排直接穿越沼气地层，首次实现了大直径泥水盾构机防爆设计、制造及应用，提出了一套适用于超高水压长距离沼气地层的盾构机设备整体优化设计方案。

参考《煤矿安全规程》（2016年版）对盾构机进行了防爆改造。

针对盾构隧道穿越超高水压（9.8巴）和富水砂层，研制了主轴承自动被压系统，通过模拟计算及实验研究，得到了适用于超高水压的盾尾密封系统，保证了盾构机密封耐压能力达到10巴以上。

分析了施工过程中沼气渗漏进入盾构机内部和隧道内部的所有途径，针对沼气在气垫舱顶部的聚集，首次将气垫舱内的压力、液位传感器等全部配置为音叉、压差等非电间接传感器，在气垫舱内消除了产生电火花的可能，做到了本质安全。新型传感器实际应用相比传统用电传感器更为精确、可靠。

分析了泥水盾构结构与施工特点，研制了开挖舱顶部、气垫舱顶部等沼气汇集区抽排装置，实现了在不进行地面抽排前提下的隧道内沼气抽排安全施工方法。针对沼气渗漏进入盾构机内部和隧道内部的所有途径，设计了成套的有害气体实时监测系统，并在所有途经处及易发生局部气体聚集区配置了气动局部风机，确保薄弱环节有害气体浓度始终处于安全范围。

盾构机适度防爆设计方案取得了预期效果，实现了苏通 GIL 综合管廊施工全过程安全生产，形成“一种大直径泥水盾构机开挖仓有害气体处理方法及其装置”，并申请了国家发明专利。苏通 GIL 综合管廊工程采用防爆选型设计，成功穿越有害气体地层，创造了大直径泥水平衡盾构机月均进尺 417 米的纪录。

北京东六环改造工程的科学创新

北京东六环改造工程盾构段在盾构机选型时，针对长距离富水砂层地质，采用同步双液注浆系统，可及时控制沉降，快速稳定成型隧道。配备常压刀盘刀具磨损监测与温度传感装置，实时反馈，便于盾构操作及维保；配备多吊机重载大尺寸快速物料协同运输系统，提高整机物料运输效率。

勘测、物探结果显示，隧道穿越地层主要为粉土、细砂、中砂、粉质黏土，岩性主要以砂土、粉土与黏性土交互层为主，局部分布有少量圆砾、卵石层，粒径不大于 20 厘米。地表以下 9 ～ 10 米进入潜水层，隧址区砂、卵砾石层内分布有多层承压水。

北侧始发井至中间井全长 4769 米，隧道最大覆土厚度 59 米；中间井至南侧接收井全长 2575 米，隧道最大覆土厚度 32 米；隧道顶部最大水头高度 30 米；盾构段主要穿越地层为粉细砂层，颗粒粒径约 0.1 毫米；砂性土标贯为 30 ～ 130，局部分布有圆砾、卵石层；盾构段地层的渗透系数为 10^{-4} ～ 10^{-7} 米 / 秒。初勘报告所提供的标贯值为标准贯入试验锤击数实测值，未经修正，现场钻探过程中，未发现砂层板结现象。

土层类别	百分比
细砂～中砂	83%
粉土	7%
粉质黏土	5.5%
有机质黏土	2.5%
卵石、砾石	2%

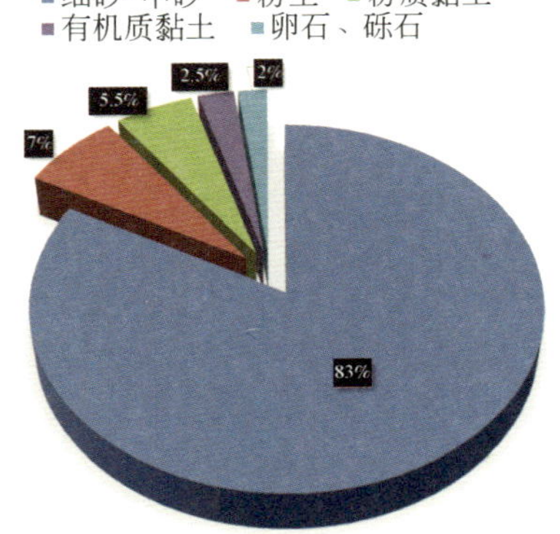

北京东六环改造工程土层类别及占比

在充分了解盾构隧道地质情况以及施工中的重难点、风险点的基础上，首先要考虑的是盾构机的选型和针对性设计，以期最大限度使盾构机适应该工程地质条件，化解施工难点，规避施工风险。北京东六环工程盾构机选型，以地质为基础，在开挖直径、耐压能力、基本功能满足要求的前提下，重点关注的是“一头一尾”：“头”指刀盘刀具及其配套驱动能力、所换刀具对地层的适应性；“尾”指盾尾密封能力需满足高水压力和长距离掘进磨损的需求。

依据盾构机选型的一般原则，工程适用泥水平衡盾构机。参考之前南京地铁 10 号线过江隧道的刀盘刀具(其穿越地层更为恶劣，除砂层外，还有泥岩、卵砾石地层)，进行针对性设计：刀具采用“先行刀 + 刮刀”的多层次刀具设计，确保开挖效率；确保刀盘开口率超过 30%，参考南京地铁 10 号线过江隧道的刀盘设计，采用 6 副刀臂设计，并再度提升开口率至 40%；在刀盘正反面的边缘部分敷设耐磨钢板，边缘区域增加硬质合金耐磨块。

刀盘采用南京地铁 10 号线过江隧道时开发的第三代常压换刀设计，而不需要采用工期长、成本高的压力进舱换刀方法。

沿用了苏通 GIL 综合管廊项目的做法，采用了“4 道钢丝刷 +1 道钢板束”的密封形式，最大限度地保证尾刷的使用寿命；前面2道盾尾密封刷为螺栓固定，可实现较快速更换，最后端增加1道冷冻腔，在盾尾发生泄漏需要更换尾刷时，通过冷冻管进行土体冻结，确保更换尾刷时施工人员的安全。

第二节 迭代换刀 突破限制

在盾构机正常施工的掘进过程中，盾构机停机换刀面临着工程总体安全和工期延误两大风险，尤其是在超高水压不稳定地层中，停机时间越长，工程总体风险就越大。围绕在停机换刀过程中，开挖面稳定和换刀实施人员安全健康的要求，发展出常压换刀、常规压缩空气换刀、饱和潜水换刀、饱和气体换刀等不同的工法。

常压换刀是指施工人员在常压下由通道进入装有磨损刀具的主刀臂内，利用液压油缸并配合刀腔闸板，在常压条件下将刀具从刀腔内抽出，待对刀具进行必要的检查与更换后，将刀具装回，实现刀具更换。相较于带压换刀，常压换刀的明显技术优势为：换刀的整个过程均在常压下进行，作业人员不需要置身于高压环境中开展换刀作业，施工安全系数高且对作业人员身体健康无影响；省掉了带压换刀时加压进舱、减压出舱等操作，并消除了带压换刀作业时时间长度受限的不利影响，施工效率提高了4～5倍；减少了带压进舱作业所需的高黏度泥浆制备、泥浆置换和专业潜水作业及操舱人员等，精简了作业工序。

第一代技术：丝杠导杆式换刀技术

南京长江隧道穿越江面宽度2600米，高水位多年平均值8.37米，最大水深约28.8米。盾构隧道穿越段的粉细砂、砾砂与圆砾地层的复合地层占整个隧道长度的43%以上，地层具有上软下硬、软硬不均、透水性强、施工难度大等特点。盾构穿越的各地层中砂石的石英含量普遍较高，尤其砾砂和圆砾地层石英含量高达 70% 以上，对刀具的耐磨性是个很大的考验。

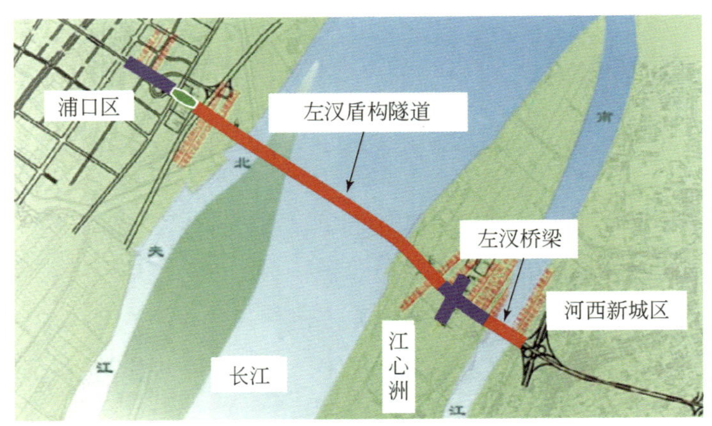

南京长江隧道示意图

南京长江隧道江中带压开舱更换刀具的风险是，当右线盾构机推进到 655 ～ 659 环时（K4+910 ～ 918，此时盾构机已经进入粉细砂和砾砂、圆砾的复合地层一段距离），刀盘扭矩值相比之前的掘进明显偏高，最高达到 20 兆牛米，推进速度急剧减慢。同时排出的渣土中出现直径 20 厘米以上的卵石。通过对常压可更换刀具的检查，发现部分刀具磨损严重，出现了刀刃崩落的现象。盾构机停机位置断面上部约 1/4 为粉细砂地层，其渗透系数约为 6×10^{-3} 厘米 / 秒；下部约 3/4 为砾砂地层，其渗透系数约为 3×10^{-2} 厘米 / 秒。根据实际的地层条件，可以计算出盾构机顶部往下 5 米处（气压作用面处，按气压面下端处埋深 25.5 米，水深 48 米计算）的静止土压力为 0.11 兆帕，孔隙水压力为 0.48 兆帕，总静止土压力为 0.59 兆帕。在这样高渗透性、高水压的地层中开舱，如何保证开挖面的稳定性是工程中十分重要的问题。工程最终采用在开挖面上形成气密性良好的泥膜、气压支护开挖面的带压开舱方法，成功实现了在江底更换刀具、修复刀盘。

中铁十四局通过与国际领先的潜水公司合作，培训高压作业人员，精心组织实施了 6.0 巴高气压条件下的刀盘焊接修复作业，创下了高压气体零漏失量、6.5 巴高气压条件下带压作业等多项世界纪录。

首次实现了常压条件下对高压状态中的刀具进行更换的世界级技术难题的突破，攻克了大型水体下盾构掘进刀具寿命对掘进距离的限制难题，在世界上首次成功实施泥水平衡盾构机常压条件下更换刀具，国内外专家赞叹道“从此江河等大型水体下的盾构掘进里程不再受限”。

常压下更换刀具

在刀盘修复之后，中铁十四局将磨损严重的刀具换成了自己设计的改进型国产刀具。改进型刀具的使用十分成功，通过对比试验，德国海瑞克公司原配刀具在恢复推进后只能支持推进最多 30 环，其耐磨合金即已脱落，刀具失效；而改进型刀具根据安装位置的不同，最少也可以支撑 150 环，最长纪录是 425 环。

在成功实现常压换刀的基础上，中铁十四局进行了刀盘刀具与地层适应性研究。通过分析原配刀具在南京长江隧道的失效过程，对刀具进行适应性改造，成功地解决了江中复合地层刀具适应性研究的问题，最终设计出了最适合长江南京段地质情况的刀具类型。

第二代技术：套筒油缸式换刀技术

南京地铁 10 号线 D10-TA03 标段以位于长江北岸的中间风井为起点，中间风井的北侧是既有南京纬七路长江隧道，南侧紧邻南京浦口自来水有限公司制水厂。线路由中间风井走出后向东依次穿越长江北岸大堤、城南河、潜洲、长江主航道、江心洲江防大堤，最终到达江心洲站。

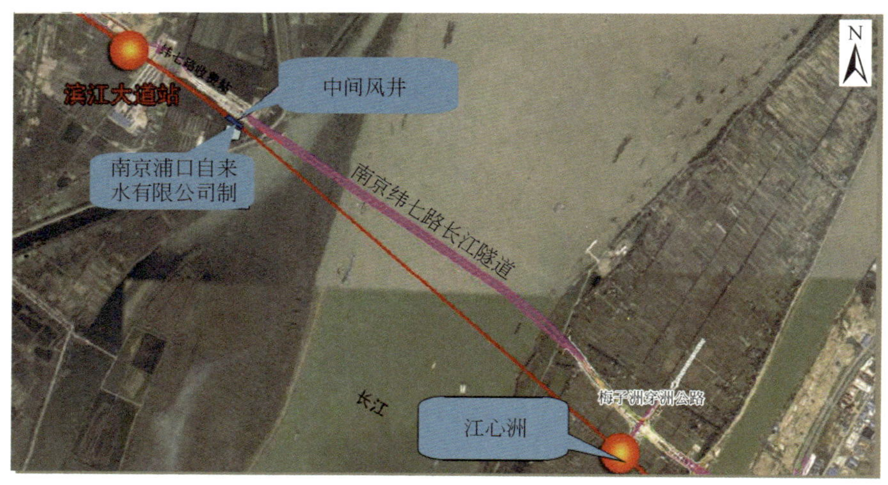

南京过江通道布置图

标段勘探深度内地层为第四系松散层和白垩纪上统浦口组基岩，松散层岩性主要为淤泥、淤泥质粉质黏土、粉质黏土、粉土、粉细砂、中粗砾砂以及卵砾石混合土。根据工程地质条件、地貌特征、不良地质作用及特殊性岩土分布特征，标段跨两个次级地貌单元：长江低漫滩区及长江边滩、滩地区。

为了能够在高达 6.5 巴的水压下安全高效地实施江底换刀作业，中铁十四局与盾构机制造商共同研发了世界上首例应用于直径 11 米的盾构机上的小空间常压换刀技术，填补了国际空白。

项目安全实施 12 次常压换刀，更换刀具 420 把，顺利完成了卵砾石地层的掘进。通过系统总结施工经验，在国内首次梳理完成《大直径泥水盾构及其附属设备维护与保养手册》《大直径泥水盾构施工管理手册》等施工管理成果，填补了国内空白，对大直径泥水盾构施工及维护保养起到了重要的指导意义。

小空间常压换刀技术成功将南京长江隧道常压换刀技术，由 15 米级拓展到 10 米级盾构机上，减少了带压作业次数和风险概率。

第三代技术：滚齿互换式换刀技术

武汉地铁 8 号线长江隧道在江中长距离（1100 米）穿越复合地层，上部为软弱透水的粉细砂层，下部为强风化砾岩、弱胶结砾岩及中等胶结砾岩，岩层分布长度占隧道总长度的 42%，地层呈明显的上软下硬特点，施工难度极大。隧道最大埋深为 35.5 米，最小埋深为 10.49 米。江底最大水土压力达 0.59 兆帕，要求盾构承压能力强。

为适应武汉地铁 8 号线长江隧道江中段复合地层绝大部分为散体状的强风化砾岩和泥质胶结的极软岩的特点，中铁十四局根据可更换刀具的切削面需覆盖整个开挖面的要求，盾构刀盘共设有 76 把常压可更换刀具，包括 61 把软土刀具和 15 把双刃滚刀。

常压下的滚刀、齿刀互换的具体操作方法为：当盾构掘进断面在土质软弱地层与岩质坚硬地层间相互转换时，对滚刀刀位进行滚齿互换，以满足不同地层的切削要求。滚齿互换的刀筒抽出方式与滚刀更换相同，在刀筒抽出后对刀筒中的刀具进行滚刀、齿刀的更换。

盾构滚刀、齿刀互换

中铁十四局针对江底不同岩性复合地层地质条件，在国内首次开发应用了常压下滚刀更换和滚刀、齿刀互换技术，针对性地提出了软土、软土 + 软岩、软土 + 硬岩 3 种不同地质断面下的刀具切削配置形式，并在该工程中成功应用，极大地提高了掘进效率，降低了高水压江底换刀风险，缩短了作业周期。施工中创造了在软土地层月掘进 668 米、软土 + 软岩地层月掘进 226 米、软土 + 硬岩地层月掘进 160 米的大型盾构掘进纪录。这是国内软土 + 硬岩复合地层条件下盾构掘进的一个成功案例，为类似复杂地质条件的盾构施工提供了借鉴。

第三节　快速掘进　精准穿越

盾构掘进是一个复杂的系统工程，影响盾构掘进速度的因素是多方面的。盾构选型与地质条件的适应性、对特殊地质（如孤石、上软下硬地层、高强度沙砾地层）的处理手段与技术等都是影响盾构高速掘进的重要因素。还有盾构各生产系统的生产能力、各环节之间的相互配合与协调、管理队伍驾驭盾构生产系统的能力和管理水平等，都是制约盾构掘进速度的重要因素。

高水平的管理团队不能单纯地追求掘进速度，而是力求掘进速度与系统生产能力相协调，实现均衡掘进。盾构掘进速度过慢，系统生产能力发挥不出来，生产效率低，成本高；盾构掘进速度过快，但又不能持续、稳定、快速地掘进，系统部分生产环节能力跟不上，可能会产生负面效果，甚至导致安全问题。

中铁十四局在超大直径及水下盾构隧道施工中，经过长期的生产实践探索，掌握了大直径盾构隧道快速掘进、精密穿越的技术。

迎战“大孤石”　穿越“钢板砂”

厦门地铁 2 号线海沧大道站—东渡路站区间自海沧大道站起，先沿海沧大道向北敷设，然后以 500 米曲线半径下穿海沧湾公园后入海，经大兔屿穿越厦门西港，于国际码头 1 号泊位上岸，然后以 350 米曲线半径下穿邮轮城二期地块，到达东渡路站，跨海段穿越厦门西港海域，海岸线较顺直，海沧侧为滩涂潮间带，厦门西港主航道靠近厦门岛侧，宽 260 米。线位经过区地面标高 −28.90 ～ 26.50 米。勘测期间最高潮水位为 3.58 米，最低潮水位为 −3.08 米。

创新技术攻关一：海底孤石、基岩凸起探测及处理技术

配合采用地质雷达探测、地震反射波探测、地表及海面钻探、盾构机内部探测等手段，探测海底孤石、基岩凸起，采用“海上爆破＋注浆加固”的方式进行预处理。对地质突变或未发现的孤石群，采取带压进舱人工处理，根据孤石位置、大小及强度选择液压割锯、风钻钻孔、液压劈裂机、静态爆破剂等多种方法对孤石进行处理。

创新技术攻关二：穿越粗砂层（钢板砂）掘进技术

当盾构拱部穿越粗砂层（钢板砂）时，盾构掘进一方面对刀盘刀具产生额外磨损，另一方面由于粗砂的高渗透性，掘进中面临更严峻的涌水涌泥问题，此外，还面临掌子面顶部砂层坍塌及掌子面与海水贯通的风险。为使盾构机安全、迅速地通过粗砂层，掘进过程中科研团队科学应对，采取如下措施：首先，通过粗砂层前，加强盾构机械耐久性与刀盘刀具耐磨性设计，合理选择刀盘刀具，控制掘进参数并做好同步注浆等辅助工作；其次，穿越粗砂层过程中，严格把控泥浆参数及盾构机掘进速度，减少刀具磨损，加强对盾构设备、刀盘刀具的管理、检修与维护。此外，在上软下硬隧洞段及上土下基岩隧洞段，盾构推进需调整千斤顶的推力，控制盾构姿态，防止盾构机偏离设计轴线。对下部强度较高、体积较大的基岩凸起，盾构施工前先利用矿山法段端部对微风化变质石英砂岩采取爆破处理，然后注浆加固盾构开挖范围及拱部 3 米内的粗砂层。此外，掘进过程中应加强监控量测，及时反馈并分析监控量测数据，依据该数据进一步修正、优化施工参数。

创新技术攻关三：复杂地层长距离掘进盾构机的针对性配置技术

针对海域复杂地质，为盾构机配置了可伸缩摆动的刀盘，便于刀盘刀具更换和实现隧道曲线掘进超挖功能。采用 TBM 上使用的中心双刃滚刀及刀箱设计，降低拆装难度。此外，还配备颚式碎岩机，设置偏心加厚输运管路，满足了快速安全掘进要求，使泥水平衡盾构机在海底孤石群、基岩凸起地层达到最佳配置。

创新技术攻关四：高频次带压开舱综合技术

通过开展泥浆渗透试验，揭示了泥浆在海水介质地层中渗透成膜的规律，又通过测试泥膜的保压性能，提出了通过增加泥浆黏度提高泥膜闭气性的方法；高质量的泥浆保证了海底高频次带压开舱的安全性。

创新技术攻关五：“混凝土套筒”盾构机接收技术

类似于车站内接收用的钢套筒，在成形矿山法隧道内设置 18 米长的混凝土套筒，内部填充 M10 砂浆，盾构机完全进入混凝土套筒后，对盾体后部管片进行二次注浆加固、止水，开挖舱内没有水进入时，盾构机继续掘进通过混凝土套筒，施工简便，安全可靠，能有效地控制接收关键部位的稳定性以及防水能力，为盾构机在隧道内接收的类似项目提供了成功案例。

创新技术攻关六：超深基坑爆破减振控制施工技术

根据建筑物自振及其受爆破震动影响的频率和阵形分布规律、鞭梢效应、结构位移变化规律，优化起爆网络，规划爆破开挖顺序，采用三排减振孔措施，基坑爆破开挖施工安全高效，从根源上降低了振动对周边环境的影响，为复杂地层条件下超深基坑爆破工程提供了成功案例。

创新技术攻关七：海底隧道联络通道冷冻法施工技术

海底隧道地层破碎、裂隙发育，海底联络通道冷冻法施工采用了“冷冻＋洞内注浆”的方式对地层进行加固，形成发明专利。冷冻孔孔口管留 100 毫米以上保护层，布设 4 分球阀，钻孔后注浆充填，冷冻孔严格封闭，防止了涌水涌砂。综合理论分析、土工试验和模型试验结果，形成了厦门西海域海水介质冷冻技术，确定冻结过程时间为 52 天，冻结盐水温度为零下 28 摄氏度，为海底隧道冻结法施工提供了宝贵经验。

在厦门地铁 2 号线跨海段盾构施工中，科研团队成功攻克了上软下硬地层、孤石及基岩凸起、部分区段盾构拱部穿越粗砂层等地质难题，成功穿越了世界级的复杂地质地层，实现了盾构隧道的成功贯通。

世界最大单管双层隧道快速掘进技术

瘦西湖位于江苏省扬州市城西北郊，总面积2000亩[①]，水上面积700亩，游览区面积100公顷，有“园林之盛，甲于天下”之誉。1988年，瘦西湖被国务院列为“具有重要历史文化遗产和扬州园林特色的国家重点名胜区”。2010年被授予国家5A级旅游景区。2014年，被列入世界文化遗产名录。

2013年12月10日，下穿瘦西湖风景区的双向四车道、盾构隧道直径14.5米的扬州瘦西湖隧道贯通。

扬州瘦西湖隧道工程东起漕河路与史可法路交叉口，西至杨柳青路与维扬路交叉口，自东向西分别下穿北门遗址、友谊路、长春路、瘦西湖风景区、国家税务总局干部学院和扬子江路，通道主线全长3601米，隧道上下行车通道总里程5589米。主要建筑包括主体隧道、接线道路、风塔、装饰装修、机电设备等内容。道路设计时速为60公里，采用单管双层方案，上下层各布置两条车道，盾构管片外径14.5米。具体包括隧道湖东明挖段580米，隧道盾构段1275米，隧道湖西明挖段775米，隧道匝道明挖段525米，湖东接线道路1491米，湖西接线道路1525米，湖东风塔、湖西风塔、机电设备安装配套排水、照明、消防、通风、智能化等工程。

根据勘察钻孔揭露的地层结构、岩性特征、埋藏条件、物理力学性质，结合区域地质资料，勘探深度范围内隧道明挖及盾构段所涵盖的地层为杂填土、淤泥、粉土、粉砂、黏土，地面10米以下均为黏土地层，其中下蜀黏土在天然含水量下常处于硬塑或坚硬状态，强度较高，压缩性中等偏低。当含水量增加和结构遭扰动后，其力学性质

① 1亩≈666.7米^2。

湖西鸟瞰　　湖东鸟瞰

盾构段断面　　明挖暗埋段断面

明显减弱。当胀土失水时，土体即收缩，甚至出现干裂，而遇水时又膨胀隆起，即使在一定荷载作用下，仍具有胀缩性、超固结特性和膨胀性。黏土塑性指数 24，黏粉颗粒细，60 微米含量高达 99.3%，5 微米以下占 44%，黏度极高。

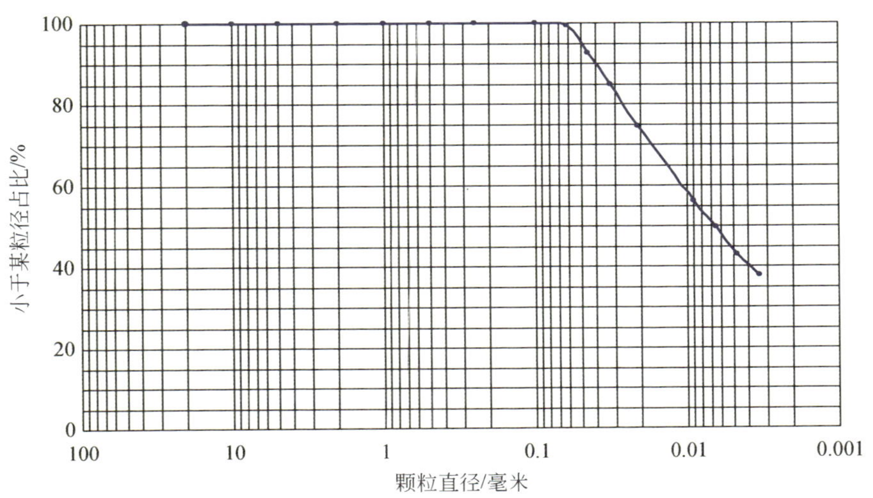

特殊的地质条件、复杂的地理环境、新颖的结构设计，使该工程具有以下难点：在全断面硬塑膨胀性黏土地层中，世界上首次采用盾构法长距离穿越，面临膨胀应力造成开挖面失稳、黏土结饼堵塞、环流分离失效等技术难题，技术难度极高。在瘦西湖水下施工面临击穿和劈裂的风险；盾构机直径达 14.93 米，直径的增大使施工风险呈几何倍数增长；全程在城市主城区、5A 级景区、文物密集分布区等核心地段施工，安全风险极高。

技术攻关一：膨胀土地层深基坑综合施工技术

工程基坑围护结构含地下连续墙、钻孔灌注桩、SMW 工法桩等围护结构形式，膨胀性黏土的胀缩性、裂隙性、超固结性、溶崩性对开挖过程中围护结构受力变形和槽（孔）壁缩颈、塌孔等影响较大。

采用 1∶100 的开挖模型箱，对基坑工程开挖过程中围护结构的受力与变形规律进行室内模拟，通过 FLAC 三维数值计算，研发了：①围护结构地下墙、工法桩施工工艺以及围护结构抗渗漏接缝注浆加固止水工艺；②基坑开挖时空效应开挖方法；③通过信息化施工，跟踪监测基坑开挖过程中的围护结构受力，指导基坑开挖的空间和时间，保障了明挖段及工作井深基坑的优质安全可靠施工。

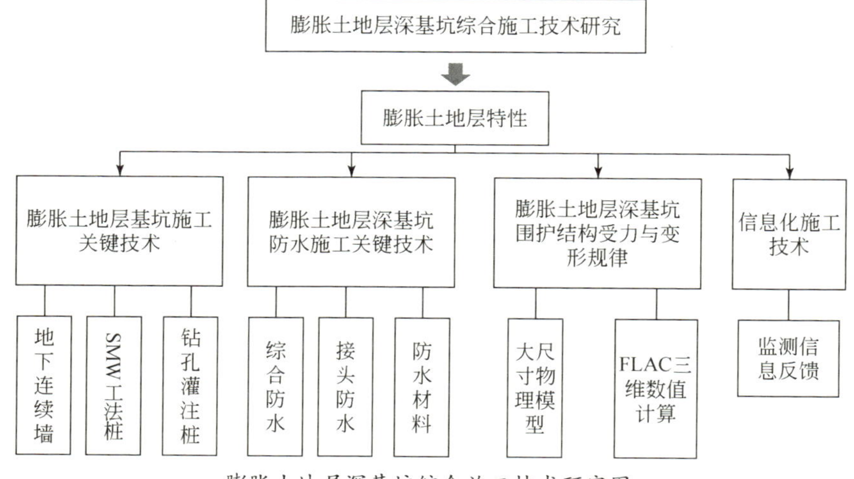

膨胀土地层深基坑综合施工技术研究图

技术攻关二：刀盘刀具冲刷系统适应性改造技术

针对硬塑膨胀性黏土力学特性，优化了刀盘刀具配置方案，提出了硬塑膨胀性黏土刀具配置成套技术。改变 71 把可更换的刮刀的前后角角度及其合金大小形状，将中心圆柱形刮刀改为鱼尾形刮刀；取消 16 把先行齿刀，改为刀盘冲刷孔，增强刀盘的冲刷能力；保留原有 118 把固定刮刀形式。实现黏土的块状切削。

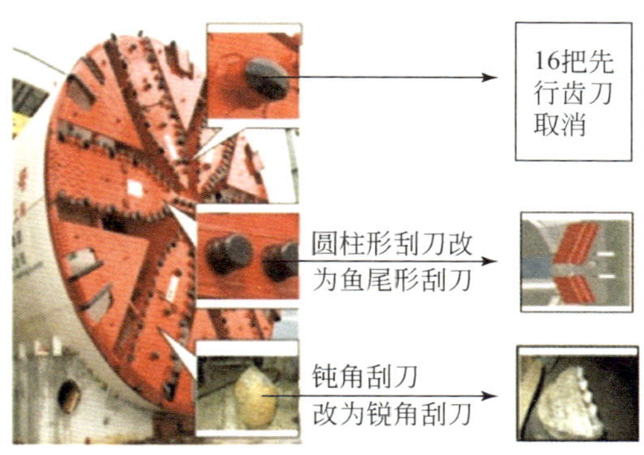

刀盘刀具冲刷系统适应性改造

创建了刀盘冲刷及环流系统适应性改造技术，包括刀盘冲刷系统改造。

技术攻关三：环流系统改造及高效出渣技术

通过对膨胀性黏土的室内模拟试验及特性分析，对环流系统进行了系统改造，形成了高效环流及出渣技术，解决了泥水盾构在硬塑膨胀黏土地层掘进的世界性难题。

利用 SolidWorks 和 AMESim 软件建模，通过仿真分析优化超大直径泥水平衡盾构机环流冲刷系统的改造，通过增加地面冲刷泵和井下增压泵，创新采用气泡舱排浆吸口高压对冲设计，形成气泡舱和开挖舱的共同冲刷作用，适应盾构掘进效率，满足切削及携渣要求，解决了泥水循环不畅的施工难题。

技术攻关四：盾构掘进开挖面稳定控制技术

通过对黏土地层溶崩破碎规律的研究，采用有限差分FLAC三维程序，借鉴膨胀力随增湿程度变化规律已有的研究成果，结合室内试验和现场地质勘探数据，对盾构开挖面状况进行热力耦合计算。研究出开挖面水平竖向位移在不同支护比、不同泥水浸润时间的关系，确定了不同埋深地层的极限支护时间和支护压力，提出了盾构掘进施工中短停机、快通过、高黏优浆、配置特殊浆液和优化注浆以及支护压力参数等控制措施，确保了隧道地面的沉降控制在设计范围内。

技术攻关五：单管双层盾构隧道内部结构同步快速施工技术

开发了“下层π型预制箱涵结构同步安装，上层移动台车跟进现浇”的快速施工技术，研制了铰接式液压模板长台车，实现了盾构掘进和内部结构的同步高效施工，创造了一次性浇筑60米、月浇筑360米内部结构同步施工的新速度。

单管双层盾构隧道内部结构图

技术攻关六：盾构压气检修技术

盾构掘进施工中首次自主完成了 4.2 巴压缩空气环境下焊接作业，形成了高压环境下焊接工艺及流程，填补了国内压缩空气在该压力环境下电焊、电割作业技术和安全管理的空白，创新了高压压气检修技术及工艺流程，打破了该领域国外潜水作业公司长期垄断的状态。

盾构压气检修示意图

技术攻关七：小半径曲线精准接收技术

大直径盾构在小半径曲线上接收，掘进姿态难以控制，盾构接收难度会随着盾构机直径的增大呈几何增长，总长 134 米、直径达 15 米的盾构机在半径为 700 米的小曲线上接收，难度极大。

为确保盾构机顺利到达洞门预埋钢环内，通过在设计曲线内预插虚拟缓和曲线，采用参数转化计算法，对盾构导向系统进行即时校差，采取盾构低速度、小推力、精细压力参数等措施实现了大盾构在小半径曲线上的精准接收，保证了隧道贯通精度。

扬州瘦西湖隧道在施工中创造了平均日掘进 4 环（8 米）的成绩，探索出同类地层施工的最佳工效配置。项目实施的“五个集中管理”成果获得全国建设工程优秀项目管理成果一等奖，被称为“扬州管理模式”。工程的建成，标志着大直径盾构在城市地下空间开发中与人文环境的完美结合，又为环境要求苛刻、地质条件复杂下的水底隧道建设提供了一成功案例。

精准穿越“零沉降”的技术探索

长株潭城际铁路全长 22.2 公里，其中长株潭城际铁路树木岭隧道全长 12.86 公里，含 4 个地下车站，被业内专家称为“高铁中的地铁，地铁中的高铁”。该工程具有施工技术难点多、施工任务重、安全风险大等特点，区间分别采用盾构法、明挖法和矿山法施工，其中，盾构区间 6552 延米（双线），分别由 3 台盾构机承担施工。

全线的头号控制性工程——长株潭城际铁路树木岭隧道由左右两条隧道组成。该隧道主要包括 3 个盾构区间、2 个暗挖区间和 3 个明挖区间，以及 4 座车站，总投资约 22 亿元。3 台直径 9.33 米的土压平衡盾构机 10 次下穿京广铁路、高层居民区、河流和城市高架桥，与京广铁路的最近施工距离仅 1 米，被列为全线的一级高风险控制项目，工程技术难度在国内罕见。

长沙段的地下隧道施工涵盖了铁路地下工程施工的所有技术类型，既有盾构法、明挖法，又有矿山法，矿山法中又有爆破开挖段和非爆破开挖段，所以被列为全线头号重难点控制性工程。其中，土建部分包括树木岭站、香樟路站、湘府路站、汽车南站等 4 个车站，工程具有规模大、工期紧、任务重、风险大、施工难度巨大、外部环境极为复杂、管理跨度和幅度大等显著特点。

技术创新团队在长株潭城际铁路树木岭隧道施工中，10 次下穿京广铁路，实现“零沉降”。长株潭城际铁路树木岭隧道盾构隧道不仅上跨城市主干道，还下穿建筑生活垃圾区、风化槽谷带、泥质粉砂岩、20 世纪五六十年代建的老社区等复杂地质和环境。工程的一大难点是杨家山到树木岭站区间需 10 次下穿京广铁路，最浅埋深 15 米，最深 30 米。

围岩大多是粉质黏土、强风化泥质粉砂岩，属高风险地质。京广铁路是中国南北交通最繁忙的大动脉，每 3 到 5 分钟就有一趟列车通过，施工时稍有沉降就会引起全线停运，后果不堪设想。

2013 年 5 月 1 日，第一次下穿的战役打响了。所有参建员工都打起百倍精神，每个细节、每道工序都再三考量，地表既不能沉降也不能隆起，推进压力、出土量、注浆量和参数要时刻关注；推进完成要马上拼装管片，穿越期间不能停机，10 次穿越必须一气呵成。

盾构施工人员两班倒，确保施工的连续性。历时 208 天，盾构机在京广铁路顺利下穿 41 栋房屋，沉降变化控制在 1 毫米以内，实现了“零沉降”。建设者欢欣鼓舞，相拥而泣。

建设单位在贺信中说：“中铁十四局 10 穿京广线，在大直径盾构施工史上实现了重大突破，在国内同类型施工中堪称典范……”

国际隧道协会的国际专家赞叹道：“毫发无损地穿过一座城市和那么多铁路，这是了不起的穿越！”

京张高铁清华园盾构隧道全线与地铁 13 号线并行，是京张高铁全线的控制性工程之一。隧道自 DK13+610 处进入地下，依次下穿学院南路、北三环、知春路、北四环、成府路等城市主干道，至 DK18+200 出地面。盾构段为单洞双线隧道，采用全预制结构。管片设计强度 C50，抗渗等级 P12，外径 12.2 米，内径 11.1 米，环宽 2 米，壁厚 0.55 米，采用“6+2+1”模式拼装。

京张高铁清华园隧道穿越特级风险源 3 处、一级风险源 80 处，下穿正在运营的北京地铁 10 号线，与其最小净距为 5.4 米，侧穿北京地铁 13 号线，与其最小净距为 3.4 米，盾构始发、接收均为超浅覆土施工，最小覆土深度 5.5 米，施工组织风险多、标准高、难度大。针对施工的难点，技术团队开展创新技术攻关。他们应用 BIM、三维可视化技术及盾构云平台，提前模拟施工工况，不断对比、修正盾构掘进参数，通过自动化监控量测，时刻掌握隧道和周边构筑物的实际变形数据，确保了施工安全。

他们开发了大直径盾构法穿越风险源微沉降控制技术，建立了既有建（构）筑物的损伤评估体系，通过一系列技术创新和针对性措施，最终实现了下穿北京地铁 10 号线沉降值仅为 0.8 毫米的佳绩。

第四节　科技引领　智能建造

智能制造（intelligent manufacturing，IM）是一种由智能机器和人类专家共同组成的人机一体化智能系统，它在制造过程中能进行智能活动，诸如分析、推理、判断、构思和决策等。通过人与智能机器的合作共事，去扩大、延伸和部分地取代人类专家在制造过程中的脑力劳动。它把制造自动化的概念更新，扩展到柔性化、智能化和高度集成化上。

工业和信息化部在 2015 年启动实施“智能制造试点示范专项行动”，主要是直接切入制造活动的关键环节，充分调动企业的积极性，注重试点示范项目的成长性，通过点上突破，形成有效的经验与模式，在制造业各个领域加以推广与应用。智能装备面向传统产业改造提升和战略性新兴产业发展需求，重点包括智能仪器仪表与控制系统、关键零部件及通用部件、智能专用装备等。它能实现各种制造过程自动化、智能化、精益化、绿色化，带动装备制造业整体技术水平的提升。

对于大直径及水下盾构掘进施工来说，所谓“智能制造”主要指遗传优化和神经网络法在掘进施工中应用、隧道施工自动化检测、盾构的全预制法施工掘进等。

应用遗传优化和神经网络法

中铁十四局针对隧道工程施工网络计划执行率低的现状，将遗传算法和神经网络技术联合用于隧道施工网络计划的动态优化与决策中。基于遗传优化和神经网络方案（模式库、专家知识系统）的优化决策方法能使该技术在隧道施工的应用更科学合理、准确可靠和方便快捷。该技术不仅能解决施工网络计划的执行率低的问题，而且为信息化和智能化的隧道施工提供了有力的技术保障，具有广泛的应用前景。

近年来，国内理论发展和工程应用也得以较快地发展。例如，在实际工作中，网络计划的工序持续时间等参数往往是不确定的、模糊的，传统的计划评审技术方法不能解决此类问题。为此，中铁十四局研究了工程网络计划技术中模糊理论的运用，以及模糊网络中关键路线的工序时差判别方法研究等。网络计划在实际长大型隧道工程应用中也取得了良好的效果。随着计算机信息技术的发展，出现了许多基于网络计划技术的工程项目管理软件，如美国的 Primavera Project Planner（简称 P3），中铁十四局在南京长江隧道中较好地应用了该软件。

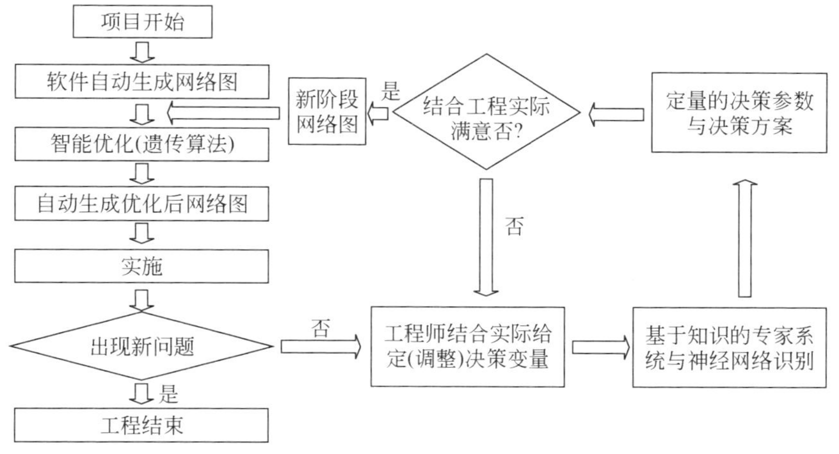

隧道施工网络计划智能动态优化与决策总体思路和方法

自动化检测助力大盾构下穿地铁

京张高铁清华园隧道盾构段于 DK15+826 ～ DK15+847 下穿紧邻北

京地铁 10 号线知春路站的区间段，交叉角度为 79°，垂直净距为 5.4 米，与知春路站西侧最小水平间距仅为 1.2 米。该区间段采用暗挖施工，马蹄形断面高度为 6.7 米，宽度为 6.5 米，采用直径 377 毫米夯管管棚支护，上下两个台阶开挖，材砌采用 C25 早强喷射混凝土厚度为 30 厘米。

知春路站沿东西走向长度约 172 米，南北方向西侧宽度约为 24 米，东侧宽度约为 37 米，清华园隧道从地铁站西侧区间段下穿；知春路站左线（北侧线）为单层结构，右线（南侧线）为双层结构，站厅层位于右线第一层。左线采用暗挖法施工，采用马蹄形，断面高度为 9.25 米，宽度为 10.3 米，初支采用 30 厘米，厚 C25 早强喷射混凝土，二衬采用 50 厘米厚 C3 模筑防水钢筋混凝土，右线（南侧）采用明挖法施工，采用双层矩形断面，西侧顶板厚度为 80 厘米，西侧边墙厚度为 70 厘米，西侧底板厚度为 90 厘米，围护结构采用直径 800 毫米钻孔桩，临近清华园隧道桩底标高为 22.127 米，桩底距离盾构管片最小距离为 1.75 米。

清华园隧道盾构段选用直径为 12.64 米的泥水平衡盾构机进行施工，盾构机直径大，下穿施工风险高，高铁隧道下穿既有北京地铁 10 号线，下穿施工时必须保证既有地铁线路的安全运营。

施工过程中，采用智能化的自动化监测方式对地铁 10 号线轨道结构及车站结构进行监视。监测时间从高铁隧道掘进施工影响既有工程开始到既有工程完全脱离盾构掘进影响范围结束，即从地铁车站开始沉降至高铁隧道完穿过车站，测试时间为 2018 年 3 月 8 ～ 15 日，测得数据 54 个。

对知春路站进行监测时，测点是沿盾构隧道掘进方向布置的，沿纵向选取 8 个测点提取监测数据进行沉降变化分析。随着高铁隧道的施工推进，各个测点逐步开始出现沉降，在隧道推进的过程中，地铁车站沉降变化趋势为先增大，后有轻微回弹，然后保持平稳。在掘进第 15 天时，各个测点沉降基本已达到平稳，第 30 天时，沉降值已经全部平稳，基本无变化。8 个测点所得的监测数据变化规律基本相同，但各个测点沉降最大并不一致。其中，测点 2 和测点 3 沉降较小，且基本相同，最后沉降值稳定在 1.3 毫米左右；而测点 1、5、7 的最终沉降大小基本相同，最后稳定在 2.5 毫米左右；在 8 个测点中，测点 4 沉降值是最大的，接近 2.5 毫米。出现各个测点测得沉降值不同的原因是地铁车站本身结构并不是处处相同的，在车站下方有承重基础的地方，车站本身的沉降较小。

中铁十四局在传统大直径盾构隧道轨下结构中箱涵预制施工技术的基础上，使用新型自行起吊、拼装一体化设备，完成大直径盾构隧道边箱涵的精准拼装，研发了智能化的轨下结构全预制施工技术。该施工技术更好地实现了大直径盾构隧道的智能化装配式施工，实现了经济效益和环保效益的“双赢”。

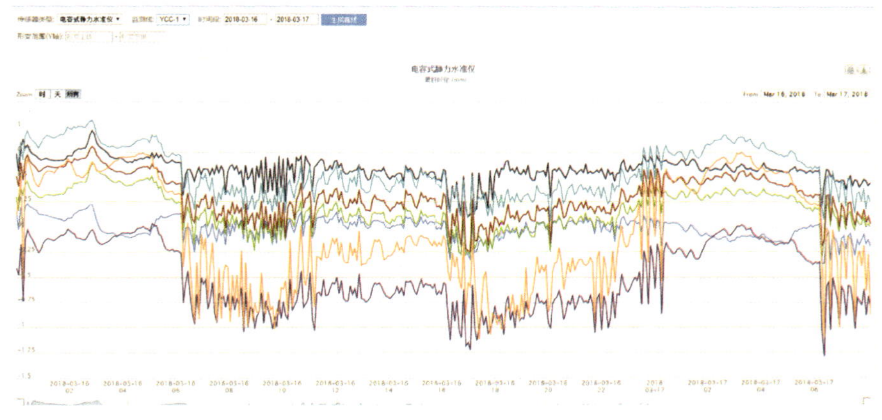

轨下智能结构全预制技术实现“双赢”

清华园隧道盾构段开挖半径为 6.32 米，管片衬砌厚 55 厘米，隧道内轮廓半径 5.55 米，单洞双线隧道，设计时速 120 公里，线间距 4 米，线路路肩侧具有通信、电力设施及排水沟。隧道使用 CRTS Ⅰ型双块式无砟轨道，轨下结构由预制中部口型箱涵及预制边箱涵组成，形成 π 形结构。

其中，中箱涵用作救援通道，边箱涵用作通风风道及设备管廊。箱涵均采用C40混凝土预制，纵向长度均为1980毫米，预制箱涵使用M24螺栓机械连接，预制箱涵同管片衬砌间具有30毫米空隙，待安装完毕后使用微膨胀水泥基灌浆料填充。

大直径盾构铁路隧道轨下结构全预制施工技术，即整个隧道轨下结构都是工厂化预制并在隧道内机械化拼装的技术，是在现有“预制中箱涵+现浇边侧行车道板”的基础上改进的一种施工技术。在全预制施工技术中，预制中箱涵的拼装依然依靠盾构机后配套设施中的起吊拼装装置，并且与管片同步拼装，中箱涵拼装完成后用作隧道内管片运输车等使用的施工通道。

大直径盾构隧道轨下结构全预制施工技术主要包括三个阶段：中箱涵的运输及拼装、边箱涵的运输及拼装、水泥基灌浆料填充空隙。中箱涵的运输及拼装与以往的类似盾构隧道施工技术相近，首先，利用已拼装完成的中箱涵形成的运输通道，将中箱涵运输至盾构机尾部，再利用盾构后配套设施中的起吊安装一体化设备将中箱涵拼装到位。边箱涵的运输及拼装主要包括以下步骤。首先，利用中箱涵形成的运输通道，将待安装的边箱涵运至拼装台车处。然后，利用拼装台车的起吊机构，将边箱涵从运输车进行垂直起吊，待起吊完毕后，开启横向移动装置，将边箱涵从中箱涵上空位置处平移至所要安装的边箱涵侧，并进行转向调整，随后将边箱涵降至安装位置。此时，放置安装位置处的边箱涵可进行同中箱涵及管片间的螺栓连接工作，而拼装台车同步进行另一侧边箱涵的吊装工作。

在各预制构件与盾构管片之间以螺栓形式完成连接后，方可进行注浆，遵从“先底部，再中部，最后上部”的注浆顺序，严格控制注浆压力，防止箱涵上浮。

清华园隧道盾构段使用全新的施工拼装台车完成隧道边箱涵的精准拼装，最终实现盾构隧道内轨下结构的全预制施工过程，减少了施工时间，有效地提升了施工效率。另外，预制件的工厂化浇筑，降低了施工过程中产生的环境污染，对于现场位于城市繁华地段的清华园隧道盾构施工现场而言，更多地使用预制化装配式施工，明显降低了施工过程中的粉尘排放以及施工噪声，最终达到绿色施工的目的。

第五节　技术创新　绿色施工

用泥水平衡盾构机修建隧道，在施工阶段会产生大量的废浆，如果废浆没有得到科学、妥善的处理，对环境的污染是无法估计的。

盾构绿色浆液处理关键技术

盾构穿越富瓦斯淤泥地层，泥水处理设备会遇见淤泥黏土泥浆产量大、分离困难、地层富含可燃气体等难题。中铁十四局在杭州望江隧道施工中，研制了以一级预筛分、二级旋流、三级压滤为主，离心为辅的绿色浆液零排放泥水处理设备，制定了环境保护区盾构泥浆处理标准，进行了预筛单元和旋流器设备地层适应性改造。经现场实践，泥水分离效果良好，为类似工程提供了借鉴。

杭州望江隧道位于杭州西兴大桥与复兴大桥之间，两岸分别连接上城区的望江东路和滨江区的江晖路。主线隧道按城市主干路标准设计，为双向四车道，设计时速为 60 公里，为单向两车道，车道宽 3.5 米 +3.75 米。其中，越江段采用两台泥水盾构分体始发。盾构隧道左线长约 1837 米，右线长 1830 米，管片强度 C50，防水等级为 P12，管片外径 11.3 米，内径 10.3 米，幅宽 2 米，横断面为 108.43 米^2，最大掘进速度为 45 毫米 / 分钟、2.70 米 / 小时，日掘进速度为 10 环，日最大掘进速度为 12 环，即 24 米 / 天。管片纵缝设置凹凸榫槽，采用斜螺栓连接。

盾构于江底穿越三种淤泥质土，分别对其进行颗粒粒径筛分和 XRD 矿物分析，小于 0.075 毫米的黏土颗粒比例分别为 94.5%、93.2%、92.7%。黏土颗粒含量较大，其主要造岩矿物为石英（31.46%）、云母（29.26%）、长石（21.49%）、高岭石（9.26%）、蒙脱石（8.53%）。没有有机质及细菌的存在，泥浆性质稳定。采用 6 台预筛、6 台一级旋流器、12 组二级旋流器、6 台压滤机与 1 台离心机组成泥水处理系统进行弃浆处理。

根据地质资料，隧道在始发井和接收井处穿越地层，主要以粉砂夹粉土、砂质粉土夹淤泥质粉质黏土为主，进入钱塘江下后以粉质黏土为主，隧道下侧有少量粉砂及圆砾出现，江底段地层为淤泥质粉质黏土夹粉砂。目前，常用预筛、旋流、离心、压滤等方式进行弃浆脱水分离。

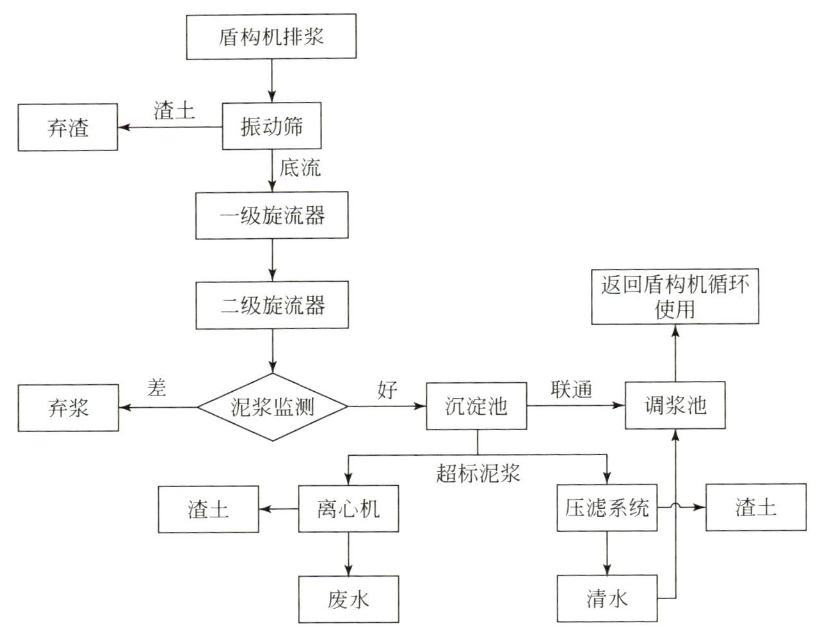

杭州望江隧道盾构弃浆脱水处理工艺

根据掘进地层岩性描述及初步的颗粒分析，结合盾构施工泥浆绿色零排放需求，采用“一级预筛分+二级旋流+三级压滤”处理方式。目前，常采用的三级压滤为卧螺离心机和板框压滤机，分别存在各自的优点及缺点。

压滤机由于处理之后形成的是泥饼和清水，泥浆被压滤后的泥饼含水率远低于离心处理，便于外运，清水的回用不仅可以降低泥浆比重，对黏度的降低也有明显效果，断续工作对其处理能力的提升也有影响，然而，压滤机也存在面对黏土颗粒含量高的地层工作效率低下、泥饼脱离滤布困难、施工噪声大等缺点。

离心机能连续工作，单台设备成本低，对泥浆的比重降低作用比较明显，但是由于胶体类细微颗粒无法进行完全分离，加之高速剧烈的搅拌效果，对泥浆黏度不仅不会降低还会上升，在离心后泥浆回用时，引起旋流分离效果的变差。

压滤废浆处理方式不仅对降低泥浆比重和黏度都有效，还可以改善离心分离黏度增加负效应。因此，采用 6 台压滤设备为主，1 台离心机为辅的三级压滤处理方式。

泥水平衡盾构机是靠泥浆带动渣土输送的，因此，泥浆的质量是盾构机顺利掘进的一个重要影响因素。泥水处理之后得到的泥浆，一部分输送至泥浆池进行新浆的配置并输送至开挖舱；另一部分则排放至渣土场由运渣车运走，用于混合填埋，而处理的废水将下排至排水管输送。因此，需要对泥水处理之后的泥浆和废水的各项物理指标进行标准规范。

项目分别添加生石灰和阴离子聚丙烯酰胺（APAM）以提高压滤机和离心机的泥浆脱水效率。压滤后的废水大部分用于调浆池稀释废弃泥浆，少量用于清洗路面及车辆。离心废水全部排放至污水管道。考虑到排放环境标准及压滤用药剂的不同，结合相关规范提出合适的化学需氧量（COD）、悬浮物（SS）、pH 等废水控制标准。

泥水处理之后，考虑到相关规范及满足出渣车装载含水率条件，提出泥渣标准。地层中瓦斯、硫化氢、氨气等有害气体对工程存在一定威胁，因此，确定废气达到安全环保的浓度具有十分重要的意义。考虑相关规范，提出废气控制指标。

中铁十四局科研团队在杭州望江隧道施工中结合排放标准和盾构泥浆成分单一、不含有机物等特点，以及出渣车辆装载要求，提出了环境保护区盾构弃浆废水废气泥渣的排放标准，填补了国内盾构泥浆排放标准的空白。

应用“絮凝-带式压滤”新技术

国内传统的泥水盾构施工，废弃泥浆处理方式主要有直接弃置、化学固化、絮凝沉淀、板框压滤、离心分离等几种。直接弃置在环保要求日益提高的今天已杜绝。化学固化需要设置反应池，埋设泥浆管道，预留固化逆循环管路等配套设施，占地面积及费用相对较大。絮凝沉淀法能减小泥浆体积，但是絮凝后的沉淀物仍然具有较大含水量。板框压滤一般为间歇操作，基建设备投资较大、过滤能力较低、耗电能力较强，难以满足本工程大量废浆处理的需要。此外，由于板式压滤机运行时投加大量石灰，滤下水、泥饼 pH 较高，带来了二次污染。离心分离使用的离心机价格昂贵，电力消耗大；泥浆中含有沙砾，易磨损设备、产生噪声，对粒径小于 10 微米的颗粒去除能力较差。

中铁十四局为弥补现有泥水盾构废浆处理技术的不足，解决大直径泥水盾构施工中废浆体量大、泥水分离困难、处理场地受限、环保要求高的难题，探索出了“絮凝 - 带式压滤快速脱水减量”的新型技术方案。利用絮凝沉淀原理快速滤除部分清液，中和泥渣中的碱性成分，再采用可连续脱水的带式压滤机对固渣进行进一步脱水，以实现低含水率、无害化、高效率的废浆处理工艺，并在京沈客专望京隧道施工中成功运用，取得了良好的效果。

京沈客专望京隧道位于北京市东五环、东六环之间，大致沿京承高速公路走行，隧道自草场地南路南侧进入地下，下穿既有长建驾校、南皋路、北小河、北京机场高速公路、京顺路、费家村民房区、北京地铁15号线马泉营站、湿地公园、顺白路、机场南线高速公路高架桥及其辅路之后出地面，全长8000米，其中盾构段长约3180米，为双洞单线隧道，管片外径10.5米，环宽2米，采用两台直径为10.87米的泥水平衡盾构机由沈阳向北京方向并行掘进。

对京沈客专望京隧道盾构参数及地质条件进行分析可知，该工程的泥水处理主要有以下难点。

一是盾构直径大，泥浆体量多。该工程盾构隧道直径10.5米，单台盾构机每环掘进开挖土体185.6米^3，需2200米^{3}泥浆完成携带出渣，按90%的回收、10%的弃浆排放，则每环需排放废浆220米^3。在正常施工阶段，每台盾构机每天进度为6环，则两台盾构机一天的废浆排放量达2640米^3，集中处理难度巨大。

二是盾构废浆性能特殊，沉淀效率低下。泥水平衡盾构机废弃泥浆为悬浮液状态，带负电荷的微细泥浆颗粒受电荷排斥作用的影响，在静置状态下自然沉淀时间长、沉淀效率低下，且沉淀不完全，给泥浆处理带来极大的困难。

三是泥浆颗粒小，分离困难。望京隧道盾构穿越地层以粉质黏土、粉细砂、粗砂为主。泥浆中粒径大于3毫米的颗粒约占5.20%，可通过预筛分离；粒径20微米至3毫米的颗粒约占69.34%，可通过两级旋流分离；余下粒径小于20微米的颗粒约占25.46%，需进行专业化处理，此类微米级泥浆悬浮液处理难度极大。

四是泥水处理场地受限，环保要求极高。国内外大直径泥水盾构常用“一级预筛分+二级旋流”的分离系统，再根据需要配置专业的废浆处理设备。这种泥水分离、废浆处理配置占地面积巨大，而国家对于泥水盾构施工所产生的废弃泥浆处理要求十分严格，环保要求极高。

中铁十四局科研团队为实现“絮凝－带式压滤快速脱水减量”工

艺和技术的成功应用，从絮凝材料类型、最佳掺量、新型废浆处理工艺及在该工程中的应用效果等方面进行分析、比选和落实。依托大直径及水下盾构施工核心技术，稳步迈向“世界一流”盾构施工承包商的愿景目标。

第五章　城市中心　巧筑地铁

在北京地铁建筑市场被公认的核心中央企业有中铁十四局、中铁十六局、中铁十八局和中铁隧道局（集团有限公司）等，这些企业各有所长，而在北京核心区修建地铁的企业中，中铁十四局则是名副其实的“领跑者”。

南锣鼓巷—什刹海片区是北京最古老的街区之一，保存着最完整的四合院。自明清以来，这里一直是中心城区，每一条胡同都有着悠久的历史和丰厚的文化积淀。如今，这里是游客来到北京的必游打卡景区，是老北京城的文化地标。但对于地铁工程来说，这里却是“老大难”，人车流量大、施工场地小，地面建筑物还有不少文物保护单位。

如今，沿着地安门东、西、外大街，由中铁十四局承建的北京地铁6号线9标、8号线二期10标两项工程，将平安里、北海北、南锣鼓巷（北京地铁6号线、8号线）、什刹海等地铁车站通过区间盾构隧道串联，构建起了北京古都核心区的轨道交通基本格局。

大城市核心城区建设度高，带来的问题就是再建设难度大，特别是地铁这种大体量工程，更是施展空间有限，而中铁十四局建设者就在这种“麻雀之地”成就了一番事业。在北京地铁2019年下半年土建施工合同履约评比中，中铁十四局以98.019的高分获得AA级（最高级）评价。在建设北京核心区地铁最难啃的“硬骨头”工程时，建设单位第一个想到的就是中铁十四局。建设单位有负责人曾介绍："中铁十四局的地铁施工能力很强，我们总是把最强的队伍放在核心区域施工。"

进入北京市场20年来，中铁十四局凭借核心技术优势、科学施工生产和全体参建员工勠力同心的奋斗，累计中标项目24个，建设里程约35公里。先后完成了我国首次在城市中心地带进行盾构叠落施工——北京地铁6号线工程、北京地铁8号线二期工程；国内单线直径最大的地铁盾构隧道——北京轨道交通新机场线；我国长大管棚单向一次性钻进最长纪录——北京地铁10号线海淀黄庄站工程；北京地铁最深盾构区间——北京地铁8号线三期工程；国内首个新型管幕法施工车站——北京地铁19号线右安门车站等标志性工程。中铁十四局依靠科技进步和管理创新，用20年的心血和汗水创造了大城市核心区盾构地铁施工成套技术。他们将一项项"硬骨头"工程化为首都地铁的亮丽名片，成功跻身"北京地铁建设的核心队伍"行列。

2013年2月8日，农历除夕来临之际，习近平总书记来到中铁十四局参建的北京地铁8号线南锣鼓巷站工地，看望慰问坚守岗位的一

北京地铁8号线三期工程施工现场

线劳动者[①]。

2019 年 9 月 25 日，在中华人民共和国成立 70 周年前夕，习近平总书记乘坐由中铁十四局参建的北京轨道交通新机场线，前往出席北京大兴国际机场投运仪式[②]。

凭借金字招牌和成套施工技术，中铁十四局建设者在 21 世纪的轨道交通建设中，参与了全国 30 多个城市的地铁建设，其中相当一部分工程位于城市核心区。所谓城市核心区，是代表城市形象、展现城市风貌的重要地段，如北京地铁 14 号线、17 号线、28 号线经过的中央商务区，济南地铁 3 号线沿线的奥体中心—龙奥大厦区域，青岛地铁 2 号线附近的五四广场，深圳地铁 5 号线西延线所处的深南大道，广州地铁 18 号线路过的广州塔（俗称“小蛮腰”），长沙地铁 3 号线穿越的橘子洲头，西安地铁 3 号线经停的大雁塔，成都地铁 5 号线、6 号线交会的一环路内，太原地铁 1 号线、2 号线相遇的迎泽大街，等等，它们无一不是中铁十四局地铁建设攻坚克难的典范。

2020 年 12 月 11 日，中铁十四局承建的北京地铁 8 号线三期工程前门站至王府井站盾构区间顺利贯通，标志着陆续修建了 15 年之久的北京地铁 8 号线全线贯通。工地与天安门广场只有一街之隔，盾构施工四次下穿特级风险源，实现“零沉降”，先后穿越国家重点文物保护单位等一级风险源 10 处，600 吨重的盾构机在前门脚下悄然穿过，工地上方熙熙攘攘的游客却浑然不知。

第一节 叠落工艺 盾构隧道摞起来

地铁施工中，盾构掘进线路上行线和下行线通常是一左一右并排，

① 习近平：大家辛苦了给大家拜年了 祝大家过年好 . http://www.xinhuanet.com/politics/2013-02/09/c_114662232.htm［2013-02-09］.

② 习近平出席投运仪式并宣布北京大兴国际机场正式投入运营 . http://www.gov.cn/xinwen/2019-09/25/content_5433171.htm［2019-09-25］.

然而在城区中心地段，受规划条件、既有建（构）筑物和车站设置形式等因素影响，会有大量“近接工程”，盾构区间空间狭小，上行线和下行线无法并排设计，只能采取叠落式设计，即将盾构隧道设计为一上一下，相当于在楼上和楼下开挖两条地铁隧道。

中铁十四局承建的北京地铁 6 号线 9 标段包括三站三区间，即平安里站、北海北站、南锣鼓巷站和对应区间，线路总长 4.73 公里，整个标段从西城区到东城区，横穿北京市核心区。其中南锣鼓巷站是地铁 6 号线与 8 号线的换乘车站，设计为左右线叠落式车站，车站两侧区间设计均采用叠落式盾构隧道。

南锣鼓巷站到东四站区间是在最小线间距仅 1.7 米的半径上进行盾构分体始发叠落施工，全长近 1710 米，单线 1378 环，区间走向为反“S”形，最小曲线半径不足 300 米，区间埋深 12 ～ 25 米，穿越全断面大粒径砂卵石地层，堪称北京最难盾构施工地铁隧道！

北京地铁 6 号线南锣鼓巷站

面对前所未有的挑战，北京地铁 6 号线项目部克服了由于拆迁不到位造成居民危房距右线深达30米基坑不足3米的难题；克服了由于曲线半径过小盾构机分体始发无法正常进行，叠落段右线先发，既有线分别面临新增盾构井开挖抗浮和后发盾构机抗压，区间施工突发大量涌水，距接收井不足2米处土方突然超排30余立方米等技术难题和重大险情；克服了拆迁一再滞后，工期一再提前，盾构机交付延迟，大部分管理人员和关键操作岗位为没有施工经验的新手等无数困难。

2012年3月28日，随着北京地铁6号线9标段南锣鼓巷站至东四站区间左线“京盾2号”盾构机顺利出洞，中铁十四局在北京承担的第一段盾构施工隧道实现了双线贯通，成功夺取了在北京地铁市场盾构施工的第一场胜利，也意味着横贯北京东、西城区首都核心区4.73公里的地铁6号线一期9标，提前一个半月实现全标段洞通，并且创下国产盾构机日掘进22环的新纪录，在北京地铁盾构施工中交上了一份完美的答卷，完成了此前被认为“不可能完成的任务”。

北京地铁8号线二期工程土建施工10合同段包含两站三区间，分

北京地铁8号线二期南锣鼓巷站

别是什刹海站、南锣鼓巷站，以及鼓楼大街站至什刹海站、什刹海站至南锣鼓巷站、南锣鼓巷站至中国美术馆站区间，线路总长 3.19 公里，区间采用盾构法施工。

南锣鼓巷站至中国美术馆站区间叠落段长度 296 米，过渡叠落段长度 251 米，垂直叠落段长度 45 米；什刹海站至南锣鼓巷站区间叠落段长度 370 米，过渡叠落段长度 179 米，垂直叠落段长度 191 米，左右线叠落段最小净距仅为 1.95 米。之所以采取叠落式设计，是因为既可以节约施工用地，也方便了今后乘客在南锣鼓巷站 8 号线与 6 号线之间换乘。然而，施工难度却比一般的地铁施工成倍增加。

一般的地铁施工就是在地下挖一条隧道，只要做好隧道与地面之间的防沉降工作就好，而叠落式的两层盾构隧道，上下隧道最小净间距仅 1.95 米，上层掘进的盾构机头部就重达 400 多吨。所以，要做好上层隧道与地面间的防沉降，更要做好隧道之间的加固、抗扰动工艺，确保下层隧道管片不受损伤，施工技术难度相当大。

施工团队反复论证，最终采用了借助“外力”解决的方案。当时，顺着长长的简易楼梯，一直下到最底层地下 31 米的施工现场，会发现一辆“支撑台车”。这个像十几个钢铁拱门连接在一起的大家伙，一方面向上“顶”住了上层正在作业的盾构机的压力，另一方面也为下层的盾构机施工提供了足够的空间，发挥了“四两撑千斤”的功效，最终保证盾构施工地表沉降严格控制在 6 毫米以内。

第二节　寂静无声　地面建筑微扰动

北京地铁 6 号线与 8 号线的换乘车站南锣鼓巷站地处北京最古老的街区之一。南锣鼓巷是我国唯一完整保存着元代胡同院落肌理、规模最大、品级最高、资源最丰富的棋盘式传统民居区。

北京地铁6号线9标段南锣鼓巷站到东四站区间，进行盾构分体始发叠落施工，最小间距仅1.7米，全长1710米，穿越全断面砂卵石地层，始发不到100米即叠落下穿4层楼房，并连续400多米双线下穿年久失修、状况极差的老旧四合院式民居及各种地下构筑物，施工难度和风险极大。在施工过程中，建设者精心组织，重点筹划，实现了深基坑在距离危房仅3米前提下的安全开挖，克服了小半径曲线盾构机叠落始发、长距离下穿老旧四合院聚居区等困难。

北京地铁8号线二期10标项目的三个盾构区间，位于北京市中心城区，区间盾构机需穿越长度为4368.1米的平瓦房区，占线路全长的82%，涉及房屋1556户，房龄基本在100年以上，甚至包含少量明朝建筑。下穿建筑大多为砖木结构，地基不稳，对地层扰动非常敏感，极易受到盾构施工影响，此类复杂施工情况尚属国内首例。为减轻盾构施工对周边居民、环境的影响，建设者制定了极为严格的沉降及震动控制。

要实现盾构施工微扰动，施工管理是第一位的，项目部通过精细化施工管理，降低施工对周边居民及环境的影响。一方面，提高土舱土压力，确保盾构机前方地层“零沉降”，适当加密地表房屋监测点，增加监控量测频率，确保能够及时反馈地表沉降情况，对盾构施工提供参数调整依据；另一方面，优化同步注浆浆液配比，将浆液初凝时间缩减至5.5～6个小时，提高注浆压力加大同步注浆量，确保及时对拖出盾尾的管片与土体之间的空隙进行有效填充，及时对同步注浆充填间隙进行再次填充，消除浆液流失造成地层空洞的安全隐患。

此外，采用新工艺降低盾构施工对周边环境的影响、采用高效的应急机制消除盾构施工区间的潜在风险等做法，都有效地改善了施工沉降。为确保安全、顺利通过平房区，根据盾构施工的特点及施工要求，项目部成立盾构下穿平房区专项工作组，与东城交道口街道建立工作联系，建立联合办公机制，成立临时协调综合办公室（包括街道、社区、建设方代表、施工单位）；编制有针对性、可行性的应急预案，并邀请行内专家进行评审。盾构施工前进行现场应急演练，配比足量的应急物资及应急队伍，防止因应急行动组织不力或现场救援工作的无序和混乱而延误事故的应急救援。

北京地铁 8 号线二期项目通过超前策划、全面统筹、明确目标、扎实推进，顺利完成了盾构下穿施工任务，多次受到北京市建委和建设单位的通报表彰。依托该工程，施工团队研发了“中心城区盾构长距离连续穿越敏感建（构）筑物微扰动控制技术”。2013 年底北京地铁 8 号线二期顺利通车，创造了北京城区地铁综合标段“零尾工、无甩项”一次性全面验收的最高纪录，先后荣获全国市政金杯金奖、北京市市政基础设施结构长城杯工程金质奖、北京市科学技术进步奖二等奖、北京市市政基础设施竣工长城杯工程金质奖、北京市安全生产科技成果奖。

北京地铁 19 号线 06 标项目包含一站两区间，线路全长 5.363 公里，沿线穿越“四铁、三河、两桥、一文物”等特级、一级环境风险，可以说盾构从始发到接收几乎全在风险源之下。

区间穿越路段属于北京市主干道，交通客流量大，对盾构穿越的沉降要求极高。盾构机需要连续下穿大量管线及既有建筑物、南护城河、护城河桥、牛街礼拜寺影壁墙及地铁 7 号线等风险源。其中，牛街礼拜寺属于国家重点文物保护单位，盾构隧道与牛街礼拜寺影壁墙水平距离仅 3.56 米，南护城河、护城河桥属于一级风险源，地铁 7 号线属于特级风险源。

北京地铁 19 号线盾构区间与既有地铁 7 号线区间垂直净距仅 2.36 米，相比于盾构机庞大的身躯，可谓是“贴身穿过”。并且北京地铁 7 号线处于运营状态，客流量大，下穿施工风险极高。盾构机在下穿段处于富水砂卵石层，隧道埋深 27.5 米，卵石含量高、粒径大，渣土改良、刀盘扭矩控制及沉降控制等要求高。此外，盾构路线上方埋设了中压燃气管、污水管、雨水管、上水管、电力沟等各类管线，埋设深度不一、错综复杂，加大了下穿特级风险源的难度。

盾构机下穿既有地铁 7 号线施工前，项目部对试验段的沉降情况进行总结分析，设置试验段。设计要求沉降值控制在 3 毫米内，经过施工团队密切配合，最终以既有结构最大沉降不足 1 毫米的优异成绩，出色地完成了盾构法施工近距离穿越地铁既有线“精、尖、难”的艰巨任务。

在无锡地铁 1 号线 08 标项目，中铁十四局上演了一次“惊天穿越”，盾构机从老楼地下 3.7 米深处穿过，解决了无锡地铁 1 号线施工中的最大“拦路虎”，攻克了“盾构短距始发 + 危旧楼房 + 超浅埋 + 软流塑地层 + 小半径曲线 + 冻胀融沉”地铁盾构综合施工难题，化解了一宗困扰数年的拆迁“老大难”，为工程节约了成本。

无锡地铁 1 号线为南北向交通骨干线，线路连接中心城和南北部的城市重要地区，贯穿城市最重要的交通和商业发展轴。然而在建设过程中，2 幢老楼却挡住了无锡地铁“南拓”之路。

让建设者头疼不已的“拦路虎”位于该市中山路旁。根据调查，其中的新雅都大酒店始建于 20 世纪 70 年代，原设计是 4 层砖房和框架组成的混合承重结构，这种由内外不同材料组成的复合结构，抗震、抗裂性能都较差，受到震动时的震害比较严重。

根据原有计划，新雅都大酒店和一旁建于 20 世纪 90 年代的绿洲商场都将进行拆迁，为无锡地铁 1 号线让路。由于种种原因，这两处地处繁华商业街、铺面众多的建筑迟迟无法谈拢拆除，拦住了地铁施工的去路。

中铁十四局项目部最早中标，最晚开工，因为拆迁受阻，该标段成了全线“关门工期”。建设单位十分着急，与中铁十四局一起先后组织了 5 次专家论证会，决定修改设计，实行盾构下穿方案。在建设单位大力支持下，中铁十四局项目部准备组织盾构穿越施工，从“拦路虎”的下方穿过。

这又是一项几乎无法完成的任务。经过计算，盾构隧道顶部距离新雅都大酒店地面 7 米，绿洲商场有负一层地下室，距离隧道顶部 3.7 米。

而盾构始发井位置紧挨着新雅都大酒店，也就是说，盾构机一始发就要穿越楼房地基，而且是一个急转弯的弧线穿越。盾构机要穿越的是软流塑地层，主要为粉质黏土，稍有不慎就可能导致楼宇倾斜或结构裂缝。两座楼宇门前的中山路是无锡最繁华的商业街之一，这场施工无疑是在这个城市的心脏位置上进行一次精密手术，牵一发而动全身。

北京交通大学袁大军教授在查看施工现场后认为：这一施工挑战了地铁盾构的极限，在世界上也是首例。一位外国盾构机专家说这次穿越是“great challenge”（大挑战）。

始发阶段是软流塑地层，在这儿施工相当于在“豆腐”里穿行，而且上面就是危楼。为确保始发安全，让始发段软弱地层能经得起折腾，建设者们采用了水平冻结的技术，通过56个孔往里注射冷冻液和盐水，让其变成一个零下10摄氏度的冻土。这等于给土层进行了整体加固，冻住以后它相当于砖头的强度，确保洞门凿除安全。

考虑到地层冻胀和融沉的影响，这些管子还肩负着一个使命：在地层冻胀时进行泄压减载，在地层融沉时进行补偿注浆。为防止在始发过程中富水的软流塑土体涌出，建设者们还在原有洞门密封的基础上，加设了两道特制盾构尾刷和一道弹簧钢板，并增设了油脂注入系统及高分子材料注入装置，确保了始发过程中滴水不漏，有效减少了地层和建筑物沉降。

盾构机在楼宇“脚底”下穿行，到底产生多大的震动，对地面建筑有何影响？南京林业大学的工程专家对此进行了监测，结果显示小于一辆汽车开过的震动，周边市民不会有察觉。事实上，在盾构穿越期间，绿洲商场在正常营业，没有受到影响。现场监测显示楼宇安然无恙。

左线隧道成功穿越后，盾构机掉头回来，以同样的方式完成了右线隧道的穿越。这次惊心动魄的极限穿越，使近4万米^{2}的商铺免于拆除。在城市地铁建设中，由于线路大多贯穿市中心，拆迁难题成为影响工程进度的一大症结。而无锡地铁1号线这次复杂条件下的盾构下穿楼房，无疑为解决城市地铁施工的拆迁问题提供了一个成功范例。

第三节 行云流水 科技赋能快推进

北京轨道交通新机场线（运营名称“北京地铁大兴机场线”）是国内首条时速为160公里的地铁。在新机场线建设中，中铁十四局承担了全线最长盾构隧道的施工任务，盾构隧道直径8.8米，在国内地铁施工领域连续掘进最长、单线直径最大、设计时速最高。从2016年进场施工，到2018年盾构贯通，再到2019年投入运营，三年时间里，中铁十四局建设者们积极探索新工艺、新工法、新技术，用技术创新开创了“场地仿真模拟系统”“盾构机和连续皮带双称重系统”等多项国内第一。

北京轨道交通新机场线最长盾构隧道

盾构机掘进过程中高峰期每天将产生约6000米^{3}的渣土，再加上管片、粉煤灰等基本原材料，现场日均运输量达到13 000吨，需要近

600 辆大卡车运输。该项目施工场地狭小，如果场地布置不合理，势必会造成场内交通拥堵，影响施工进度。

然而什么样的场地布置才能满足需求，谁心里也没底，最好的办法就是对不同方案进行模拟试验，寻求最优搭配。项目施工团队找到清华大学研究市政交通的专业团队，他们曾通过模拟试验，指导城市道路路网疏密、红绿灯时长等关键参数的设定，双方合作研发了国内首个“施工场地仿真模拟系统”。

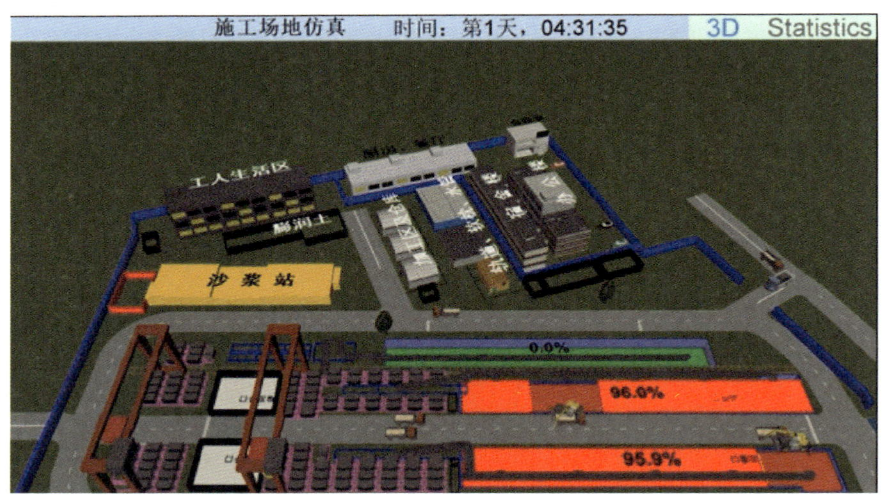

施工场地模拟仿真

经过计算机的不断模拟，他们创造性地构建了架空桥面系统，即在基坑上方架设临时桥面，增加了场区主干道路，使狭小的施工现场形成立体交通体系，充分利用了既有场地。这一革新还将管片、渣土储存能力提高了 30% 以上。

根据模拟系统提供的数据，项目团队建起了较为优化的场地布置。自盾构掘进开始，施工场区秩序井然，高峰期运转正常，完全达到了设计要求。通过系统模拟，不仅可以实现渣土顺利外运、进场车辆排序、进出场车辆统计的预计，还可以对掘进速度、装卸车速度、洗车速度等参数提供指导意见，给施工场地装上了“最强大脑”。

场地问题得到了解决，但盾构法隧道施工过程中产生的大量渣土如何外运一直是业界难题。在一般地铁施工中，出渣要依靠有轨电瓶车，在盾构机处装满渣土，再运送至隧道口吊装出地面。经测算，该项目如果使用电瓶车，则单次作业循环至少 45 分钟，全程共需 5 万多次危险吊装作业，频繁的运输和吊装不但效率低，而且设备损耗大。

建设者联想到 TBM 施工及矿井作业常用的皮带机，组织多次实地考察并邀请国内专家论证，最终研制成功“盾构机连续皮带出渣系统”，并首次运用于北京地铁施工领域。

这套系统由 5 条皮带机搭接组成，形成盾构隧道中独有的折返出渣工艺，通过主机皮带机、连续皮带机、转载皮带机等不同功能的组件，让渣土走上了“专用快速路”，提高了出渣效率。

从盾构始发到隧道贯通，新机场线项目现场安全质量持续可控，实现安全质量零事故，在建设单位历次履约评价考核中，均取得了第一名的好成绩，先后被评为北京市轨道交通质量安全标准化“优秀工地”和“示范工地”，并创造了卵石地层中月均掘进 506.4 米、单日最高掘进 43.2 米的北京地铁盾构施工好成绩。

除了成功研制“盾构机连续皮带出渣系统”外，建设者还在 TBM 的出渣系统上进行优化改良。

在青岛地铁 4 号线 TBM 施工中，“示范号”TBM 施工总长度 5.5 公里，沿途切削的岩石均需要运送回起点后集中处理，超长的运距将造成传统机车模式下石渣运输能力越来越低，进而制约 TBM 掘进能力。

为解决这一难题，建设者将“水平皮带机 + 垂直皮带机 + 垂直储带舱”出渣系统与 TBM 工法进行结合，创新使用城市地铁连续皮带机出渣系统，极大地减少了超长运距下 TBM 的出渣等待时间，为 TBM 区间的整体贯通提供了工期保证。

第四节　洞内拆解　金蝉脱壳巧接收

在通常的盾构施工中，盾构机总体上是在起点拼装后始发，在终点完全出洞后拆解吊装出井。但由于大城市核心区环境的复杂性、局限性，有的工程会压缩始发井、接收井的占地面积。多数盾构掘进完成后，无法按照常规拆解吊出。

北京地铁 19 号线右安门外站至牛街站区间采用两台土压平衡盾构机施工，盾构机按照预定计划要在牛街站内完成接收。然而，牛街站可用于接收的横通道满打满算只有 8 米的空间，盾构机主机长度 10 米，无法满足盾构机正常接收。经项目部反复论证、探索研究，确定了盾构机洞内“分体接收”和“脱壳解体”方案。通俗地说，就是盾构机抵达终点后“边拆解、边推进”。盾构机在接收过程中，先把前盾和刀盘拆除，利用中盾、尾盾完成最后 7 环管片的拼装，拼装完成后拆除中盾及尾盾，然后平移吊出。

除此之外，有的接收时只能将盾构机核心部件拆走，盾构机的外壳直接作为隧道支护，其过程好比“金蝉脱壳”。

该项目草桥至右安门外区间就属于这种情况。承担这段隧道的盾构机盾构隧道直径为 6.68 米，盾构整机总长约 85 米。按照计划，盾构机从草桥至右安门区间风井掘进至右安门外站附近的翠林暗挖横通道进行拆解。正常接收的横通道尺寸宽度（盾构机掘进方向）应不小于 12 米，高度应不小于 7.5 米。受制于周边风险及环境条件，翠林暗挖横通道尺寸不能满足盾构机正常拆解要求及分体拆解要求，经多轮论证，项目部选择盾壳全部留置于土体中的“脱壳解体”方案，即刀盘在横通道内分块拆解，台车、螺旋机、拼装机等其他零部件通过成型隧道利用电瓶车运出。北京地铁 19 号线盾构机脱壳拆解的顺利实施，为之后类似地质、施工条件下的盾构施工提供了参考。

第五节　空推过站　畅通无阻秀真功

受城市核心区施工的场地限制，有时候盾构机在转场过程中无法吊装。针对这种情况，中铁十四局开发出了盾构多工法空推与过站综合控制技术。例如：盾构机从 A 站抵达 B 站后，需要继续从 B 站掘进至 C 站，其间盾构机需要从 B 站的一端移动至另一端，或者出洞后经过一段已成型隧道才能进行下一步掘进，距离在几十至几百米之间不等。

大家可能会产生疑问，盾构机移动几百米，为什么还成了技术难点？那是因为盾构机一旦离开土体，会因没有反作用力支点而“动弹不得”。在这种情况下，仅能借助外部力量来满足盾构机移动的需求。再加上空推或过站空间极其狭小，对盾构机移动精度控制要求比较高。

中铁十四局承建的成都地铁 5 号线项目位于成都中心城区，周边环境复杂敏感，存在管线、建筑、交通、环保各种难题，风险源多、技术难度大，盾构施工组织难。根据施工方案，掘进施工中面临 3 次始发和接收，其中还要经历 1 次整机空推过站和 1 次拆解转场。频繁的下井始发、吊装转场，使得与各个工区站点的协调工作更加复杂。

盾构机经过高升桥站和暗挖段期间，原定技术方案为盾构拆解过站，但是因为工期紧张，建设单位、投资单位、设计单位最后采用了中铁十四局提出的盾构整机空推过站方案。

高升桥车站是既有成都地铁 3 号线与 5 号线的换乘车站，盾构机空推段包含车站（201.4 米）和暗挖段区间隧道（114 米）两个部分，转弯半径为 400 米。暗挖隧道直径 6.4 米，盾构机直径 6.28 米，空推时，盾构机两侧距离隧道壁墙仅 6 厘米，不足一个巴掌的距离，盾构机在空推过程中不能碰到已经成型的隧道壁，施工难度可想而知。

建设者开展技术创新，采用大件平移机过站，设计出由夹紧油缸和推移千斤顶组成的“在轨重物推移机”，全国首次创新采用了“反力架整体组装与盾构机同时平移”方案，使反力架与盾构机主机连接，整体向前平移，再向左平移定位，到达盾构始发位置，有效缩短施工工期，确保了盾构机安全顺利始发。这项工艺为成都市首例小断面隧道、小曲线半径转弯盾构空推过站施工成功案例，为之后类似工程提供了借鉴。

北京地铁 8 号线二期工程南锣鼓巷站至中国美术馆站区间，盾构出洞不具备垂直接收条件，采用在接收井一侧施工横通道，将盾构机通过横通道平移至接收井，再垂直拆解调出，该方案实施在北京尚属首例。

第六节　软硬通吃　掘进设备全覆盖

近年来，中铁十四局在大直径盾构领域积累了专业优势，成功培育了大盾构品牌，同时 TBM 施工也取得不菲的业绩。行业内通常将用于软土地层掘进的称为盾构机，用于岩石地层掘进的称为 TBM。TBM 施工在山岭隧道、水工隧道、硬岩隧道等领域有着极为广泛的应用，也是当前城市地铁施工的一项热门技术。

2019 年 3 月，“启航号”TBM 在青岛地铁 1 号线项目顺利始发，中铁十四局 TBM 隧道掘进又迈上了一个新台阶。

青岛市地质条件特殊，市区全部坐落于各类花岗岩之上，对于地铁施工来说无疑是一项挑战，盾构机难以发挥作用。传统打眼放炮的钻爆法施工，速度慢，风险高，会对居民日常生活造成不同程度的影响，而采用 TBM 掘进施工，不仅速度是钻爆法的 10 倍，安全性能高，而且可以避免影响沿线居民的正常生活。

青岛地铁 4 号线 TBM

“启航号”TBM 属于双护盾 TBM，因其配备了两套油缸系统，所以可以实现掘进与拼装同步进行，极大地提高了施工效率，具有良好的硬岩环境施工性能，可以最大限度地保证施工人员的安全。

“启航号”TBM 总长 165 米，开挖直径 6.3 米，刀盘重量 90 多吨，安装滚刀 37 把。TBM 的组装工作在海泊桥暗挖车站内进行，施工空间小、交叉作业多、安全风险大，组装工作极具挑战。TBM 掘进路线经海泊桥站至小村庄站区间、小村庄站至北岭站区间、北岭站至水清沟站区间，由水清沟站吊出，中间空推过小村庄站、北岭站，掘进加空推线路总长约 3758 米。

由于掘进路线地处青岛市老城区，隧道上方为交通主干道，两侧均为老式居民楼及商铺，且需下穿人民路立交桥，施工难度非常大。为保障 TBM 顺利掘进，项目部提前谋划、科学组织、精心安排，制订安全细致的 TBM 施工计划，编制专项施工方案，组织专家评审。

随后，青岛地铁 4 号线项目 TBM 工程也得以顺利掘进。项目包含 1 个车站、5.5 个区间，全长约 5570 米。TBM 从内海始发井始发，掘进至劲松三路站吊出，途中 5 个车站均采用二衬空推过站。该项目 TBM 日最大掘进进尺 32.42 米，周最大掘进进尺 151.5 米，刷新了青岛地铁 TBM 单日最高掘进纪录。

通常情况下，盾构机更适用于软土，但遇到硬岩也并非束手无策。在长期实践中，中铁十四局在盾构机硬岩掘进、TBM 软土掘进，甚至是软硬不均复合地层中，都总结出了经验。

比如济南地铁 3 号线龙奥大厦站至奥体中心站区间，隧道埋深 13.24 ～ 19.66 米，主要穿越全断面中风化石灰岩地层，地层平均单轴饱和抗压强度超过 80 兆帕。项目设计由两台土压平衡盾构机执行掘进任务，起初面对硬岩，盾构机显得“力不从心”，出现了滚刀损伤严重、掘进工效低、常压下开舱换刀频率高、盾构姿态难控制等一系列施工难题。项目部成立科技攻关小组，不断研究调整盾构掘进参数，调整渣土改良配比，摸索硬岩地层下滚刀磨损规律，在此基础上合理组织施工，保证了盾构机的掘进效率，最终提前 60 天贯通。

事实上，盾构机和 TBM 面对的地层绝不能简单地分为软土或硬岩，往往是一条隧道前后地质存在较大差异，甚至是同一工作面上软下硬、忽软忽硬。中铁十四局建设者针对复杂的地质、施工过程中的难点，开展技术攻关，优化解决方案，成为“软硬通吃”的铁军。

第七节　安全创新　一网四格获赞誉

安全管理是地铁工程建设中的重中之重。多年来，中铁十四局在地铁安全管理上不断创新摸索，在实践中总结形成的“一网四格”安全管理法在中国铁建系统内推广，被中华全国铁路总工会评为“全路特色工作品牌”，受到建设部、国家安全生产监督管理总局的肯定。

中铁十四局承建的北京地铁 14 号线 17 标段地处北京中央商务区核心区，施工区域周围环境复杂、地上地下建筑物众多，建设者清醒地认识到，过去的项目安全管理模式恐难适应复杂的形势，探索项目安全管理的“升级版”是唯一出路。

项目部以生产标准化、规范化、制度化为基础，运用系统集成理论，按照“预防为主，综合治理”的方针，坚持“谁主管谁负责”的原则，创建出了“一网四格”安全管理模式。

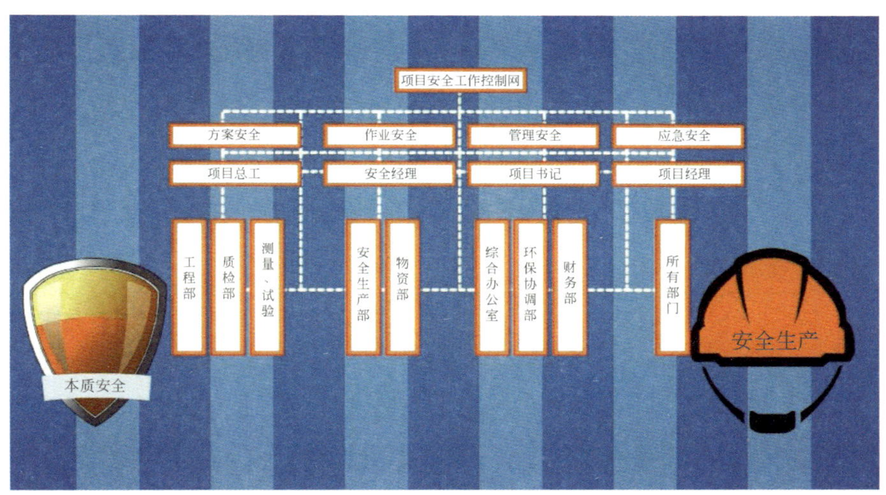

“一网四格”体系图

“一网四格”安全管理模式将安全管理链由生产过程安全管理延伸至方案安全管理、作业安全管理、管理安全管理、应急安全管理，实现了全生产链的全方位安全管理。其中，最关键的就是方案安全管理。项目部通过优化方案，避免了因受力状态失控而引发土体坍塌、模板支撑体系失稳等安全事故。

项目部把“一网四格”安全管理模式作为管理基础，构建起完善的安全责任网格体系，并严格落实安全管理要求，使“全员管安全”理念逐渐成为项目管理文化的重要组成部分。

“一网四格”安全管理模式推行后，中铁十四局北京地铁各项目在此基础上持续深化安全管理。

北京地铁 8 号线三期项目位于前门东大街，文物古迹遍布，风险源多，施工难度大。该项目深化推进“一网四格”，以“党建 +”“互联网 +”“APP+”等管理模式强化安全管理。该项目党支部创新性地在“一网”之下，将“四格”划分为四个红旗责任区，分别由身份为党员的项目总工程师、生产经理、项目书记、项目负责人分区专项负责，形成四个明确的“党员安全责任区”，在每一责任区内建立“党员安全管理示范岗”，充分发挥了党员在安全生产中的引领和模范作用。在信息化管理实践中，该项目利用“互联网 + 安全”的管理手段，利用项目自主研发的“掌子面”APP 把控施工安全，让原本复杂的技术交底、工作清单等变得简洁而富有条理，提升了项目管理科学化水平。

第八节　碧水蓝天　生态环保担使命

地铁工程大都处于城区，面临不同程度的施工场地狭小、地面交通繁忙、地下管线繁多、地质条件复杂、外部干扰多、环保要求高等问题。为此，地铁项目在优化施工方案的同时，必须充分考虑绿色施工各项要求，编写绿色施工专项实施方案，统筹管理节能减排和环保控制，最大限度地节约资源，减少施工活动对周边环境的影响。

中铁十四局在地铁项目管理中，秉承资源节约和生态环保的基本理念，追求高效、低耗、环保，以先进技术为导向，不断优化施工方案，强化措施落实，统筹兼顾，探索出一套经济、社会、环保综合效益最大化的绿色施工管理模式。

城市核心区寸土寸金，地铁施工一般临时占用市政用地，这就意味着地铁施工期间，地块原有市政功能无法发挥，对居民生活有一定影响。在施工场地规划建设中，中铁十四局坚持临时占地和永久占地统筹结合，反复优化施工场区平面布置，充分利用施工场地周边环境、市政原有资源条件，秉持“围挡能少围一米就少围一米，能早拆一天就早拆一天”的理念，最大限度地减少临时设施的重复建设。

北京地铁 6 号线南锣鼓巷站，一改传统岛式站台设计，优化采用上下叠落式站台，使得明挖施工场地与盾构始发场地交叠使用，施工占地较传统做法减少近一半，极大地减少了土地使用量和老城区保护性建筑的拆迁量，是施工节地的典型案例。

建筑施工一度是城市粉尘、噪声污染的源头，近年来，中铁十四局从施工扬尘和噪声污染根源上进行源头治理，采用先进技术加以控制。

在北京地铁 19 号线右安门外站施工中，项目部在两个竖井处建造了长 71 米、宽 17 米、高 12.6 米的隔离棚。隔离棚能够在正常施工的前提下，将车站施工生产过程中的全部工序统统“罩住”，在隔离棚外，完全感受不到施工产生的扬尘、噪声。

如何做到在隔离棚内自动降噪防尘呢？隔离棚顶部一半棚面采用阳光板制成，可保证采光率，棚内填有 5 厘米厚玻璃丝绵，可有效隔绝噪声。在隔离棚内设有监测系统，能够实时监测棚内空气质量状况，并将数据传输到集中处理器进行分析、处理，一旦发现数据超标，即 PM_{10} 或 $PM_{2.5}$ 的数值达到轻度污染的临界值，系统便会立即自动启动降尘喷淋系统，直至监测器上数据达标，喷淋系统会自动关闭。棚内还设有移动式焊烟净化器，能精准“捕获”并过滤焊接过程中产生的一氧化碳等有害气体，有效净化作业环境周围空气，保证隔离棚内空气质量。这样的隔离棚已经是中铁十四局研制的第三代产品，内部宛如一座小型工厂，实现环保目标的同时，将人员通道、机械作业区及设备区完全分离，优化施工动线，有效地避免了交叉作业。

紧邻密集住宅区的环保施工“包封”

地面罩上“罩子”隔绝扬尘与噪声，地下则是降水回灌、保护泉水。在泉城济南的轨道交通建设中，丰富的地下水对绿色施工提出了新的要求，节水保泉是济南地铁工程施工的一个重要特点。

针对这个问题，中铁十四局联合建设单位，在原有的技术研究的基础上，结合济南的特殊地质条件，在济南轨道交通 1 号线项目率先引进降水回灌设备和技术，实现原位回灌。该技术对地下水控制设计以封闭降水为主，再通过基坑降水回灌一体化设备，将基坑抽取的地下水再次回灌至地下含水层，采用加压回灌井等工艺、抽灌一体化设备和智能控制系统，地下水回灌率达到 100%，有效地保护了泉城的绿水青山。

2016 年 10 月 28 日，国际隧道协会主席 Tarcisio B. Celestino 与国际隧道协会原主席 Einar Broch 一行到中铁十四局济南轨道交通 1 号线项目部，参观了施工现场的降水回灌系统装置，对该项目的节水保泉工作给予了充分肯定。

环保技术的应用不仅局限于地上、地下，同时也延伸至江河湖海。

长沙地铁3号线湘江隧道施工所在区域为湘江水源保护区，中铁十四局的施工团队开发出溶洞复杂地层成孔新技术，采用创新环保型的改性膏浆作为注浆材料，还用直径1米多的钢围筒做“防护墙”，隔断了注浆施工与江水的联系，保证了湘江水源零污染。

中铁十四局还通过创新工作方法，节约施工材料，注重工程超前筹划，合理划分施工流水段，减少周转材料使用量，提高周转次数。施工现场临时用电通过优化设计，合理布置线路，选用节能灯具和设备，有效地降低施工用电的能耗。尽可能使用施工降水，用于冲洗车轮和洒水压尘等，最大限度地减少自来水用量，节约用水。

通过系统的、有效的绿色施工管理措施，中铁十四局各项目部以创建“资源节约型和环境友好型”项目为载体，推陈出新，大胆探索，在保障工程质量和施工安全的前提下，通过引进先进技术、创新管理理念，最大限度地节约了资源，减少了施工活动对环境的影响，实现了“四节一环保”的整体目标，为打造绿色环保地铁项目探索出了一套科学的、可复制的经验，并编制成有行政约束力的“企业标准”。

第九节　党建引领　施工一线党旗红

习近平总书记指出，坚持党的领导、加强党的建设，是我国国有企业的光荣传统，是国有企业的“根”和“魂”[①]。中铁十四局从铁道兵走来，发扬“听党指挥、能打胜仗、作风优良”的光荣传统，涌现出了一批先进集体和个人。

北京地铁9号线党支部就是其中的先进代表。该支部有效地把党建思想政治工作融入施工生产之中，以“创先争优”活动为载体，以“抓

① 习近平出席国企党建工作会议：坚持党对国企的领导不动摇 . http://cpc.people.com.cn/n1/2016/1011/c64094-28770122［2016-10-11］.

生产、促和谐、保平安”为主题，扎实推进基层党组织建设，党支部的战斗堡垒作用、党员的先锋模范作用更加凸显，有力地促进了工程安全、优质、高效完成，被评为“全国创先争优先进基层党组织”。时任该项目党支部书记李传营同志被党中央授予“全国优秀党务工作者”称号。2016 年 7 月 1 日，在人民大会堂隆重举行的庆祝中国共产党成立 95 周年大会上，中央政治局常委、国务院总理李克强为李传营颁发了奖章和荣誉证书。

李传营获“全国优秀党务工作者”称号

北京地铁 9 号线 5 标段工程全长 3.24 公里，下穿地铁 1 号线，经过北京最复杂的富含水地段，穿越中央电视台（旧台址）、军事博物馆、中华世纪坛等重要建筑，技术集成高，安全风险大，是当时北京地铁施工难度最大的工程之一，也是关乎到地铁 9 号线能否按期通车的关键控制性工程。

为此，项目党支部在“创先争优”活动中紧紧围绕项目施工生产的中心任务，充分发挥党员在生产创效中“岗位先锋”“突击先锋”“安全先锋”“技术先锋”“创效先锋”的模范带头作用。他们推进基层党组织建设，打造一流施工队伍，开展党支部书记“1+1”培养模式，为项目施工保驾护航。“1+1”培养模式即党支部书记一方面要熟知党务工作，另一方面还要培养现场施工管理能力，通过实现党务工作、施工管理一手抓，切实把好工程建设的“龙头”。

“困难面前、党员争先”，这是该项目6支党员突击队的口号，也是他们身体力行的实践。2010年冬天，该项目军事博物馆站掌子面在开挖过程中突然发生涌水，随时都有塌方的危险。为了堵住涌水口，党支部书记李传营、项目负责人赵光泉带领大家冲在涌水口的第一线，在奋战2个多小时后将险情有效控制。

党建“软实力”转换成企业发展“硬支撑”，不仅要“内”出实招，还要积极“走”出去。中铁十四局坚持与工程所在地的地方协作单位、社区等开展党建共建，不断解锁企地关系，维护新“姿势”，持续巩固“亲”“清”企地关系，助推施工生产。

李传营（右一）带领党员在项目建设一线

在北京市建设工程质量监督总站的数据支持下，北京地铁 8 号线三期项目创新管理模式，利用“互联网 +”研发出“掌子面”APP，开创了施工过程全掌握、人员管理全参与、工程资料全覆盖、部门工作全联网的新型管理模式。在紧张的施工生产中，该 APP 发挥了重要作用。

共建期间，北京市建设工程质量监督总站结合地铁施工执法检查发现的安全问题，为一线技术员详细解读相关知识要点；结合用电安全问题，开展了施工用电专项培训等。专业的知识传授、先进的管理经验，为北京区域项目的安全质量管理打下了坚实的理论基础。

高品质的党建共建不仅拉近了施工单位与相关单位的距离，也增进了施工人员与工地周边居民的感情，切实促进了施工生产。

因施工需要，北京地铁 19 号线项目盾构始发井设在了紧邻西城区右安胡同乙七号院的位置，给院里居民生活造成了一定影响。2018 年 8 月 24 日，该项目党支部与社区、建设单位等 8 家党组织签署了党建共建协议，以“共建组织基础、共促队伍建设、共筑精品工程、共办实事好事、八方发展共赢”为标准，共筑绿色精品工程，共建幸福和谐社区。

北京地铁 19 号线项目党支部等 8 家单位签署共建协议

8家党组织成立了由政府相关部门、地铁建设、施工单位和居民代表组成的绿色文明施工监督小组，形成了“了解—处置—回复—反馈”的工作流程，实现了工地周边居民需求的及时响应和有效处置。

共建期间，监督小组加强了对施工现场的严格管控，小组成员不定时对工地进行检查。项目按照北京市环保要求安装环保监测设施，通过增设雾化降尘设备、配备洗车槽、安装噪声检测装置、对工地周边居民进行施工工序交底、对施工人员进行绿色文明施工教育等方式，最大限度减少地铁施工对居民的影响。

两年多的施工期间，8家党组织充分发挥了党组织的政治优势，正确处理地铁建设与居民生活之间的唇齿关系，顺利推进了北京地铁19号线工程的建设，为北京市轨道交通建设、共建和谐美丽社区创建了新思路。

在全国地铁建设的大潮中，中铁十四局将进一步完善、充实、提高“大城市核心区盾构地铁隧道施工综合技术”，用特色经营拓展市场，扩大“中铁十四局大盾构”品牌的影响力，实施“抓大不放小”的战略，在大直径及水下盾构占据国内40%市场的背景下，依托“大城市核心区盾构地铁隧道施工综合技术”做大做强地铁板块，做国内地下工程建设的领军者。

这个目标一定要实现，这个目标一定能够实现！

第六章　管片预制　浇筑辉煌

在全国盾构管片领域，“中铁十四局房桥管片”拥有相当高的知名度，被业内专家和领导高度认可，房桥公司拥有四个全国之最：大直径盾构管片产量全国最高，2020年产量约30万米^3；大直径管片品种全国最全，

2018年12月27日，为京张高铁生产的内实外美的直径为12.2米的管片，被中国铁道博物馆永久收藏

囊括了全部型号；大直径管片生产误差全国最小，范围控制在 ±0.3 毫米；经检测机构认证，成型盾构隧道质量全国最优。2018 年 10 月 23 日，房桥公司成为全国首家通过“铁路隧道钢筋混凝土管片 CRCC 产品认证”的管片生产单位。

辉煌的背后，是房桥公司这家拥有 67 年历史的国有大型混凝土制品生产企业，16 年大直径盾构管片研发攻关的坚实基础。

第一节　基础雄厚　行业龙头

房桥公司位于北京市房山区阎村镇科技工业园区燕房园 8 号，占地面积约 87 万米 ^{2}，资产总值约 30 亿元，各类专业技术人员占职工人数超过 52%，具有市政公用工程总承包一级，桥梁工程专业承包一级，钢结构工程专业承包二级，特种工程（结构补强），起重设备安装工程专业承包三级资质。

从广西黎塘到北京房山，从铁道兵的临时战地到中国铁建旗下的专业混凝土制品生产企业，房桥公司励精图治、艰苦创业，在建设年代发展，在改革时期腾飞，拼搏的汗水见证了黎（塘）湛（江）、鹰（潭）厦（门）、贵（州）昆（明）、成（都）昆（明）、兖（州）石（臼港）、（北）京（太）原、侯（马）月（山）、邯（郸）济（南）、菏（泽）日（照）、兰（州）新（疆）、兰（州）新（骅港）等中国最早一批铁路大动脉的诞生，坚定的身影印刻在大（同）秦（皇岛）、（北）京山（海关）、（北）京广（州）、（北）京九（龙）、胶（州）新（沂）、巴（图塔）准（旗）、青（海）（西）藏、张（家口）唐（山）、龙（口）烟（台）、额（济纳）哈（密）、浩（勒报吉）吉（安）、吉（林）图（们）珲（春）、黔（江）张（家界）常（德）铁路及北京西站、哈尔滨铁路枢纽等国家重点工程建设中。

生产的无砟轨道板、双线整孔箱梁，应用于（北）京（天）津、（北）京唐（山）、青（岛）荣（成）、佛（山）肇（庆）城际铁路；石（家庄）武（汉）、石（家庄）济（南）、哈（尔滨）大（连）、大（同）西（安）、成（都）绵（阳）乐（山）、沪（上海）昆（明）客运专线、通（辽）新（民）客运专线、牡（丹江）佳（木斯）客运专线、（北）京沪（上海）高速铁路、日（照）兰（考）高速铁路、（南）昌景（德镇）黄（山）高速铁路等国家重点工程。

1954 年，房桥公司浇筑第一榀桥梁

房桥公司还创造了许多中国第一：

中国第一榀 24 米、32 米双线整孔预制箱梁，中国第一榀 40 米高速铁路箱梁。

中国第一榀先简支后连续试验箱梁。

中国首片中低速磁悬浮试验梁。

中国首片超高速磁浮试验线乘轨梁。

中国第一块电容枕、第一组梯形轨枕、第一组高速铁路岔枕。

中国首次研发替代超细水泥混凝土新材料。

中国第一块Ⅱ型轨道板。

中国首次研发、投产第一条支承块自动化生产线、橡胶套靴安装自动化流水线等多项产品和新材料与新技术。

为中国第一条城际铁路——京津城际铁路生产的32米双线整孔预制箱梁为国内首创。

服务于中国第一条高速铁路——京沪高铁，以100天时间标准化建场，率先投产、首家取证、首榀铺架，领跑全线，在我国铁路建设史上创下奇迹。

天津宝坻Ⅲ型轨道板场，经原中国铁路总公司工程建设管理中心（现国铁集团工程建设管理中心）、中国铁道科学研究院专家领导、中铁检验认证中心（有限公司）鉴定认为，“轨道板生产线整体布局合理、技术先进，达到了国内领先水平，同时在多种板型的自动张拉、自动清模、喷涂脱模剂、预埋套管安装系统、独立蒸养方式、整体式振捣制造工艺方面做出较大创新，自动化程度大幅提升”。

天津宝坻Ⅲ型轨道板场生产车间

贵南河池双块式轨枕场，建造了国内首个全自动数字仿真双块式轨枕生产线，通过自动化、智能化、信息化的中控信息系统，实现整条生产线联动生产和一键启停，大大提高了生产效率和产品质量，引领中国高铁轨枕行业迈入智能制造新时代。

贵南河池双块式轨枕生产车间

诸多第一将中国混凝土预制产品推向世界先进水平，奠定了房桥公司的行业领军地位。

2018 年 9 月 28 日，中国铁建首个装配式建筑研发中心落户房桥公司。研发中心与中国铁道科学研究院铁道建筑研究所、清华大学建筑设计研究院、西南交通大学教育部重点实验室等多所知名院校、科研机构组成强大的科研联合体，致力于混凝土生产制品的自动化、数字化、智能化的研究。目前承担着装配式住宅建造及部品生产技术、高速铁路轨道与桥梁结构研发与试验等 20 余项科研课题的研究任务。

每年投放市场新产品 10 余项，累计完成科技成果 150 余项，拥有国家发明专利成果 58 项，具有行业先进的生产工艺和核心技术。

凭借强大的研发队伍和卓越的创新机制，房桥公司成为“全国高新技术企业”“北京市企业技术中心”“国家装配式建筑产业基地”“铁路器材研究发展基地”“盾构隧道管片技术研发中心”“建筑工业化研发基地”“全国铁路预制桥梁技术协会”会长单位。

中国铁建首个装配式建筑研发中心成立

盾构隧道管片技术研发中心落户北京

先后有60多个国家和地区的官方代表团前来参观考察、洽谈合作，混凝土轨枕产品出口几内亚、马来西亚、印度尼西亚、埃塞俄比亚等国家。雄厚的技术力量和创新机制，成为企业大直径盾构管片研发攻关的独特优势。

第二节　试水南京　艰难取胜

2005年，南京长江隧道开工建设，从未涉足盾构管片领域的房桥公司从“零”起步，迈上了大直径盾构管片研发制作的征程。

南京长江隧道管片

南京长江隧道管片混凝土强度等级为C60、抗渗等级为S12、管片环宽精度误差 ±0.5毫米、设计使用年限为100年，生产工艺复杂，质量控制标准极为苛刻。管片生产共有17道工序：钢筋下料、钢筋笼焊接、混凝土拌和、模具合模、模具测量、钢筋笼入模、预埋件安装、混凝土灌注、混凝土养护、模具拆模、管片脱模吊装、管片翻转、管片出车间入水养池水养、管片出池堆放、管片安装防水胶条、管片出场运输、管片到达盾构现场验收。

其中钢筋笼焊接、模具精度控制最为关键。钢筋笼焊接在精加工的靠模上进行，钢筋交叉点全部采用 CO_2 气体保护焊进行点焊，单个钢筋笼焊点多达 2000 个。对于模具精度控制，须遵照执行《地下铁道工程施工及验收规范》，而南京长江隧道盾构管片不仅严格执行，有的要求甚至高于该规范的内容。例如，该规范对于隧道管片模具制造一般规定宽度方向精度为 ±0.4 毫米，而南京长江隧道盾构管片模具要求为 ±0.3 毫米。管片体积增大，直径增大，但相应的技术要求却有所提高，从而增加了管片施工中的精度控制难度。当时不仅没有施工案例可借鉴，工装设备也没有成熟经验可借鉴。“南京长江隧道工程施工，我最担心的就是盾构管片。”钱七虎院士曾说。

南京长江隧道管片生产工艺与地铁管片生产工艺类似，但相关技术要求更高。地铁管片一般设计采用 C40 混凝土，抗渗等级为 S6（或 S8），混凝土坍落度一般都大于 80 毫米，而南京长江隧道管片强度等级为 C60，抗渗等级为 S12，混凝土坍落度为 40±10 毫米。抗渗等级的提高，需要加强管片混凝土密实度，但坍落度小，却增加了管片振动质量控制难度，很容易出现蜂窝、麻面等质量通病，甚至会影响管片的自身防水性能。

经过认真研究分析，不断总结改进，形成了适合干硬性混凝土的风动振捣工艺及人工振捣工艺，大大提高了管片外观质量和内在质量，受到了多方好评。

管片生产过程中必须进行频繁的吊装作业。地铁管片每块一般重 4 吨左右，吊装根据实际需要，可利用管片自身的预留孔或简易的吊具进行吊装作业，而南京长江隧道管片每块自重 14.05 吨，必须采用真空吸盘及专用的吊装工具进行吊装作业。根据管片自身的特点，量身设计了专用的半自动垂直位、水平位吊具，不仅提高了管片吊装效率，而且有效地防止了管片在吊装过程中发生磕碰造成损伤。

为缩短地铁管片生产周期，提高模具使用效率，蒸汽养护一般在恒温 60 摄氏度的环境下进行，以在尽可能少的时间内实现可脱模的管片早期强度，这样就存在管片表面龟裂或混凝土由于温度不均匀收缩产生裂缝的危险。南京长江隧道生产的管片在低温 40 摄氏度的环境下进行养护，同时严格执行养护制度，配以精密的温度控制仪器进行温度控制，有效地防止了管片内外温差不均匀产生的表面龟裂等质量通病。

从管片直径、精度要求、混凝土强度、抗渗等级等多方面来看，南京长江隧道不仅在国内，甚至在世界范围内处于领先地位。为南京长江隧道预制出的 30 430 块优质管片，德国专家称赞道：“这是我见过的世界上最好的管片！”

南京长江隧道通车

南京长江隧道工程已经建成使用十几年，在整个隧道使用过程中，管片实现了不漏、不渗、不裂，无错台、无掉角等技术要求，这充分说明了管片完全符合设计相关技术规范要求。

第三节 固定模台 精益求精

混凝土制品的固定模台工艺主要是根据生产规模的要求在车间里布置一定数量的固定模台，组模、放置钢筋与预埋件、浇筑振捣混凝土、养护构件和脱模都在固定模台上进行。固定模台生产工艺模具是固定不动的，作业人员和钢筋、混凝土等材料在各个固定模台间“流动”。

房桥公司管片研发制作初期均采用固定模台生产工艺，其优势是适用范围广、灵活方便、适应性强，工艺设备投入资金相对较少；缺点是机械化、自动化程度低，用人较多，安全风险较大，生产效率相对较低。

基于这个背景，房桥公司在盾构管片研发生产中提出“不是精品就是废品”的质量管理理念。首先，这个理念的提出是鉴于当时盾构管片产品的特殊性。盾构隧道是百年工程，盾构管片作为隧道最内层的屏障，密闭相连、逐环相扣，好比“金钟罩”，抗压、抗渗，需要开辟安全地下空间，盾构管片不可更换，质量必须保证绝对达标，绝对精品。其次，固定模台工艺有一定的缺陷，即受人为因素的干扰较大，必须提高全员对质量控制的自觉性、主动性。

长株潭城际铁路树木岭盾构隧道管片，外径 9000 毫米，宽度 1800 毫米，厚度 450 毫米，沿用了南京长江隧道管片的生产模式，分别采用了 4 套法国 CBE 隧道模具集团的模具和 4 套上海隧道工程股份有限公司的模具。

法国 CBE 隧道模具集团的模具在使用近 1 年时间后，发现振捣效果不佳，经检查发现是振动出现了问题，原因是长沙处于丘陵地区，项目部刚好处于山沟之间，相对湿度达到 90%，日积月累的湿气进入振动器后对振动造成影响。经认真分析研究，技术人员在风动振动器进风管道上，为每套模具的振动器配备了一个独立的润滑油雾化器，使振动器能得到长期定量的加油润滑，大大降低了故障率，从而解决了振捣效果不佳的问题，使振动器持续、稳定、正常地工作，确保了振捣效果。

这项技术革新引起国内模具制造厂家的高度关注。他们应用此项成果改进、优化设计，在空压机出气口位置增加了空滤三连件，目前已成为国内模具出厂的“标配”。这一技术成果促进了管片振捣技术质量的普遍提高，对管片混凝土质量产生了影响。

2014 年，长株潭城际铁路树木岭盾构隧道管片拌和站在国内首次安装了信息化数据采集系统，用于监控管片混凝土配合比配置和原材料计量误差。这是信息化技术在管片生产上一次有益的摸索和尝试，为长株潭城际铁路树木岭 3 条盾构隧道提供了 7327 环管片。

扬州瘦西湖隧道工程成功复制南京长江隧道的成熟模式，沿用南京长江隧道工程的“功勋管片模具”。

扬州瘦西湖隧道工程贯通

扬州瘦西湖隧道工程涵盖 648 环管片、667 块箱涵的预制以及主体结构 12 万米^{3}混凝土和 2 万米^{3}隧道壁后砂浆的供应任务。实现了所产管片浇筑前 100% 模具检测，成功将每块管片精度控制在 ±0.4 毫米以内，同环内相邻管片拼装的纵缝错台控制在 2 毫米之内，达到国际先进水平。

“螺杆式开合门带振动器的混凝土料斗”申请了实用新型专利；扬州瘦西湖隧道工程获得国家 2016 ～ 2017 年度“中国建设工程鲁班奖（国家优质工程）”、第十七届中国土木工程詹天佑奖，其中盾构管片的贡献功不可没。

證　書

北京中铁房山桥梁有限公司

你单位参加建设的　扬州市瘦西湖隧道　工程

荣获2016～2017年度中国建设工程鲁班奖(国家优质工程)

参建内容　土建工程、部分工程

特发此证

二○一七年十一月

扬州瘦西湖隧道工程获得国家2016～2017年度“中国建设工程鲁班奖（国家优质工程）”

第四节　流水机组　自我超越

大直径盾构管片自动化流水线式生产，是通过模具在流水线上运行来实现生产全过程，脱模、混凝土输送浇筑、振捣、收面、养护等生产流程都在全自动控制下有序运行。特点是采用高精度钢模、低坍落度混凝土、气动振捣和蒸汽养护技术，生产高质量的隧道盾构钢筋混凝土管片，具备管理相对集中，人为干扰因素少，生产更快捷安全，质量更稳定，节约人力、能源等优势。

流水线不仅适用于隧道盾构钢筋混凝土管片的生产，对其他精度要求比较高的混凝土预制构件的生产也有一定的参考作用。其工艺核心部分原理是按照钢筋加工设备、混凝土搅拌振捣设备、高精度模具、蒸汽养护设备、吊运设备等设计要求（包括配筋设计、混凝土抗渗抗压设计等）制作成型钢筋混凝土管片。

在大直径盾构管片的研发攻关路上，如果说固定模台生产工法是第一代管片生产工艺，那么，机组流水生产工法就是第二代管片生产工艺。

2015 年 5 月，成都地铁 10 号线一期盾构管片，首次采用“2+4”的组合模式生产线，即“2 条生产线 +4 条蒸汽养护线”，同时蒸汽养护线分为静养区和蒸养区，混凝土浇筑采用高低料斗运送，可以保证混凝土连续灌注。成都项目部共配置 12 套模具，每个工位节拍为 6 分钟。此番创新改进效率可达自动化生产线产量的极限。

循环方向为顺时针，两侧摆渡车同时运行到蒸养线。蒸养窑门开启后，西侧摆渡车推进器将一座静养后的模具推入蒸养窑，并将蒸养完毕的模具推出；摆渡车运行到浇筑线，利用东侧摆渡的推进器将模具送入浇筑线的同时，将静养完成后的模具推入西侧的摆渡车上；摆渡车再交替运行到 4 条蒸养线，将模具推入蒸养窑……通过以上方式，完成模具周而复始的循环。浇筑线的运行过程是通过推进器和平移小车的传递完成工位的交替，在浇筑线从东到西需完成管片脱模、模具清理涂刷脱模剂、放钢筋笼及预埋件安装、混凝土浇筑、外弧面收面、混凝土静养等工序。

成都项目部管片生产基地

成都地铁 10 号线一期工程管片质量获得了建设单位、设计单位、监理单位好评："'盾构隧道混凝土管片机组流水生产工法'科技含量高、工艺复杂，符合盾构管片工厂化制造的发展趋势，具有非常高的科研价值，为以后我们乃至国内的同类型施工提供了借鉴。"

2016 年初，章丘基地为满足济南地铁 R1、R2、R3 线管片供应需求，建成第二条生产线，并配套建立一座混凝土拌和站。生产线采用"2+3"（2 条灌注生产线加 3 条养护线）生产模式，配置 15 套模具，设计日产能 40 环。此外，基地加高扩建水养池，实现管片双层水养，存放能力由 360 环增加到 720 环，双层存放不仅节约了场地，还大大节约了成本和人工。

为提高混凝土振捣效果，章丘基地新增生产线在管片混凝土振捣方式上进行了改进，将模型的风动振捣器改为整体振捣，避免了振捣混凝土时出现振捣不均匀的现象，同时降低噪声 20 分贝。

章丘基地管片预制现场

在车间生产线安装阳光板进行密封，保证了管片生产车间内的温度以及管片拆模时的温差，为冬季施工奠定了基础。在水养池采用蒸汽加热，安装电子数显温度计，由专人来查看温度，保证了管片入池时的温差。通过全面运用各种自动化设备，生产效率与生产效益得到显著提升。

基地采用的150型钢筋剪切线，使钢筋日剪切能力突破100吨，生产效率提升了3倍以上，不但节省了大量人力，而且自动化程度高，计量精准，安全高效。管片养护模式由传统养护模式改进为使用养护剂养护，由原来的7天水养改为一次性浸泡工艺养护，不仅节约了大量水资源，还降低了机械使用费用以及人工费用等成本，每环管片节约综合成本约40元。同时，在钢筋焊制区安装了“焊烟集中收集除尘设备”，将烟尘净化过滤后排出厂房，确保车间内空气清新，员工身体健康。

全国首次研发了管片抹面机器人，替代了原始人工抹面，不仅解决了生产时容易受到人为因素干扰出现的管片外圆弧面表面不平整、不密实等问题，提升了管片产品质量，而且在初次抹面时间上比人工抹面节约近 1/2，全程只需 1 ～ 2 名操作工人即可，一天两班即可节省人工数量 12 人，提高了作业效率。就章丘基地来说，一年可节约人工费用约 100 万元。章丘基地为济南轨道交通 R1 线提供管片 9331 环，为 R3、R2 线提供管片 42 067 环。

章丘基地自动抹面机器人

2017 年 2 月，芜湖大盾构管片基地建成，占地约 260 亩，新建了两条当时国内规模最大的柔性管片流水生产线，大直径盾构管片初代芯片技术开始应用，每条管片流水线设计 64 个工位，通过使用通用的模具底盘，以及不同工况下的节拍设计，流水线可以同时生产 2 ～ 3 个工程不同规格的管片。满负荷生产时可实现外径 9 ～ 12 米级管片 30 环的产能、15 米级管片 24 环的产能，能够同时为 6 条大直径隧道供应管片。

生产线上应用了多项信息化管理技术：无线测温系统、射频识别

（RFID）芯片生产管理、条码扫描报检系统等，每块芯片都记录着管片原材料批次、施工及质检人员、工序施工、管片物流位置等信息，排除了人为因素影响，提高了检查作业效率，数据更精确。借助长江及自有 2 个 5000 吨级码头泊位便利的水运条件，管片已应用于华中、长三角等地区的多个工程。

芜湖大盾构管片基地管片养护池

2017 年 6 月开建的苏通 GIL 综合管廊工程，隧道结构底面最低标高为 -74.83 米，水压力最高达 0.8 兆帕。隧道综合管片外径 11.6 米，内径 10.5 米，环宽 2 米，混凝土强度 C60，混凝土抗渗等级 P12。工程穿越的地层复杂，水文地质条件复杂，长距离穿越高石英含量的密实砂层和有害气体地层，是当时国内埋深最深、水土压力最高的越江隧道，对管片的技术要求极高，使用了多项新技术，共生产 2743 环、21 944 块管片。

工程穿越沼气地层段的管片在国内首次使用了 C60 高性能合成纤

维加钢纤维混凝土，使管片的耐火性能提高到二级；通过管片本身结构强度与 10.9 级高强连接螺栓的应用，隧道抗震设防烈度达到 8 度；使用了高精度预埋接驳器方案，替代了以往工程的管道植筋安装方案，保证了特高压 GIL 线路管道安装方便、牢固、可靠；通过使用预装在管片内弧面的 RFID 芯片，对管片生产过程、发运及管廊运维进行信息化管理，大大提高了信息收集的效率和准确性。多项先进技术的应用，确保特高压 GIL 管廊运营万无一失。

成型的苏通 GIL 综合管廊过江隧道

为打造精品管片，自主开发了管片混凝土振动力检测系统，通过对管片模具振动力、风振器结构、常见故障发生概率、气动系统的设置等研究，确保了从系统上降低风动振动器非正常工作概率，提高了混凝土振动密实性，进而保障了管片混凝土强度及防水性能；使用了成熟的无线射频识别技术，让数据信息化、智能化更进一步，从源头确保创新工程。管片质量过硬，各项指标符合要求，得到了业主单位的高度评价。

整条隧道无一渗漏点，受到钱七虎院士称赞。

在已有的经验基础上，结合新一代信息技术与制造技术融合发展的主攻方向，加快推动研发实施，部分项目已经建成并取得成果。

2016 年 8 月，房桥公司与中国铁道科学研究院电子计算技术研究所联合研发出管片智能管理系统 APP，应用在为京张高铁清华园隧道生产的 2243 环管片和 2317 环箱涵中，用大数据助力精品制造，为“智能京张”再添亮点。京张高铁管片项目部成立后，聘请技术专家全程参与，建成了管片自动化生产线，实现了管片生产工厂化、自动化、专业化。以智能管理为切入点，开发出管片智能管理系统，实现了管片生产全过程、全方位、全覆盖、全天候的“智能”管理。

京张高铁管片项目部生产车间

管片智能管理系统包括管片生产管理子系统和管片生产数据联网子系统。通过联网子系统可以对使用该系统的所有管片场进行统一监督和管理。智能管理系统采用 RFID、二维码技术实现管片从生产到安装全过程的数据采集和存储，利用 APP 模块，与 PC 端管理系统进行数据交换，完成各岗位、各部门的无缝衔接，提高了工作效率。加上身份认证的电子签章功能，让管片生产过程真正实现了“记录无纸化”。

管片智能管理系统通过平板电脑收集数据，从原材料钢筋的焊接、入模，到生产过程的浇筑、蒸养、水养，以至于存放、发运，都一一录入系统，形成一个完善的数据资料库，数据汇总后，自动生成各种报表，可随时查看生产进度、原材料、库存状态等。

管片智能管理系统实现了管片不同型号生产任务、特殊试验工艺、异常生产状态、物料进场等信息提醒功能，将管片生产进度、成品把控、产能分析、生产台账等信息进行综合分析，并以专题图、表的形式展现出来，一目了然。

京张高铁管片项目部建立的盾构管片远程监控数据中心，与各管片生产基地互通互联，汇集管片生产的相关数据，对原材料检测、混凝土拌和、模具尺寸、养护温度等数据进行汇总、分析，建立管片施工大数据库，实现质量管理可视化、数据化；同时与西南交通大学试验室控制中心、大盾构公司数据中心互通互联，通过视频及数据共享方式，强化与施工单位、高校的联系，形成生产、施工、试验三方互动，实现了管片施工远程“问诊”。

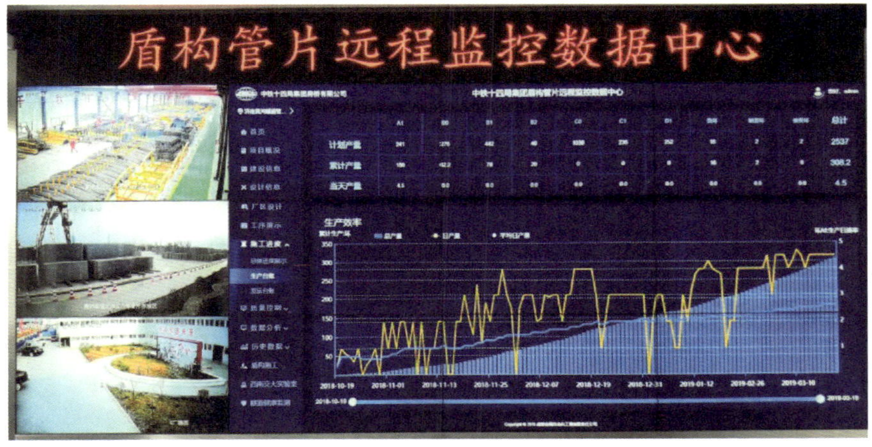

盾构管片远程监控数据中心

2018 年 6 月，结合多年生产大直径盾构管片的经验，济南黄河隧道管片项目建成国内第一条 15.2 米超大直径的盾构管片智能化生产线，充分应用信息化技术，通过对管片生产线的模具行走系统、混凝土灌注系统、蒸汽养护系统、模具振捣系统等进行充分研究，彻底解决管片生产线易出现的一些问题，在安全、质量、管控等工艺上进一步满足工程要求。

济南黄河隧道管片项目产品存放区

通过研究大直径盾构管片生产的生产线配置、钢筋加工技术、混凝土配比、温度裂纹控制、养护工艺、信息化技术，形成了一整套可行有效的施工工艺，完成超大直径管片生产设备工装的技术积累，进行试生产工艺技术总结，为超大直径管片的高标准批量生产积累经验，确保为济南黄河隧道提供“不渗、不漏、不裂，拼装无错台”的高水平、高质量管片。“盾构管片生产信息智能管理系统”荣获国家发明专利 1 项、软件著作权 1 项。

济南黄河隧道生产线可称为第二代自动化生产线的极致之作、巅峰成果。

房桥公司与西南交通大学交通隧道工程教育部重点实验室合作，共同开展了“管片衬砌原型结构加载试验”，对大型及复杂水下隧道结构分析理论与设计关键技术进行了深入研究；与中国铁路设计集团有限公司联合，针对“联络通道施工对附近管片结构的影响”开展研究，选取了三处不同埋深的联络通道进行试验，测试盾构隧道联络通道周边管片三维应力效应；与清华大学地下工程研究所合作，开展了管片的换热和结构响应试验研究，试生产出全国首环隧道能源管片。

房桥公司研发的“管片模具振动台”“一种混凝土构件喷淋养护装置”“盾构管片预埋螺帽拉拔试验装置”获得国家实用新型专利授权；“复合矿物掺合料及其制备方法及利用其制备的混凝土”“一种隧道工程盾构管片智能制造平台”获得国家发明专利授权；“大直径盾构隧道混凝土管片自动化生产工法”在全国推广应用。

第五节　独立蒸养　提质增效

独立蒸养模式解决了传统通道式养护没有升温和降温区间，只有恒温区间的难题，可达到养护温度的梯度曲线，实现产品养护质的提升，能进一步解决产品出窑受温差影响出现的裂纹问题，大大提升了产品的质量。

2019 年 4 月，南宁盾构管片项目部成立。在研发管片过程中，南宁盾构管片项目部结合现有生产技术的相关问题与难点，实现了三个创新：一是“子母车”式管片模具运模车的运输方式。国内管片自动化流水生产线首次采用分离式结构运输车，可编程逻辑控制器系统控制“子母车”实现模具运输、转向自动化。二是“板链”式运输传动方式。摆脱以往管片自动化流水生产线中模具本身设置行走轮的结构设计，首次将管片模具运输结构改为链轨式，由可编程逻辑控制器系统控制“板链”

实现模具 90° 转向自动化。三是管片独立式养护系统，确保升温、恒温、降温的稳定变化。

这项管片独立式养护系统，解决了国内同类混凝土预制产品共同面临的养护难题，可实现养护温度变化，并且具有自动化程度高、节约能源等特点，为国内同类型产品的养护问题提供了成熟有效的解决方案。对其他精度要求比较高的混凝土预制构件生产也具有一定的参考价值。

2020 年 1 月，杭州管片项目部成立。项目部承担着杭州艮山东路过江隧道、下沙路提升改造两个项目 4800 环直径 14.5 米管片的生产任务，工期为 18 个月。项目部结合济南黄河隧道项目部、南宁盾构管片项目部施工经验，布设两条盾构管片柔性自动化生产线，同样采用“子母车”运输、板链式传动、独立窑养护模式，可布设 10 套模具，最高可实现月产能 480 环，是当时产能最大、最先进的大直径盾构管片生产线。同时，项目部针对临时场地特征，开发了钢结构蒸养窑、钢结构水养池、装载机改造的管片倒运车、立式存放吊带式吊具等设备工装，大大降低了安拆费用和成本投入。

杭州管片项目部学习先进制造业管理、技术手段等，并将其投入施工应用中，改进了流水线工位工时测定、生产线平衡率改善、管片生产小工具的标准化和半自动化等，不断提高流水线运转效率，降低工人劳动强度，创造了大直径盾构管片 165 万元的日产值纪录。

混凝土质量对于管片质量至关重要。独立蒸养解决了养护温度难以精准控制导致的混凝土质量不稳定问题，是管片预制史上的一大变革，带来了管片制造的升级换代。

第三代管片生产工艺成功解决了混凝土的扰动性，大大降低了生产线的运行故障率，提高了生产线的运行稳定性，大直径管片模具运行速度比小直径管片模具运行速度整整提升一倍，为盾构管片工业生产机械化、智能化程度不断提高夯实了基础。

第六节　智能制造　追求极致

第四代管片生产工艺，核心是工业互联网、云计算、大数据在企业研发设计、生产制造、经营管理、销售服务等全流程和全产业链的综合集成应用。

2020 年 10 月 25 日，国内在建最大直径 15.4 米盾构管片——北京东六环改造工程管片生产线投产。该生产线承担着 3725 环管片的生产任务，应用第四代智能制造技术，发挥信息化、自动化的优势，不断提高管片生产质量、施工标准。

北京东六环改造工程直径 15.4 米盾构管片生产线

为满足高标准施工需要，结合多年来管片制造积累的智慧经验和最新研发成果，运用数字孪生、物联网技术等建设生产云服务平台，创新性地研发、应用了管片智能倒运、三维检测、桁架吊装、自动焊接等

16项先进技术，汇集了国内近年来管片制造最新科技成果。

其中，7项自动化关键技术成果包括：模具行走的技术革新，可以提高混凝土的质量和稳定性；自动化钢筋骨架焊接，将人工数量减少50%以上；一键式布料振捣，严格把控混凝土质量；自动温控；自动控制养护；温度梯度养护等；自动装置三项，即气动管、振动力监测、自动脱模。

4项信息化关键技术成果包括：BIM技术的应用；信息化管理技术实现移动作业、程序化施工；实现安全积分和三色码的信息化管理、设备管理；物联网管理，在各种设备和工装装上“大脑”，使生产线具有视觉功能、自我监测功能。这4项信息化关键技术形成智慧工厂的内核动力。

5项智能化关键技术成果包括：超大直径盾构管片重载AGV智能搬运车；管片模具尺寸三维智能扫描技术；管片钢筋骨架焊接机器人；超大直径盾构管片模具清理及喷涂机械臂设备；超大直径盾构管片抹面机械臂设备。

这条国内最先进的大直径盾构管片生产线，采用智能控制系统，实现了从清模、混凝土灌注到蒸养的全流程智能化联动管理。与传统生产模式相比，实现了数据自动化采集、工艺标准化管理、安全实时监测、检验可视化、发运订单化等，可节省人工数量33%，提高工效30%。经专家初步鉴定，这条管片流水生产线自动化、智能化程度已达到国内一流、行业领先水平。

为将管片业务做大做强，实现盾构管片技术国内一流、世界一流的目标，中铁十四局放眼未来，布局全国，建设智慧工厂，依托在建网点的属地作用，与驻地政府、企业、高校结成战略同盟，从经营一个项目到经营一座城市、一方区域，从生产单一产品到积极融入相关产业链。

至2020年底，房桥公司已在京津冀区域、长三角区域、珠三角区域、环渤海经济圈、西南市场等地进行多点布局，打破传统思维模式，采用

“永临结合”的建设思路，从项目部到分公司再到产业园，稳扎稳打，步步为营，从北京本部基地辐射，再造 N 个房桥，呈全国联动发展态势。

目前，中铁十四局已建成 10 个装配式建筑产业园，其中，石家庄产业园定位于全产业链协同发展，以河北省建筑市场作为依托，以国家及省市政策为导向，致力于打造成“集研发、设计、制造、运输、施工于一体”的国家级产业化基地，为下一步占领京津冀及雄安新区市场蓄实力、奠基础。京沈高铁、京张高铁、京唐高铁、苏通 GIL 综合管廊、厦门地铁 2 号线海底隧道、武汉地铁 8 号线长江隧道、杭州望江隧道、北京城市副中心职工周转房等大批订单接踵而至，所带来的经济效益可观，发展前景可期。

近年来，盾构管片逐步发展为房桥公司的支柱型产业，于国内 8 个省（自治区、直辖市）建成 14 个管片生产基地，以干促揽，滚动发展颇显卓效。从传统产业到智能化发展，大力攻关混凝土预制产品的核心技术，以全面提升相关产业的智能化水平，增强企业核心竞争力，抢占相关产业智能化先机，不断探索积累智能制造经验，加快由“劳动密集”向“装备精良”转变，由“技术领先”向“全面领先”转变，由单纯的预制生产向研发试验基地、智慧工厂、智能制造等多个平台转型，更加注重协同创新、合作共赢，通过机械化、自动化、智能化、信息化“四化”融合，大数据应用、智能制造等全方位的建设，加快促进科技成果向现实生产力的转化，真正把企业的技术优势转化为生产优势、竞争优势。

如果说布局全国是房桥公司经营发展的战略考量，那么，大盾构管片智慧工厂就是房桥公司技术创新的战略目标和企业愿景。

作为自动化生产线技术的实践者，房桥公司是创新者，也是探索者。当前，目标已确立，方向已明确，未来已可期：未来的智慧工厂，将通过进一步研究和使用虚拟现实（VR）或增强现实（AR）技术可穿戴设备完成工艺质量的全检，实现质量全面提升；进一步探索混凝土及原材料自动传感测量技术，实时、快速、有效地检测混凝土并通过信息化技术反馈到拌和站信息化系统中，自动微调混凝土配合比，确保质量稳定。始终坚持以智能制造为目标，在5G、数字孪生、物联网技术的基础上，着力发展生产过程自动化，构建信息化管理体系，布局智能设备研发，以大直径盾构产品基地为基础，促进多学科（机械、信息技术、传感等）融合，逐步实现水下盾构隧道施工智慧工厂的产业升级。

房桥公司总部厂区风貌

16年来，房桥公司凭借成套的设备、成熟的技术、成功的经验，做到环环管片精益求精，一步一个脚印地打造出亮丽名片，用心血和汗水浇铸新的更大的辉煌！

第七章　产业链条　完美闭合

如果说盾构隧道掘进是全产业链的“龙头”，那么，盾构隧道机电设备安装以及运维管理就是全产业链的“凤尾”。

中铁十四局较早涉足盾构隧道机电设备安装与运维管理，在盾构隧道机电设备安装及维管领域拥有同行业最全的资质、成熟的施工队伍，以及国内外长期合作的供应商资源，有自建的组件装配自动化研发生产基地、成套的盾构隧道机电设备安装维管工艺和技术标准。承建了北京、上海、广州、深圳、重庆、乌鲁木齐、兰州、沈阳、济南、南京、长沙等 20 多个大中城市地铁机电安装工程，参建了南京长江隧道、苏州独墅湖隧道、扬州瘦西湖隧道等多项国家工程建设和维管，荣获多项中国建设工程鲁班奖（国家优质工程）和国家优质工程奖。

第一节　机电安装创新“排头兵”

作为盾构隧道工程全产业链的终端，机电设备系统是保证整个隧道工程能够正常运营、发挥效益和保证工程安全的关键部分，主要包括供配电、照明、通风、消防给排水和综合监控等系统。

在盾构隧道机电设备安装领域，中铁十四局主导编制了地铁及消防、通风空调、动力及照明三个专业的《机电设备安装施工工艺技术标准》，成为行业通用规范，填补了机电安装领域行业标准的空白。先后承担住房和城乡建设部技术项目计划 1 项、山东省级技术创新项目 8 项、济南市级科技发展计划项目 12 项，获得计算机软件著作权 4 项，拥有专利 40 项，成为国内盾构隧道机电安装领域的“排头兵”。

盾构隧道的生命力——机电系统

对盾构隧道工程来说，土建工程构建了隧道的骨骼，机电系统则赋予工程生命力。

其中，供配电系统用于保证列车以及各类设备电源供应，包括供变电系统、低压配电系统等；照明系统提供满足不同需求的照明保障，包括普通照明、应急照明等；通风与空调部分负责工程通风、车站温度调节、消防排烟等，含隧道通风系统、环保除尘系统、空调系统等不同系统；消防给排水部分保障隧道消防功能和给排水需求，包括消火栓系统、自动喷淋系统、气体灭火系统、给排水系统等；综合监控系统是机电工程的核心，主要包括隧道各系统运行状态监控及控制各类设备运行启停，涵盖子分专业最多，设计最复杂，主要包括隧道中央计算机、交通监控、通信、隧道结构健康监测等系统。

中铁十四局 2002 年开始涉足机电安装领域，从简单供电专业开始，历经近 20 年的淬炼拓展，现已实现机电安装领域专业全覆盖，尤其在盾构隧道领域业绩突出，承建了南京长江隧道、扬州瘦西湖隧道等机电安装工程。

机电系统的中枢——综合监控

综合监控系统是整个工程运营管理的“中枢神经”，由中央计算机子系统、交通监控子系统、设备监控子系统、通行子系统、闭路电视

（CCTV）子系统、火灾自动报警子系统、结构健康监测子系统七大系统组成，是整个运营管理的核心。监控系统要发挥实效作用，就要在施工中将设计和现场实际相结合，深化功能设计，发挥综合系统的最大功用。

在南京长江隧道机电设备安装工程建设过程中，技术人员发现，按照原设计，隧道综合监控中心至隧道工作井之间的设备采用的是传统的电缆连接线进行信号传输，造成各设备之间信号延迟，甚至中断等不稳定问题。为了保障综合监控系统高效运行，项目部根据实际需求，对综合监控系统进行了优化，采用光纤替代线缆，且协议接口采用标准主流协议，保证了后期监控设备、技术不断发展的升级可拓展需求，保证该系统在数年后仍保持技术先进，不仅顺利解决了信号延迟等缺陷，还大幅提升了设备工作效率，实现了降本增效。

隧道安全守护者——智能消防

按照行业传统设计，在隧道消防系统中，某一点发生火灾，附近2组喷淋阀组启动，受喷淋阀组的布置点位限制（火灾自动报警布设

联动消防系统启动喷淋功能

间距 50 米、喷淋阀组间距 25 米），存在喷淋盲区。为有效解决这一问题，项目部成立科研小组，开展技术攻关及现场测试，确定更完美的消防联动方案，即火灾自动探测设备报警后，联动该位置阀组及紧邻前后组喷淋阀全部开启，保证了隧道内任何点位发生火灾，都能够实现喷淋全覆盖。

为提升隧道消防系统智能化水平，积极跟进技术前沿，在盾构隧道视频监控系统显示大屏幕上预留高清视频信号接口，将视频图像与火灾报警点、喷淋启动点等信号有机联动结合起来，统一由中央计算机处理分析，中央计算机承担统一指挥、协调的工作。遇到突发火情时，火灾自动报警系统将不同位置的火灾点位联动通风排烟、照明、监控信号灯、紧急语音广播、可变信息情报板、喷淋阀组等进行有序组合，上传至中央计算机。同时，监控人员从监控图像上可准确、直接地看到喷淋阀组，通过自动触发机制，能够及时、准确地启动喷淋阀组压制火情，大大提升了隧道的自动消防救援能力。此外，这一套系统不但能够更直观掌握现场的交通现状，而且能够主动识别隧道内出现的异常停车、逆行、路面抛洒物等特情，并自动报警，大大提升了隧道视频监控系统的智能化。

近年来，中铁十四局所承建的盾构隧道监控系统成功处理多起隧道险情，各消防火灾自动报警系统、喷淋系统均能及时启动，完成扑救任务，获得了专家及广大市民的一致好评。

第二节　装配式施工“探索者”

装配式施工是新时代建筑行业的前沿趋势，对提升企业科技水平，强化成本管理、安全管理都有重要作用。如何在机电安装领域实现装配式生产与安装，是企业面临的重要课题。

由单一专业向系统集成

实现装配式施工，需要解决的一个重大难题是各系统交叉施工。在地铁站施工中，由于各个专业系统施工同时进行，各系统之间的协调配合问题是现场管理的重难点。为彻底解决这一矛盾，中铁十四局积极进行创新探索，成功地由单一系统的“机电设备施工商”升级为具有站后全系统施工能力的“机电设备安装集成商”，实现了对各系统的集成管理。

系统集成控制机房

在承建南京长江隧道部机电设备安装项目过程中，首次承揽多个系统的机电设备安装工程，包括隧道主体和左汊桥梁等供电、照明、通风、给排水、消防和综合监控系统，总造价4000多万元。这一工程为企业向系统集成转变提供了难得的契机。为了抓住有利战机，实现系统集成的突破，通过与上海电气自动化设计研究所有限公司的技术合作，进行联合攻关，采取“请进来、走出去”的办法，一方面请专家来工地传授系统集成的专业知识，另一方面到上海长江隧道、武汉长江隧道、南京九华山隧道学习系统集成知识，详细掌握了系统集成的相关专业知识。经过不断的反复比选试验，终于完成了综合监控系统集成的设计方案，并通过了铁四院和业主方审核，推动企业由单一专业向系统集成的跨越。

有了较好的市场基础后，经过数年的快速发展，中铁十四局在机电设备安装系统集成方面取得了长足的发展，稳定地承揽了 20 多个城市的盾构隧道机电安装市场。

由设备甲供到招标采购

实现装配式施工，还需要掌握物资自主采购权。然而，在过去很长的一段时间内，盾构隧道机电设备安装工程缺乏稳定的物资供应商和管理经验，物资设备多属于“主料甲供”，即设备采购归业主方负责，这给推进装配化施工带来了一定困难。在南京长江隧道 S5 标工程建设过程中，中铁十四局争取到了机电设备的采购任务，设备总价 8000 多万元，第一次在设备物资方面赢得机遇。他们系统学习物资招标采购管理知识，

作业人员吊装自主生产的成品组件

关注国内外材料市场动态，采取阶段采购、压缩库存、减少资金占用等综合措施，结合施工现场进展情况，合理安排相关物资设备采购工作，等待市场价格趋于合理稳定后适时出手，把资金效率最大化。

为绝对保证设备采购的质量，他们还创新采用公开招标的方式采购，做到货比三家、价比三家、用比三家，先后邀请 20 多个厂家参与竞标和价格谈判。此外，他们还走出去对相关厂家进行科学考察，确保材料质量，实现物优价廉。

由市场采购到自主研发

在推进站前各专业装配式施工过程中，技术人员发现，建设标准化、样板化工程，需要具备强大的模块化配件供应管理能力，确保各项设备成品标准和稳定供应，才能充分发挥装配式施工节省人力、时间和成本的最佳效果。为此，他们率先试点自有工厂化生产配件，将项目工区的风管加工改建为工厂化风管加工模式，在地铁站下设工地风管加工流水线，实行工厂化管理，这一尝试使风管等装配件质量显著提高，工程标准化管理水平有了质的提升，受到建设单位、监理单位的肯定。

组件装配自动化生产基地

在充分总结工厂化管理的经验基础上，中铁十四局在南京片区正式成立组件装配自动化研发生产基地，全面统筹管理机电安装专业的配件生产，为装配式施工搭建强有力的组件供应平台。目前，生产基地已为西安、郑州、南京等 8 个重点区域项目稳定供应装配件，年产值超千万元。随着规模的扩张，在华东、华南、西南以及西北等区域都在着力推动组件装配式研发生产基地建设。

第三节　专业化维管“领头雁”

在盾构隧道维管领域，中铁十四局在中国铁建系统内率先成立专业化维管公司——基础设施运营维管分公司。维管业务涵盖多领域，有成套的盾构隧道维管方面的企业标准。经过多年积淀，构建了完善的管理体系，实现了科技化、标准化和智慧化维管，具有比同行业专业多、信息化高等显著优势，在国内首次实现了盾构隧道的智能化维管，年产值过亿元。

基础设施运营维管分公司揭牌

盾构隧道维管的“先遣队”

盾构隧道管理养护主要工作内容包括资产看护及保全、保养维修（含工程养护车辆）、结构检查、病害处置、卫生保洁、巡查、值班值守，以及养护范围内所有设施设备的检查检测、维护封道、应急处置、冬防、防汛、第三方监管等。作为盾构隧道安全运行的最后一道“防线”，盾构隧道维管至关重要。

2003 年，中铁十四局成立了中国铁建系统第一支专业隧桥管理养护队伍，并借助国家长三角经济带发展战略，承接了南京九华山隧道、南京鼓楼隧道维管业务，成功进入了该地区的隧桥管理养护领域。2010 年，中标南京长江隧道、苏州独墅湖隧道、扬州瘦西湖隧道等维管业务，打开了盾构隧道维管市场的大门，陆续承揽了月亮湾综合管廊以及苏州桑田岛综合管廊等多条隧桥管养任务，健全维管专业管理体系，持续推动维管业务做大做强。

行业规则的“领头雁”

经过 10 余年的探索，中铁十四局形成了完整的盾构隧道及城市桥隧管理与养护的基本制度。编制的《桥隧养护管理手册》《安全生产操作规程》等基本制度填补了国内盾构隧道及城市桥隧管理制度的空白。建立了管养信息数据库和突发事件处理经验库，制定的应急预案几乎涵盖了盾构隧道及城市桥隧所有重大突发事件，并且通过专家培训，培养了一支能够独立承担桥隧的强电、弱电、土建、保洁、供电照明、消防给排水、通风与空调、综合监控等系统管养与维护能力的专业团队，先后在西安、济南、广州等多个城市主办盾构隧道维管观摩交流活动，成为行业内竞相学习的榜样。

盾构隧道维护管养手册

在专业化的管理下，盾构隧道管养项目近 20 年来未发生一起责任管理事故，多次受到当地有关部门的表彰。

国际赛事的“护航员”

2013 年 8 月 16 日，南京举办第二届亚洲青年运动会，南京长江隧道是连接亚运村和比赛主场馆的重要通道。中铁十四局按照南京市的统一部署，为全力保障隧道畅通，组织管养项目近 200 名职工，在保证正常管养作业的同时，奋战一个月，用工近 8000 人次，出动车辆近 400 台次，终于按期完成了错综复杂的迎接亚洲青年运动会的交通整治任务，受到了南京市领导的表扬。

2019 年 4 月 24 日，有着“世界最美马拉松赛道”之称的扬州鉴真国际半程马拉松赛在扬州马拉松公园鸣枪开赛。中铁十四局参建并管养维护的扬州瘦西湖盾构隧道全线处于本次马拉松赛跑道旁，是比赛当日最为重要的交通枢纽。该隧道全长 4.4 公里，单管双层双向四车道设计，日行车量 3 万辆以上，管理养护任务繁重。

维管作业人员现场部署任务

为响应扬州市人民政府“打造最美马拉松赛道”的号召，自2019年3月开始，管养项目部就对隧道沿线的绿化、护栏、标示标牌、照明、仿古城墙等进行了全面的检查和出新，以展现一个完美、整洁的隧道形象。比赛当天，为保障隧道周边马拉松线路的畅通，项目部全体员工全员备勤，并作为隧道沿线的志愿者，协助交警进行车辆及人员疏导，确保隧道沿线的赛事的平稳、安全进行。

上午8时，来自42个国家和地区的35 000名选手参赛，用奔跑的方式领略扬州千年古城雨后的美丽风景及独特魅力。扬州鉴真国际半程马拉松赛的比赛线路贯穿扬州古城、新城的主要景区，沿途有很多公园林地，绿意盎然，生机勃勃。

这是中铁十四局连续两年圆满完成扬州鉴真国际半程马拉松赛的保障任务，凸显了管养项目部应对重大节日、重要活动的隧道应急保障能力，获得了当地业主和政府部门的赞扬，为中铁十四局致力于实现“隧桥管养金牌”的目标增光添彩。

信息化维管的“践行者”

2019年，为解决隧道设备日常人工巡查烦琐的问题，中铁十四局推动隧道信息化管养，将管养信息化系统升级为BIM建模并进行设备的展示，将组成隧道的每一片管片进行三维可视化展示，并能够查询每一个设备、构配件的养护历史记录。这套管养信息化系统在之前的定淮门隧道进行成功试运行，2020年10月，管养信息化系统获得了中国公路学会的隧道管养BIM科技创新一等奖。

同时，通过对盾构隧道现状分析，结合隧道管理发展趋势，设计应用了“隧道智慧控制系统”，建立智慧隧道平台，将智慧服务、智慧管养、智慧管控系统功能整合统一到维管应用界面，综合处理盾构隧道区域及周边拥堵、交通事故、道路施工等信息，并能实时将信息推送给维管人员，实现了盾构隧道维管信息的智能化闭环管理。

此外，中铁十四局还努力推进盾构隧道“工程医院”建设和发展，不断推动维管机械化、自动化向纵深发展。

第八章　院士情怀　盾构梦想

院士是国家所设立的科学技术方面的最高学术称号。17 世纪中叶，法国最早建立院士制度。此后，其他国家纷纷仿效法国，成立科学院，聘选院士。中国的第一批院士产生于 1948 年。1955 年，中国科学院正式宣布成立学部。自 1997 年起，中国科学院与中国工程院每两年同步进行一次院士增选。

中国科学院和中国工程院院士积极促进工程科学技术的研究、开发和应用，努力创新，其中中国工程院承担相关工程的咨询、评议任务，促进工程科学技术与国民经济、社会发展相结合，对国家工程科学技术的发展和决策有建议权。

20 世纪 80 年代，盾构机在中国还属于“新生事物”，40 多年来，中国在盾构制造与施工掘进技术方面积累了丰富的经验。由最初的“洋师傅”带中国徒弟，发展到后来的中国徒弟比肩甚至部分超过“洋师傅”。特别是 2009 年之后，经过引进、消化吸收、再创新，全断面隧道掘进机实现国产化和量产化，并且走出国门，出口到世界几十个国家。盾构施工掘进技术在中国巨大市场需求的拉动下，也取得了长足的发展，尤其是大直径及水下盾构隧道施工技术，取得了跨越式的发展，建成了一大批超级工程。

纵观盾构发展历史，中外盾构专家形成一个共识：盾构产业是以施工为引领，带动设计和制造的产业。因为盾构施工掘进中面对的地质千差万别，每一台都需要量身定制，没有通用型。在施工中遇到的具体问题，进行的技术创新，往往倒逼盾构设计、制造领域进行优化升级。

大盾构是名副其实的“大国重器”，水下和城市大直径盾构隧道是名副其实的“超级工程”。中铁十四局在近20年的盾构掘进施工中，面对复杂的地质情况，不断进行盾构掘进技术创新，积累了大量第一手资料；与设计单位联合设计，与制造商联合研制符合不同地质的盾构机，带动了整个产业链的创新发展。

中铁十四局依托大盾构核心技术，逐步打造形成了“三核、两线、一带”的专业化战略布局！

基于在盾构掘进施工领域的丰富实践，中铁十四局成为国内众多院士专家的“试验田”，他们将科学技术理论与中铁十四局盾构施工的经验相结合，创造了一大批科研成果。为了中国大盾构事业的发展这一共同的目标，院士专家们与中铁十四局广大技术人员深入研究，密切合作，攻克了一道道难题，建成了一项项精品工程，也结下了深厚的情谊，留下了一段段佳话。

据不完全统计，2004年至2020年底，先后有150余名院士和知名专家到中铁十四局进行大盾构相关专业研究、解决重大技术难题。

第一节 实践力量

进入21世纪，随着城市规模的急剧扩张，人口的不断增多，人们的生活空间越来越小。钱七虎院士前瞻性地提出，未来城市的发展必须要充分开发利用地下空间，给城市“减肥瘦身”。

“纸上得来终觉浅，绝知此事要躬行。”钱七虎院士在调研中发现，随着长江上修建的桥梁越来越多，在方便两岸交通的同时，这条黄金水道的通航空间越来越小。

2001 年，钱七虎院士提出中国需要修建长江隧道。他说：“修建长江隧道是中国社会经济发展的需要，即使面临再多挑战，也要努力克服。”2004 年，他受聘为南京长江隧道专家委员会主任。

南京长江隧道是当时世界在建和已有的隧道中，所经地质条件最复杂、技术难题最多、施工风险也最大的工程，被称为“万里长江第一隧”。

选择哪种技术进行隧道开掘，成为摆在院士、专家面前最大的难题。

经过反复论证，钱七虎院士建议采用盾构法开掘过江隧道。在详细的工程设计和施工论证后，2005 年 9 月 28 日，这项举世瞩目的工程开工了，承建单位为中铁十四局。

然而，自 2008 年 8 月，盾构机因不明原因在江底“趴窝”，时间长达八个月，“南京长江隧道恐怕要废弃”的新闻见诸报端。钱七虎院士赶赴施工现场，参加论证会，查明原因，最终破解了难题。

此举不但使南京长江隧道项目得以再次启动，中国隧道工程的自主建设能力，也跨上了一个新台阶。

2010 年 5 月 28 日，南京长江隧道历经 5 年的建设周期，全线通车运营。从筹划、设计、施工到通车的 8 年时间里，钱七虎院士每月都深入施工一线办公，提出开创性的设计方案和施工技术，使得南京长江隧道工程成为中国建筑行业的标杆。

2016 年 9 月 26 日，武汉地铁 8 号线“楚天号”盾构机长距离安全穿越武昌徐家棚 700 米棚户区、武九铁路及防洪大堤，实现“零沉降”，将地表沉降控制在 2 毫米以内。

然而宁静的背后是前所未有的风险，“楚天号”盾构机穿越武昌段的最大风险，即在粉细砂软弱地层如此长距离穿越棚户区，在国内尚属首次。

面对巨大的施工风险，中铁十四局建设指挥部坚持方案先行，科学施工，先后四次分层分级召开方案专家会议，详细研讨、逐步完善越江施工方案。盾构始发之前，先后组织召开了盾构机选型专家论证会、盾构机配置专家论证会和越江隧道施工内部专家论证会。

2017 年 5 月 16 日，以钱七虎院士为组长的 7 人专家组，组织召开第四次越江隧道施工方案专家评审会，共同为 8 号线长江隧道施工方案把脉。专家组从盾构机长距离穿越棚户区、上软下硬地层掘进参数控制、江中盾构换刀技术、快速施工、风险控制等方面提出了 5 点建设性意见，最终为长江隧道穿越制定了科学施工方案。

2017 年 6 月 20 日，当“楚天号”大直径盾构机安全穿越江底复合地层，抵达北岸江滩后，钱七虎院士再次来到武汉地铁 8 号线长江隧道工地，对中铁十四局坚持问题导向、善于发现并解决问题的能力提出了鼓励，希望继续发挥自身技术优势，挑战高精尖，同时充分利用现在国家大盾构工程多、研究机会多的优势，以问题为纲，寻纲索引，发现问题，解决问题，形成自身核心技术优势。

2016 年，国家电网有限公司有一项重大工程要穿越长江，因过江方案迟迟未定，他们也向钱七虎院士寻求帮助。苏通 GIL 综合管廊工程是国务院大气污染治理 12 个重点输电通道之一，要建设特高压双环网，覆盖长三角地区。按照传统方式，要在长江上建塔，但是风险极高，且塔基施工规模大，维保费用高昂。

“采用隧道过江，对周边环境影响小，运行维护造价低。”关键时刻，钱七虎院士的建议得到国家电网有限公司的认可。

这是全球首次将过江隧道应用于输电管廊，从方案论证、盾构机选型、掘进安全技术审查及工程验收等，钱七虎作为专家组组长全程参与，并提出许多建设性意见。

苏通 GIL 综合管廊工程承建单位中铁十四局根据钱七虎院士的要求，施工中始终保持“如履薄冰、如临深渊”的心态，始终坚持“安全第一、质量至上、有序推进”的原则，盾构机掘进不追求高进尺，每天预留出 4 个多小时维护保养盾构机，确保盾构机安全穿越 3300 米高石英含量地层、1800 米有害气体地层。14 个月后隧道贯通，大直径盾构隧道月均掘进 417 米，创造了当时的世界纪录。

2018 年 2 月 28 日，钱七虎院士在参观苏通 GIL 综合管廊工程现场后认为，进度世界领先、安全质量达到优秀。2018 年 12 月 18 日，在隧道工程专家验收会上，钱七虎院士称赞：苏通 GIL 综合管廊工程管理科学严谨，建管单位精心组织，保证了工程又好又快地建成，好字当头，成功打造出了国内现场管理好、实体质量优、建设速度快的行业标杆工程、典范工程。

2019 年 7 月 1 日，厦门地铁 2 号线穿海隧道综合集成创新成果、苏通 GIL 综合管廊工程技术成果的评价会和国内首座穿海盾构地铁隧道技术研讨会在厦门召开，钱七虎院士等与会专家对两项科技成果给予高度评价，认定达到了国际领先水平，并对中铁十四局大盾构提出了殷切期望。

成果评价会和技术研讨会会场

“海域复杂环境地质条件下海底地铁盾构隧道施工技术研究与应

用”项目成果由中铁十四局、中铁十四局大盾构公司、西南交通大学、中国海洋大学 4 家单位完成。研究成果在海域复杂环境地质条件下海底地铁盾构隧道施工过程中得到了成功应用，并在其他工程中得到了成功推广，取得了显著的经济效益和社会效益。

“超高水压沼气地层特高压 GIL 盾构法越江电力管廊施工关键技术研究”项目成果由中铁十四局、中铁十四局大盾构公司、国网江苏省电力有限公司建设分公司、武汉大学、中南大学 5 家单位完成。该成果在苏通 GIL 综合管廊工程得到成功应用，使得工程成为水下大直径盾构隧道工程的高质量范例，为大直径泥水盾构隧道工程特别是长江下游越江盾构隧道工程施工提供了理论和技术参考，具有重要的实用性及广阔的推广应用前景。

会议认为，项目组通过理论分析、室内试验、现场测试、数值模拟、现场实施与验证等方法，对这两项科技成果进行了系统研究，形成了创新性成果，并在工程建设中得到推广应用，取得了显著的经济效益和社

钱七虎院士在会议上发言

会效益，技术研究成果总体上达到国际领先水平。至此，“中铁十四局大盾构”又增添两项高水平技术成果，为大盾构核心技术积累、工程攻坚克难、服务交通强国提供了更强的助力。

钱七虎院士对这两个项目的科技成果予以高度评价。在技术研讨会上，他表示通过听取汇报、观看视频，对厦门地铁 2 号线穿海隧道修建过程中所经历的困难感到极其震撼、惊心动魄。中铁十四局在极其复杂的地质环境下，顺利完成了隧道掘进，安全进舱 3475 舱，取得的创新成果具有里程碑式的历史意义，隧道施工技术和管理水平达到了一个里程碑式的高度。他建议中铁十四局总结“坚韧不拔、依靠科技、攻坚克难”的厦门穿海隧道精神，发扬光大。创新无止境，创新永远在路上。他希望穿海隧道的工程技术人员要再接再厉，迎接更大、更复杂的技术任务，把中国从一个盾构隧道技术大国建设成盾构隧道技术强国，引领世界隧道工程技术走向新的辉煌。

穿越江河湖海城，以中铁十四局建成的一系列大盾构隧道为标志，中国大盾构隧道施工技术突飞猛进。为打造中国铁建大盾构领域核心竞争力，2016 年 8 月，中铁十四局在南京组建全国首家大盾构专业公司——中铁十四局大盾构公司。

钱七虎院士一直牵挂着大盾构事业的发展。2018 年 10 月 22 日，他到中铁十四局大盾构公司调研，参观了中铁十四局盾构数据监控指挥中心，深入了解公司的整体规划、发展现状以及工程承揽情况。其间，高度赞扬了中铁十四局大盾构在水下大直径盾构隧道施工方面取得的成绩，寄予殷切厚望：“昔日留荣光，今再创辉煌。”

多年来，在兰州地铁穿黄隧道、厦门地铁 2 号线穿海隧道、京张高铁清华园隧道、济南黄河隧道施工方案审定或是施工遭遇复杂地质难题时，钱七虎院士总是第一时间深入施工一线，为解决技术难题倾注了大量心血。

2018 年 1 月 26 日，钱七虎院士一行到济南黄河隧道项目开展北岸工作井及始发段围护结构专家论证会，在检查指导后题词“群策群力，为建成济南黄河第一大隧而奋力创新！”

2019 年 3 月 5 日，由南京市公共工程建设中心组织的南京和燕路过江隧道工程幕府山段岩溶探测方案专家评审会在南京召开。钱七虎、梁文灏、邓文中、秦顺全、缪昌文 5 位院士和业内 16 名专家认为，南京和燕路过江隧道是国内难度最大的盾构隧道之一，是迄今为止长江上建造最困难的过江通道，直径 15.07 米的盾构穿越岩溶区，史无前例。

南京和燕路过江隧道位于南京长江大桥和南京八卦洲大桥之间，隧道全长 2965 米，管片外径 14.5 米，最大埋深 65 米，最大水土压力 7.9 巴，地质复杂，主要有粉细砂层、全断面硬岩、软硬不均地层和长距离岩溶区。

与会专家认真听取了工程概况及探测方案汇报，一致认为探测方法整体先进、合理可行，并提出了重要意见。钱七虎院士认为，项目靠近长江，岩溶区与长江水存在贯通可能，处理难度大，一定要十分重视，“三分方案，七分实施”，针对注浆、治理等问题，要有十足的准备与

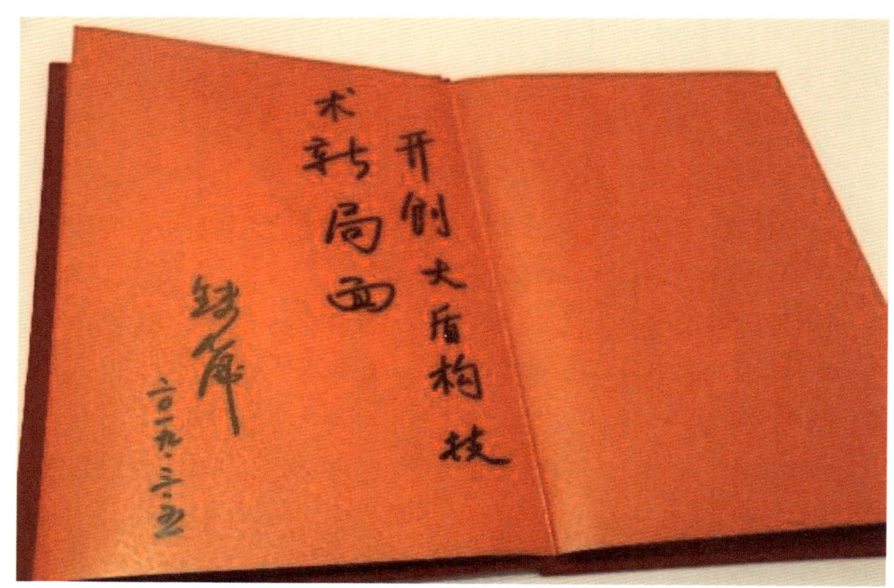

钱七虎院士为中铁十四局题词

把握，在选用最优方案进行施工的同时，也要预备好处置方案，保证施工顺利进行。会后，钱七虎院士对南京和燕路过江隧道项目提出殷切希望：开创大盾构技术新局面！

可以说，中铁十四局的每项盾构工程都充满了挑战，在每次攻坚克难的关键时刻，都得到了院士专家们的倾情帮助和支持。

2018 年 1 月 22 日，南京市人民政府聘请钱七虎院士、梁文灏院士等 27 位专家成立“南京过江通道建设技术专家组”，对南京市跨江桥隧工程的总体规划、重大节点给予把关，对工程关键技术难题和重大技术创新提供咨询，对重大技术方案论证、重大施工方案审查、风险控制给予咨询指导。

当天下午，梁文灏院士一行到中铁十四局大盾构公司指导科技创新研发工作。梁文灏认为，中铁十四局盾构数据监控指挥中心充分利用大数据信息优势，实现在建项目施工现场、施工作业面、营区等监控“无死角”，实现了动态安全监控管理，大大增强了施工现场的管控能力。

“中铁十四局在大盾构施工领域已处于领先地位，是中国铁建的一张王牌。”在随后举行的交流座谈会上，梁文灏院士指出，近年来中铁十四局大盾构事业稳步推进，在大盾构施工、科技研发等领域打下了良好的基础，在长江流域大盾构施工建设领域已占据明显优势，尤其是在常压换刀、盾构机选型设计等方面。下一步要对“长江隧道群”建设的相关课题进行重点研究，大力加强盾构施工安全质量控制与管理，在盾构施工领域起到“领航者”的作用。

2019 年 4 月 11 日，梁文灏院士再次来到中铁十四局大盾构公司，与中国勘察设计大师肖明清以及史玉新等国内外知名专家和学者共同组成南京市过江通道建设技术专家组，深入南京江心洲夹江隧道，就盾构机掘进参数、管片拼装等工艺进行了深入交流。他们一致认为隧道有许多创新点，施工工艺和现场标准化管理走在国内隧道建设的前列，盾构弃浆环保施工关键技术、盾构机姿态控制参数与标准、管片拼装和现场管控经验为南京过江通道建设提供了科学依据和管理参考。

梁文灏院士（右一）等南京市过江通道建设技术专家组专家到南京江心洲夹江隧道参观交流

这次会议总结了过江通道建设控制数据和经验，为在建的南京和燕路过江隧道、未来即将建设的南宁建宁西路过江通道等项目提供技术支持，持续提升南京过江通道建设和管理水平。

不论是在穿越江河湖海的水下盾构施工现场，还是在城市核心区的地下掌子面，都留了院士专家们忙碌的身影，他们一次次坚定了建设者砥砺前行的信心。

2018 年 6 月 15 日，中国工程院院士、中国铁道学会理事长、铁路建设管理专家卢春房到中铁十四局京张高铁项目工地调研指导，为企业发展拓展思路，指明方向，鼓舞干劲。卢春房院士一行先后参观了清华园隧道视频监控指挥中心、盾构机作业现场，听取了项目负责人关于项目简介、施工进展等方面的汇报，在看到管片拼装及盾构施工的标准化施工后，称赞道："中铁十四局大盾构施工水平在全国是顶尖的。"

"京张高铁项目是中国向世界展示中国高铁技术的一大亮丽品牌，中铁十四局承建的清华园隧道代表了中国高铁隧道施工的先进水平，有着显著的优势和推广价值。"卢春房院士结合当前大盾构施工行业的发展动态，对大盾构施工行业的发展提出了美好展望，即兴写下"善于发现问题，勇于解决问题"的箴言。

中铁十四局承建的苏州桐泾路隧道位于江苏省苏州市虎丘区，管片外径 13.25 米，设计为双洞六车道，是桐泾路北延工程的控制性工程。盾构施工需要在 490 米区间范围内，连续穿越房屋建筑群、山塘河、沪宁城际高铁、京沪铁路、北环快速路等密集高风险源。

沪宁城际高铁、京沪铁路横亘苏州东西，切割南北交通，桐泾路成为苏州市历时 10 年一直想解决但未解决的断头路，苏州百姓高度关注，苏州市委市政府高度重视。

2020 年 6 月 10 日，中国工程院院士钱七虎、西南交通大学副校长何川、上海岩土工程勘察设计研究院技术总监顾国荣等 8 位特邀专家，经过踏勘现场和方案论证，认定这些难题均对我国下穿高铁和浅覆土盾构隧道施工技术提出较大挑战。施工单位联合建设单位、设计单位开展的专题科研和技术攻关针对性强，储备的下穿高铁桥梁沉降变形控制技术、老城区浅覆土穿越技术、大数据智能风险预警系统控制等全套技术整体可行，安全预控措施到位，希望通过这一项目的实践，形成复杂地质条件下盾构智能穿越高铁的成套技术，为我国后续类似工程提供借鉴经验。

钱七虎院士还为苏州桐泾路隧道项目题词："穿高铁，越古城，十四局大盾构再立新功。"

2020 年 10 月 30 日，孙钧院士到中铁十四局大盾构公司授课。通过"现场课堂 + 互联网云课堂"的形式，500 余名技术人员聆听了此次授课。

孙钧院士到中铁十四局大盾构公司授课

94 岁高龄的孙钧院士围绕“轨交地铁施工变形预测与控制的人工智能方法及其精细化技术管理”，以人工智能方法在地铁车站（深大基坑开挖）和区间隧道（盾构掘进）施工变形预测与控制中的采用为研究内容，结合丰富的施工经验，将人工智能在岩土、地下工程中的应用，地铁车站深大基坑施工，围护结构与坑外土体变形的智能预测与控制，地铁区间隧道盾构掘进施工土体变形的智能预测与控制等内容娓娓道来。

其间，孙钧院士为中铁十四局大盾构公司题写美好寄语：祝愿中铁十四局大盾构公司“百尺竿头，更上层楼”，为发展我国超大型盾构机械、满足国家各生产建设战略的需要，做出更多更大的贡献！

第二节 峰会成果

从盾构施工一线到论证会场，从峰会论坛到前沿性的技术研究，都有院士专家们和中铁十四局建设者共同走过的历程。

2018 年 6 月 8 日，由中铁十四局参与承办的轨道交通越江隧道国际论坛在武汉召开，来自中国、俄罗斯、波兰的工程院院士，德国、日本顶尖设备制造专家，以及国内著名大学和轨道交通运营、勘察、设计、施工等单位专家学者 500 余人参加论坛。论坛以“轨道交通越江隧道建设和运营管理”为主题，分设建设分论坛和运维分论坛，提供共享科研成果、探讨前沿技术、展示先进工程设备、促进学术成果产业化合作的平台。旨在研究总结国内外轨道交通越江隧道工程建设和运营管理关键技术、装备和管理成果，展望越江隧道发展前景，凝聚力量，为长江经济带高质量发展再添巨大引擎。

论坛上，中国工程院院士郑守仁、丁烈云等国内外专家学者围绕越江隧道设计建设、数字化施工、标准制定等进行了深入交流，并对未来大盾构行业的建设提出了思考和建议。

郑守仁院士在演讲中指出，武汉造出世界上规模最大、断面最大、地质条件最复杂的越江隧道，相关工艺和技术值得认真总结。同时，我们也要虚心学习世界各国在轨道交通、越江隧道建设和运行维护上的经验，把安全放在第一位。

丁烈云院士认为，拉动实体经济发展，我们更多关注“大制造”，但某种程度上忽略了“大建造”。建造行业怎么发展？应该利用信息技术、数字化技术、智能技术提升行业水平，武汉地铁越江隧道做了探索。

2018 年 10 月 21 日，由中国铁建参与主办、中铁十四局参与承办的长江中下游大盾构技术峰会在南京举行。中国工程院副院长、中国科学技术协会副主席何华武院士担任峰会主席，中国工程院院士钱七虎、梁文灏、王复明、邓铭江共同出席峰会。

会上，来自相关科研院校、行业协会、政府机构和企业的专家学者等 500 余位业内嘉宾，现场聆听了 6 场主旨报告、11 场专题报告。

长江中下游大盾构技术峰会

何华武院士以“高速铁路与城市及水下隧道”为题，从中国高铁发展成就、城市及水下隧道高铁、铁路盾构隧道技术展望三个方面做了主旨报告，并结合我国铁路水下隧道和城市区盾构隧道的建设和规划情况，指出了水下和城市区盾构隧道技术的发展方向。

钱七虎院士以“水下大直径盾构隧道的工程风险及对策”为题，介绍了目前我国部分水下隧道工程现状，系统论述了复杂地质不同工法的水下隧道建设过程中遇到的困难、存在的问题及盾构法隧道所面临的工程风险，提出了复杂地质条件下水下大直径盾构隧道建造的工程风险控制对策及创新技术。

时任中铁十四局党委书记、董事长张挺军出席峰会并作以“超大直径盾构隧道施工现状及展望”为题的主旨报告。报告中，他结合我国在长江流域首批开建的超大直径水下盾构隧道——南京长江隧道的成功建设系统阐述了10多年来水下及大直径盾构隧道的发展状况，国内外盾构隧道超级工程现状，中铁十四局大盾构核心市场、创新技术积累、科技研发体系、产业拉动链条，以及国内超大直径盾构的发展前景，并从大盾构隧道发展的行业标准、产业合作、科技研发、智能化建造等方面提出了思考和建议。

2019年8月24日，由中国岩石力学与工程学会组织的中国大盾构智能建造技术高峰论坛在济南召开。中国工程院钱七虎院士、王复明院士，中国岩石力学与工程学会杨晓杰秘书长出席大会并作主旨报告。

论坛以"水下及大直径盾构隧道智能建造与创新发展"为主题，全方位、全视野展示了我国水下隧道尤其是盾构隧道在规划与设计、装备制造与开发、技术创新与研发、绿色建造与施工、智能运营与管理等方面的最新成果，凝聚水下及盾构隧道建造领域企事业单位和科研院所的广大科技工作者，搭建行业学术交流、新技术推广与应用、产学研合作等平台，推进我国水下隧道领域工程技术快速发展。

钱七虎院士以"利用地下空间、助力发展绿色建筑与绿色城市"为题作主旨报告，介绍了从绿色建筑与绿色城市出发，结合国内外多个城市地下空间建设实例，重点围绕节约土地、利用可再生资源、节水、绿色城市基础设施、绿色客运城市交通和城际交通、未来城市货运交通、城市污水和雨洪蓄排系统、城市绿色垃圾集运和处理系统及智慧地下综合管廊、城市智慧行车系统方面，阐述了地下空间开发利用的充分性、必要性、可行性，提出了如何科学规划，实现最大效益的指导性建议。

王复明院士以"隧道等地下工程渗漏防治及隔震技术进展与'工程医院'平台建设"为题作主旨报告，针对地下水引发的基础工程设施灾害及病害，结合水灾害防治材料的发展，探讨新型渗漏涌水防治技术、隐蔽病害诊治技术及城市地下空间开发防水支护技术，并提出"互联网+工程医院"的建设与运营模式，提高基础设施"疑难急险"病害灾害防治的效率和水平。

中国岩石力学与工程学会水下隧道工程技术分会依托中铁十四局于2019年8月24日在济南正式成立。这是学会成立的第23个分支学术团队机构，旨在提供水下隧道修建技术交流平台，助力世界水下隧道建设。截至2020年底，该分会已吸收360多位水下隧道及相关领域会员，并开展了一系列前瞻性技术交流和培训工作。

2019年11月18～21日，“CHINA ROCK 2019第十六次中国岩石力学与工程学术年会”在北京召开。中铁十四局刚成立不久的中国岩石力学与工程学会水下隧道工程技术分会，成功组织承办了“水下隧道修建技术与创新发展”专题分会，推出的8个特邀报告和11个专题报告，以其前瞻技术和丰富内容吸引了数百名参会嘉宾。

“CHINA ROCK 2019第十六次中国岩石力学与工程学术年会”在北京召开

中国科学技术协会有关领导、钱七虎院士、陈祖煜院士、丁林院士、何满潮院士、中国岩石力学与工程学会理事长冯夏庭院士、国际岩石力学与岩石工程学会主席Resat Ulusay，以及国际岩石力学与工程学会的领导专家等出席这次大会。

中国岩石力学与工程学会学术年会为每年一度的行业技术盛会。从2018年开始，学会负责搭建大会平台，组织开幕式和闭幕式、大会特邀报告、青年创业创新大赛和工业展览；学会所属二级机构和地方学会负责独立或联合组织分会场的参会人员、学术报告、技术培训、论文征集以及本专业技术领域的新材料、新工艺、新仪器、新装备展示；全国相关专家、学者、工程技术人员集中交流，共同打造国际一流的中国岩石力学与工程学术大会品牌——CHINA ROCK。学术大会向“国际化、规模化、一体化”发展，其中“一体化”是指“学术报告－技术培训－工业展览”三位一体。

以中铁十四局为支撑单位的中国岩石力学与工程学会水下隧道工程技术分会首次参会，并设置展位，以影像、展板、画册、洽谈等多种形式全面展示了中铁十四局在水下盾构隧道领域的卓越业绩，吸引了中外参展人员的目光。

此次中国岩石力学与工程学术年会是历年来最隆重的一次，大会主题是：助力川藏铁路建设，服务国家重大工程。规模超过3000名代表，共20个分会场，举办400余场学术报告、7场技术培训、120个展览。

中国岩石力学与工程学会水下隧道工程技术分会承办的第十三分会场，由中铁十四局、铁建重工、铁四院、中国海洋大学、北京交通大学、河海大学、同济大学等单位共同协办。来自中铁十四局、铁四院、全国著名高校等的19份报告，分别从全世界水下隧道的设计、智能建造、安全建造和创新技术等方面向来自全国同行业相关技术人员以及高等院校、科研院所的160多名代表进行了成果分享。

中铁十四局相关盾构专家作了“复杂地质条件盾构刀具切削－磨损及更换技术”“超高水压沼气地层特高压GIL盾构法越江电力管廊施工关键技术研究”“盾构隧道后期病害诊治与维管”等报告，在与会人员中产生了强烈的反响。

2019年12月20～22日，40多位院士、近500名海内外嘉宾云集济南，参加以“重大工程与工程管理发展”为主题的“2019国际工程科技发展战略高端论坛暨第十三届中国工程管理论坛”。中铁十四局作为国内大直径盾构和水下盾构隧道的骨干和龙头企业受邀参加此次论坛，并参与承办了“地下工程前沿”分论坛。

2019国际工程科技发展战略高端论坛暨第十三届中国工程管理论坛

主论坛紧密围绕“重大工程与工程管理发展”主题设置了嘉宾致辞、主题报告等环节，涉及领域可谓“上天”“入地”，十分广泛，诸如中国载人航天器、铁路工程、智慧城市、隧道工程装备等都被囊入其中。

此外，还设置了“重大工程支撑强国建设战略”“新一代信息技术与重大工程”“制造业转型升级”“地下工程前沿”“绿色智能交通工程”等5个细分行业的分论坛。

在2019年12月22日举办的“地下工程前沿”分论坛中，卢春房院士、何继善院士、聂建国院士、顾金才院士、李术才院士等专家，围绕地下工程新技术、新工法、新装备进行了深入交流和探讨。

何继善院士在“地下工程前沿”分论坛上讲话

会上，吴言坤作了题为“引领大盾构发展助力海峡隧道建设”的报告。报告指出，穿越海峡是中国所有从事水下隧道施工相关人员的共同梦想，海峡隧道建设从技术层面需求来看，主要是掘进设备的高耐久性、关键部件的可更换性、关键施工技术的掌握和关键部件的国产化。他表示中铁十四局一直专注大直径和水下盾构领域研究，并积累了丰富经验，也一直在为海峡隧道建设进行着技术和管理上的储备，还重点介绍了中铁十四局盾构技术和管理创新，并围绕海峡隧道技术研究和中国大盾构发展建议和与会的院士专家进行了咨询讨论。

论坛围绕国家战略目标、瞄准重大工程管理前沿问题，紧盯重大工程与工程管理发展趋势，系统开展重大工程支撑强国建设战略、新一代信息技术与重大工程、制造业转型升级、地下工程前沿、绿色智能交通工程等研究，充分借鉴学科交叉融合，为重大工程管理创新提供理论技术支撑，助力我国重大工程研究领域创新发展。

2020 年 10 月 23 ～ 26 日，第十七次中国岩石力学与工程学术年会在北京召开，旨在聚焦发展形势、紧扣行业需求、整合资源合作、促进技术集中交流。

大会邀请十几位院士专家作学术报告。作为特别协办单位之一，中铁十四局携带新工艺、新产品布展并主办以“掘进机装备制造与水下隧道建设技术前沿的创新及发展”为主题的第十三分会场活动，围绕盾构管片预制智慧工厂关键技术、盾构刀盘设计与刀盘配置关键技术做了专题报告，旨在更好地助力水下隧道工程建设和发展。

在科技创新工业展览会上，中铁十四局展出了大盾构创新施工技术、智能监测技术、装配式一体化创新技术以及隧道施工运营维管的系统化管理体系等优秀创新技术。已成功应用于北京大兴国际机场、成昆铁路、太原火车站等工程的光纤光栅传感器等新产品、新工艺成果引来观展人员驻足体验。中国岩石力学与工程学会理事长何满潮院士参观了中铁十四局展位展出的超高性能混凝土制品，强度最高可达 100 兆帕以上，表面如玻璃细腻光滑，极具艺术观赏性，充分展现了“精品”精神。

2020 年 11 月 21 ～ 22 日，“2020 轨道交通高质量创新发展峰会”在南京召开。会议由中国铁建参与主办、中铁十四局参与承办。中国工程院何华武、卢春房、梁文灏、缪昌文、王复明、陈湘生 6 名院士出席大会。

会议以“新基建、新动能、新经济”为主题，通过网络同步直播，旨在学习贯彻落实习近平总书记考察江苏省重要讲话精神，沟通轨道交通科技发展前沿动态，交流技术创新先进成果，研讨“十四五”期间江苏轨道交通发展所面临的机遇和挑战以及应对之策，为推动长三角一体化发展战略做出积极贡献。

卢春房院士以“铁路——长三角发展的助力器”为主题作主旨演讲。他指出，大力发展轨道交通，是深入贯彻落实党中央提出的长三角区域一体化发展战略，强力建设“轨道上的长三角”的重要举措。他对长三角铁路发展现状、下一步发展设想等方面的精准把脉和深入剖析，对江

“2020轨道交通高质量创新发展峰会”在南京召开

苏下一步聚力聚焦推进轨道交通创新发展，协同共建“轨道上的长三角”，增强长三角更高质量一体化发展的动力，具有重要的指导意义。

卢春房院士在会上作主题演讲

何华武院士围绕“中国铁路技术创新与轨交一体化发展”主题作主旨演讲，总结了目前国内高速铁路和城市轨道交通的发展现状、关键技术和主要创新点，以世界首例普速、高速双层车场立体布置的综合交通枢纽为实例，阐明了轨交一体化发展的主要创新趋势和最新成果，对进一步提升江苏铁路技术研发水平和产品开发实力，打造轨交产业大平台，助力长三角更高质量一体化发展，具有极强的启发和指导作用。

何华武院士在会上作主题演讲

吴言坤在会议上作了题为“超大直径盾构及轨道交通大盾构隧道技术创新实践与展望”的主旨报告。报告分析了国内外典型盾构发展现状，介绍了中铁十四局大盾构发展与核心技术和制定技术标准提升业界影响力情况，并分享了轨道交通大盾构隧道建设的几点思考。他表示，中铁十四局将立足前沿，与各方携手共创大盾构行业的繁荣发展。

周长进主持专题报告会，他指出，会议围绕“一体化、高质量”推进江苏轨道交通发展，积极推进“新基建”，高质量建设“轨道上的江苏”。与会专家的报告，高屋建瓴，引领前沿，展现了长三角多层次轨道网络融合与区域一体化发展、基础设施数字化转型探索与实践、超长地下区间隧道技术挑战与创新等方面的最新成果。

第三节　平台创建

截止到2020年12月底，中铁十四局拥有1个国家级企业技术中心，获批参与1个水下隧道技术国家地方联合工程研究中心、1个博士后科研工作站，拥有6家省级企业技术中心、1个省级工程技术研究中心、1个省级工程实验室，3家子公司被认定为高新技术企业，筹建了中国岩石力学与工程学会水下隧道工程技术分会，筹建了坝道工程医院中铁十四局分院，获批以钱七虎院士团队引领的“山东省院士专家工作站”，为加大科技创新力度和研发投入，组建成立“中铁十四局集团有限公司大盾构与地下空间科技发展研究院”。这些创新平台的建设都有院士、专家们的广泛参与和大力支持。

2019年8月23日下午，中铁十四局集团“院士专家工作站”揭牌仪式在济南举行。钱七虎院士出席仪式并揭牌。他强调：“21世纪

中铁十四局集团“院士专家工作站”揭牌仪式

是地下空间开发利用的世纪，中国是隧道建设大国，伴随着‘一带一路’倡议的实施和人类命运共同体的构建，隧道建设将会越来越多、越来越难。”

中铁十四局作为大盾构隧道建设的“王牌军”任重道远，要增强使命感和责任感，继续巩固大盾构核心优势，保持行业领先地位，打造世界一流品牌。要紧紧依靠科技创新，引领企业发展，不断加大科技投入，引进科技人才，加强研发平台建设，搞好与装备企业的协作，努力走出一条“以创新促发展，以创新谋未来”的新路。要时刻以如履薄冰、如临深渊的心态，面对每一项工程，尤其是水下盾构隧道工程，确保安全质量，不留问题和遗憾。

吴言坤在致辞中提到，中铁十四局是国内大直径盾构和水下盾构隧道及城市轨道交通领域的骨干和龙头企业，建立院士专家工作站是继国家认定企业技术中心、博士后科研工作站之后增添的又一技术创新平台，标志着在推进产学研合作方面迈出了新步伐。院士专家工作站必将推动行业科技创新，提高科技成果转化效率，引领水下隧道工程技术发展；必将在攻克核心关键技术、培养创新人才队伍、增强企业自主创新能力等方面发挥重要作用。

“钱院士作为中国铁建大盾构事业的科技导师，陪伴、激励着我们开创了大盾构技术新局面。”吴言坤深情地回顾了钱七虎院士与“十四局大盾构”的不解之缘。在南京长江隧道、武汉地铁 8 号线长江隧道、厦门地铁 2 号线穿海隧道、苏通 GIL 综合管廊过江隧道、济南黄河隧道等大批关乎国家大计的重大工程建设中，钱七虎院士总是第一时间深入施工一线，为解决技术难题倾注了大量心血。

周长进在主持揭牌仪式时指出，中铁十四局立足济南 30 多年，依靠山东经济强省、科技强省的雄厚实力，科技创新成为企业长足发展的“助推器”。2018 年 12 月，“院士专家工作站”被山东省科学技术协会认定为第五批省院士专家工作站，这是中铁十四局开启建设新时代科技强企的新征程，意义重大、使命非凡，必将为企业全面迈向高质量发展、打造“品质铁建”、实现“铁建一流”奠定更加坚实的基础。

2019 年 8 月 24 日，国内水下隧道工程顶级学术交流平台——中国岩石力学与工程学会水下隧道工程技术分会在济南中铁十四局总部揭牌成立。同时，隆重召开中国大盾构隧道智能建造高峰论坛，共同致力于大直径隧道的智能、安全建造和创新技术研讨。

中国岩石力学与工程学会水下隧道工程技术分会在济南中铁十四局总部揭牌成立

钱七虎院士担任此次大会主席,王复明院士参加大会并作主旨报告。钱七虎院士在致辞中说：我国水下隧道历经数十年，从无到有、从学习到领跑，用辛勤和汗水换来今日荣耀。随着国家经济一体化和大通道建设快速发展，水下隧道工程建设数量不断增加、规模不断提高，穿江越海的水下隧道工程如雨后春笋般涌现，渤海海峡跨海通道、琼州海峡跨海通道等世界级跨海工程进入加速论证阶段，我国即将迎来海峡大通道建设的黄金时代。中国岩石力学与工程学会水下隧道工程技术分会要围绕技术进步与成果转化，加强学术交流、技术合作、成果共享，推进我国水下隧道科技在研发、设计、施工、装备制造、运营保养等领域取得长远进步。推动中国由水下盾构隧道技术大国真正建设成为隧道技术强国，引领世界隧道工程技术创造新的辉煌。

吴言坤当选分会第一任理事长。他在致辞中表示，中铁十四局在水下盾构施工领域已实现五个“全覆盖”，多项关键技术达到世界领先水平，“中铁十四局大盾构”入选中国铁建首届“十大品牌”之首，初步奠定了在行业的领军地位。分会成立后，在学会和院士专家的指导下，以“绿色、智能、创新、发展”为宗旨，立足科技前沿，再攀技术高峰。

周长进出席峰会并以“超大直径泥水盾构隧道施工关键技术与展望”为题作专题报告。他围绕深、大、长、新等隧道技术热点，结合盾构直径 15 米及以上国内外典型工程实例，简述了国内外盾构隧道超级工程现状。从拓展超级工程、构建技术研发体系、打造核心技术优势、十项创新关键技术等七个方面，介绍了“中铁十四局大盾构”的发展与核心技术。从制定技术及行业标准、强化行业合作及研发力度、推动大盾构智能化建造等方面，提出了大盾构隧道行业的思考和建议。周长进说：“此次分会成立和高峰论坛举办一定会集聚一批新的学术成果，一定会对水下大盾构行业发展产生深刻的影响。”

2020 年 10 月 26 日上午，坝道工程医院中铁十四局分院在济南举行揭牌仪式。分院是由中铁十四局与坝道工程医院共建的“互联网 + 工程医院”平台，也是全国首家专注于大盾构及水下隧道工程施工、健康监测、运营维管特色领域的工程医院分院。当天还同期举行了水下隧道工程智能建造技术交流会。

会上，王复明院士作了题为“地下基础设施水灾变防控技术的发展与‘工程医院’共享平台建设”的学术报告，结合坝道工程医院共享平台建设情况，向与会人员系统讲解了地下基础设施水灾变防控技术的发展。他介绍说，工程医院聚焦基础设施“疑难急险”病害检测诊断与修复治理，融合工程科技和现代信息技术，构建起集基础工程设施体检、诊断、修复、抢险等于一体的开放共享综合服务平台，能够实现“检测在现场，诊断在云端，专家在全球，服务在身边”的协同高效功能。

吴言坤在致欢迎辞时表示，中铁十四局是国内首家拥有“大盾构”品牌的建筑中央企业，旗下山东铁正工程试验检测中心有限公司是铁路系统首家持有公路工程综合甲级检测资质的检测单位，在结构健康智能诊断、新材料研发、无砟轨道施工及精密测量、隧道控制注浆、管片预制、轨道板智能化生产、现役桥梁修复及更换等领域取得多项科技成果。坝道工程医院中铁十四局分院将在总院的带领和指导下，秉承“工程医院”发展理念，承担“工程医院”建设使命，搭建开放共享平台，汇聚人才技术资源，创新合作模式机制，分享核心技术成果，努力把坝道工程医院中铁十四局分院打造成核心竞争力强、附加值高、特色明显的服务平台，为坝道工程医院的发展贡献力量。

“坝道工程医院”英文全称为 BeSTDR Infrastructure Hospital，其中 B 指 bridge（桥梁），e 指 internet（“互联网 +”），S 指 structure（结构），T 指 tunnel（隧道），D 指 dam（堤坝），R 则指 road（道路），基本涵盖了基础设施的各个方面，BeSTDR 整体也寓意为“最好的医生”。自 2017 年成立以来，已在全国陆续成立 40 多家分院。在定位上，坝道工程医院总院是汇聚高端专家、特色技术、典型案例、足尺试验场及原型试验设施等资源的开放共享平台，提供技术咨询综合服务；分院则是工程基础设施“疑难急险”病害检测与修复治理的实施实体，是工程医院平台的支撑主体和服务主体。

坝道工程医院中铁十四局分院以中铁十四局为依托，着力打造核心竞争力强、附加值高的全生命周期工程安全与病害防治领域综合服务平台，形成高精度大型构件智能化制作与桥隧修复专业化服务平台。

第四节　思想碰撞

2016 年 8 月 20 ～ 22 日，中铁十四局在烟台承办了一个全国瞩目的高端论坛——渤海湾海底隧道修建关键技术高端论坛。24 名院士相聚烟台，共同研讨渤海湾海底隧道建设，碰撞出打造盾构事业的思想火花。

渤海湾海底隧道修建关键技术高端论坛

王梦恕院士、周福霖院士、何华武院士及来自全国公路、铁路、水电、隧道等领域的资深院士、知名专家以及来自英国、挪威、美国、日本、澳大利亚、西班牙等国家的国际知名专家学者共 157 人参加会议。

时任中铁十四局党委书记、董事长张挺军在会议致辞中指出，共同探讨渤海湾海底隧道修建关键技术问题，交流国内外大直径及水下盾构施工情况，共商隧道修建大计，不仅将有助于该工程的尽快启动，也必将大大促进隧道盾构事业的发展。他指出，多年来，中铁十四局着力于打造大盾构施工的核心竞争力。在国内做过软土、黏土、砾岩、卵石、钢板砂、花岗岩、江中冲槽、强透水、高水压等复杂地质条件的大盾构隧道工程的仅有中铁十四局一家，专业技术领域全覆盖，涉足铁路、公路、市政、地铁和水工等行业以及“大土木”相关联的全部领域，覆盖盾构施工、机电安装、铺轨、管片生产、轨枕预制和工程检测等。同时，中铁十四局在大直径施工领域创造了多项全国和世界第一。

这是自 1992 年各界人士提出修建渤海湾海底隧道以来，召开的规模最大、层次最高、范围最广的一次高端论坛，会议紧紧围绕海底隧道修建过程中的勘察、设计、施工及运营期的维护和管理问题，深入研讨海底隧道建设技术现状及发展趋势，有力地推动渤海湾通道的建设。

中铁十四局盾构专家向与会人员介绍了中铁十四局大直径及水下盾构工程实践，与会专家还就渤海海峡跨海通道登陆点比选及铁路规划、隧道施工地质灾害源超前预报研究进展等共11个问题进行了探讨交流。

2016 年 8 月 20 日，与会的院士和专家学者到长岛县附近海域进行了实地工程考察。

2016 年 8 月 22 日上午，与会院士和知名专家召开圆桌会议，进一步交流讨论，最后形成战略咨询意见。

环渤海地区共有 157 个城市，与世界 160 多个国家和地区有贸易往来，被经济学家誉为继珠三角、长三角之后中国经济的第三个增长极。环渤海经济圈概念的提出已有 20 多年，包括京津冀圈、山东半岛圈和辽宁半岛圈。关于渤海海峡跨海通道的建设方式，一直有全隧道、全桥梁、南桥北隧等三种形式。本次高端论坛，主要就全隧道修建关键技术进行研究和论证。

从山东蓬莱经长岛至大连旅顺，建设渤海湾海底隧道，将有缺口的 C 形交通变成四通八达的 O 形交通，直线距离缩短至 170 公里，化天堑为通途，进而形成纵贯黑龙江到海南 11 个省（自治区和直辖市），全长 5700 公里的中国东部铁路交通大动脉。对于疏通南北交通、振兴东北老工业基地、促进沿海经济和开发海域资源都具有重要战略意义。

世界上最长的海底隧道是英吉利海底隧道，约 50 公里。渤海湾海底隧道建成后将超越英吉利海底隧道成为世界上最长的海底隧道，从烟台到大连只需 40 多分钟。

中国人期待着这一天早日到来！

第九章 超级工程 国家记忆

纵观全球，截至2020年12月底，已建成和在建直径超过14米的盾构隧道总计58项，其中，外国18项，中国40项。按盾构/TBM直径世界排名，前10项的超级工程中，有8项来自中国。

2020年开工的世界超级工程——川藏铁路，大盾构/TBM成为隧道掘进的主力，这是一场中国大盾构的集群攻坚战！

自1995年修建西康铁路秦岭隧道以来，大盾构/TBM就成为中央和国家媒体关注的热点新闻。这种关注持续升温，二十多年热度不减，成为国家记忆，载入历史。

2013年2月8日，习近平总书记考察采用盾构法施工的北京地铁8号线二期工程，询问盾构掘进情况，并与工人亲切握手。

2014年5月10日，习近平总书记在视察中铁工程装备集团有限公司时指出："推动中国制造向中国创造转变、中国速度向中国质量转变、中国产品向中国品牌转变。"[①]这一指示为中国制造强国建设指明了方向。2017年5月10日被国务院确定为首个"中国品牌日"。"中国品牌日"由此诞生。

习近平总书记的考察，更使大盾构/TBM成为全国的网红热词。

① 习近平在河南考察时强调 深化改革发挥优势创新思路统筹兼顾 确保经济持续健康发展社会和谐稳定 . http://jhsjk.people.cn/article/25001070［2014-05-11］.

中铁十四局自2005年修建南京长江隧道开始，承建了一大批超级工程。

中铁十四局所承建的超级工程成为中央和国家媒体的“打卡地”，中铁十四局也成为中央和国家媒体关注的明星企业。

据不完全统计，2005～2020年，中央和国家媒体对中铁十四局大盾构施工的文字、图片和电视新闻报道有1000余篇（幅、条）。

这些超级工程，这些超级工程中的核心技术，已成为国家记忆，成为中华人民共和国的历史！

经济日报
光明日报
GUANGMING RIBAO
中共中央总书记习近平主持会议
研究部署落实常态化疫情防控举措全面推进复工复产工作
中共中央政治局常务委员会召开会议
分析国内外新冠肺炎疫情防控和经济运行形势
人民日报
RENMIN RIBAO
高铁里程 五年倍增
深入贯彻全面从严治党方针
发挥全面从严治党引领保障作用
确保“十四五”目标任务落到实处
深入践行习近平生态文明思想
用法治力量守护好长江母亲河

第一节 超级工程

5月20日，南京长江隧道左线贯通——

探秘“水下工程第一难”

2009年5月20日，代表当今我国水下隧道建设最高水准之一的南京长江隧道左线贯通。隧道建设历时 3 年 8 个月，为双向六车道，双线总长度为 6042 米，总投资 33 亿元，因挑战多项世界级难题，备受国内外地下工程界瞩目。

攻克六大世界难题

“巨无霸”挑战 13 种地层结构，创 3 项世界纪录。南京长江隧道位于南京长江大桥和南京长江第三大桥之间，为双向六车道，双线总长度为 6042 米，总投资 33 亿元，因挑战水压高、盾构直径超大、地质复杂、覆盖土层浅、透水性强、掘进距离长等六大世界级难题，备受国内外地下工程界瞩目。

“地质结构是隧道工程的第一只拦路虎，打隧道‘欺硬怕软’，最怕‘软硬不均’。”南京长江隧道项目设计主体、铁四院韩向阳介绍，南京长江隧道需要穿越 13 种软硬分布不均的土层，复杂程度世界罕见。

隧道直径越大，风险越高。直径 14.93 米的南京长江隧道盾构，相当于 5 层楼高，是普通地铁隧道盾构的 2.5 倍，比武汉长江隧道盾构还长 3 米多，超过了目前世界上已建成的最大直径隧道——荷兰的格林哈特隧道，施工难度系数再被提高。

为了顺利施工，建设方中铁十四局专门委托德国海瑞克公司“量体裁衣”，定做了两台世界上最先进的泥水平衡盾构机，总价值超过 7 亿元。

有了好设备，还要有好的施工方案。隧道位于水下 25 米处，最深达到 60 多米，水压每平方厘米高达 6.5 千克。“相当于在一成人大拇指指甲上压着 6.5 千克的重物”，中铁十四局南京长江隧道指挥部总机械师夏晓中介绍。尽管难度不亚于在钢丝上跳芭蕾，但为顺利通过最艰难的冲槽段，施工人员连续创下了超大直径盾构在复杂地质条件下单日掘进 29 米、单班 12 小时掘进 16 米、周掘进 158 米的三项盾构施工世界纪录，填补了国内盾构施工技术领域的空白。

打破国外技术垄断

连连叫板"洋货""洋专家"，"中国创造"令人折服。

南京长江隧道项目部里流传着很多"打赌"的故事，电气组23岁的种记鑫是常被提到的主人公。

架接12台水泥处理设备电缆，德国专家说最快7天，种记鑫说4天即可，打赌，4天后，外国专家看了现场，拖来几箱啤酒；布设盾构机主驱动电源，外国专家一再优化方案，认为最快4天才能完成，种记鑫说1天就行，再赌，外国专家输了更多啤酒……总装盾构机，德国专家认为最快也要5个月，中国工人却创下了58天的世界纪录。这次没有打赌，只有欢庆，德国海瑞克公司的项目经理阿路易斯完全折服了，他说："我现在终于明白中国发展速度为什么这么快，因为这里有许许多多像你们一样的中国人。"

自施工以来，"敢于叫板外国货，敢于超越外国专家"的精神也随之而生。

2008年8月6日，隧道右线盾构机在江底前进了1316米后，由于刀具磨损严重，不得不停工。在工程盾构机行业，德国、日本一直处于行业霸主地位，德国技术专家坚信自己的刀具没有问题。建设者马上找来国内厂家，对刀具合金材料的弧度、厚度、尺寸重新设计。经改进，盾构机可以一口气挖掘400米不更换刀具，耐用率相比之前提高了8倍。

"南京长江隧道始发以来，规避了所有能够预测到的技术风险，保证了世界级隧道的世界级品质。"国际岩石力学学会原主席、中国工程院院士钱七虎说。

一条隧道的百年责任

防八级地震，抗300年一遇洪水。

"我们以前老问这隧道啥时候修，啥时候通。现在每天堵在长江大桥上一个小时，事故几乎天天出，你说大家心情能好吗？”在南京市浦口区一家五星级酒店开车的王永亮是土生土长的江北人，他说，“隧道通了，我们江北发展也能提速，以后就是南京的‘浦东’了，潜力股哦！”

据南京市发展和改革委员会副主任程晓蔚介绍，自南京长江隧道立项以来，外商频频过江考察，江北浦口区的固定资产投资规模以每年50亿元的速度迅速增长，2009年的投资规模将接近300亿元，增幅连年居全市之首。

“我们打通的是江北乃至南京发展的瓶颈，责任重大，必须保证隧道质量是百年工程。”中国铁建总裁赵广发介绍，公司投入上千万元资金，为南京长江隧道工程量身定做了一套健康监测系统，这在国内大型隧道建设中也是第一次系统、全面使用。该系统能够随时监测隧道结构混凝土、钢筋等的内部受力、变形情况，并能通过专家系统自动进行诊断、报警并提出处置措施。

对于今后可能发生的自然灾害和突发事件，南京长江隧道也都考虑周到。南京属于7级抗震区，隧道的防震能力是8级；隧道双层设计，下层为救火通道和逃生通道，而且由于使用了耐火材料，若发生火灾，两小时内隧道结构不会被损毁；除了能抗300年一遇的洪水冲刷，隧道还在4个入口处设有8扇厚1米的钢门，一旦遭遇大洪水可防止洪水倒灌，水退后依然可用。

“虽然左线通了，但大家都还在加班，争取今年10月打通隧道右线，尽早让大家畅行江底！”中铁十四局董事长、南京长江隧道工程指挥长韩风险说。

（摘选自《人民日报》2009年5月21日第8版，作者：陆亚楠）

万里长江新穿越

——写在南京长江隧道贯通之际

江上桥过四十载，而今水下隧道行。

浩浩长江江底，莽莽巨龙穿砾破石，直取对岸。

2009 年 5 月 20 日，南京长江隧道这一堪称世界级工程的国家重点工程，迎来了盾构隧道全线贯通。

创新机制克难题

南京作为长江中下游的滨江城市，其发展得益于长江，舟楫穿梭，流银淌金。然而，南京的大发展又受制于长江，一江贯东西，南北景不同。2003 年，南京市提出了“以江为轴、跨江发展”的城市战略，决定在长江上构建立体交通网络，变隔江发展为拥江提速。

大战略需要大手笔，大手笔需要大投入。然而南京市当时的财力状况和传统的“有多少钱办多少事”的政府投融资模式难以支撑这样的战略构想。必须打破常规、创新机制，用改革的办法来破解难题，用创新的理念走出城市建设可持续发展的新路，南京长江隧道在这样的背景下被提上了议事日程。

长江上已经修建桥梁数十座，无论是设计、施工都拥有一套成熟的技术和队伍。但是，在长江上建设隧道项目，却面临着一系列世界级的难题和挑战，既有水下工程建设标准和规范难以涵盖，同时由于涉及水文、泥沙、冲刷、河床、沉降、基岩等诸多要素条件，任何偏差和失误将会给工程带来不可逆转的灭顶之灾！

南京市在困难面前没有驻足迟疑，坚信只要具备“敢于创新、敢为人先”的胆识和气魄，建立“广开市场、广招贤才”的体制和机制，保持“战战兢兢、如履薄冰”的严谨和细致，就一定能破解南京长江隧道这一世界级难题。

南京市人民政府不再成立隧道建设指挥部，只在南京市发展和改革委员会设立一个隧道工程前期办公室，不配“帽子”，不添“椅子”，不买“轮子”，不租“房子”。在工程建设的前期阶段，他们精心组织、集思广益，从投资、建设、运营和管理等诸多要素出发，不断优化完善工程的规划设计和特许经营权制度设计，高质量的前期工作为项目法人招标的顺利开展打下了坚实基础。

南京长江隧道采用项目法人招标方式，将投资、建设、运营、管理和移交“五位一体”的特许经营权交给中标企业，达到合同年限后，企业将长江隧道的相关权属交还南京市人民政府。通过灵活的市场机制和激烈的项目法人招标竞争，中国铁建一举夺魁，成为南京长江隧道的项目法人。

在实现了项目的投资建设管理的移交后，南京市把风险防范作为项目建设的关键环节，聘请了钱七虎院士任组长，包含数十位国内外知名院士专家的技术团队为工程保驾护航。通过多次沟通，促成了铁四院和上海市隧道工程轨道交通设计研究院的“强强联合”，由铁四院承担工程设计，上海市隧道工程轨道交通设计研究院专职承担“挑刺”“找茬”的设计咨询和施工图纸审查工作。

“双设计”的创新之举令设计方案不断优化，针对铁四院设计的上万张图纸，上海市隧道工程轨道交通设计研究院提出的优化设计及咨询意见近千条，其中 95% 以上被铁四院优化、采纳到工程设计之中。

万里长江又一隧

南京长江隧道的技术难度堪称“世界之最”。特殊的地质和水文条件，将一道道难题和风险摆在了建设者面前：

（1）盾构直径超大。我国地铁隧道盾构直径一般为 6 米，而直径 14.93 米的长江隧道盾构是它的 2.5 倍，比武汉长江隧道盾构直径长 3.33

米。担负隧道掘进的中铁十四局，专门委托德国海瑞克公司量身定做了两台盾构，分别命名为“扬子一号”“扬子二号”。每台盾构机长 134 米，重约 4000 吨，3 万多个零部件，有 5 层楼高。每台盾构机运往南京港时，装了 13 条轮船，动用了 200 多辆汽车运输，其中最大的拖车有 128 个轮子。

（2）水土压力高。隧道江底掩埋最深达江面下 56 米，隧道每平方厘米承受的压力达 6.5 千克，相当于在一成人大拇指指甲上压着 6.5 千克的重物。日本东京湾海底隧道水压为 6 千克 / 厘米^2，我国长江上沪崇苏隧道和武汉长江隧道水压为 5 ～ 5.5 千克 / 厘米^2。南京长江隧道水土压力之高，居世界同类盾构隧道工程之最。

（3）水下地质复杂。盾构经过的河床段，涉及地层达 23 种之多。江中多为砂层、沙砾层，透水性极强，其中穿越砾砂、圆砾复合地层总长有 1325 米，占整个隧道施工长度的 43.8%。这种高压力下复杂地层的超大直径盾构隧道，国内外相关研究几乎是空白。

此外，盾构机进出洞、始发段超浅埋、水下一次掘进距离长以及许多难以预测的突发事故，都令工程充满了风险。

建设伊始，要开挖一座长 370 米，最宽 46 米，面积有 3 个足球场大，最深达 24 米，有 8 层楼高的盾构始发井。始发井坐落在江边一片荒芜的滩涂上，地质软得像海绵，大型运输车开上去，轮子陷在泥水中直打转。建设者依靠推土机将土一点一点往外侧运，在 5 个月里，完成了南京工程建设史上最大最深的基坑。

盾构机的拼装是对隧道建设者们的一次重大考验。刀盘是盾构机的“利爪”，重约 400 吨，有 12 个刀片。按焊接要求，钢板必须加热到 80 摄氏度以上，酷暑的夏天，焊接工人却要穿着厚厚的工作服，脚蹬 5 厘米厚鞋底的特制鞋，在里面或蹲或侧着工作。为保证职工身体健康，指挥部严格规定，半小时轮换一次，并派专人把守。尽管这样，不少人还是被架着走下焊台的。面对严酷的“烤”验，职工们没有一人退缩动摇，创下了 58 天安装一台盾构机的世界纪录。

在盾构施工领域，施工机械上方的覆土厚度理论上一般不低于盾构直径的 1 倍，江底有 160 米长的冲槽段覆土厚度达不到这个要求，最薄处仅为 10.97 米，成为最具挑战性的又一项世界级技术难题。常规办法是通过人工填土增加盾构机上方覆土厚度。但在长江主航道上实施抛填作业，不仅耗时耗物耗工，而且会影响航道通行安全，被专家组否定。

早在一年前，指挥部通过采用超级计算机数据模拟、理论计算、室内模型试验、现场陆地原型劈裂实验和江底压力参数验证等各种手段，对穿越方案进行反复论证、比选，最终确定了“精确控制参数、快速掘进通过”的非抛填穿越方案。经过 8 个昼夜的连续奋战，成功穿越该地段，比原计划提前了 7 天。创下了超大直径盾构在复杂地质条件下单日掘进 29 米、单班 12 小时掘进 16 米、周掘进 158 米的三项盾构施工世界纪录，填补了国内盾构施工技术领域的空白。

隧道内每两米由 10 块管片拼成隧道外墙，管片厚度 60 厘米。为确保达到 100 年无渗漏，每块管片误差仅为 0.5 毫米，只有 5 根头发丝那么细，职工们对工艺和技术进行了上百次实验，特地聘请一家德国公司检测，公司评价道：“迄今为止，这是我们看到的最好数据。”

“三宽”人才扛大梁

重大工程的挑战不仅是在技术上，更大的是对人才的挑战。随着南京长江隧道的贯通，一批视野宽、胸襟宽、思路宽的“三宽”人才脱颖而出。

39 岁的钱维，是南京长江隧道工程前期办公室常务副主任、南京市发展和改革委员会交通能源处处长、管理学博士。作为项目工程的主要负责人之一，她在体制上大胆创新，在实践中尊重客观规律。在她和团队的共同努力下，南京长江隧道的组织方法和项目法人招标的创新举措得到国家相关部门的高度肯定并在一些城市推广运用。“双设计”的模式实现了里程碑式的突破,得到了专家组组长钱七虎院士的高度评价。钱维尽心尽力地把自己的才华和智慧奉献给了南京长江隧道，被评为南京市有突出贡献的中青年专家和南京市级机关优秀共产党员标兵，获得了“江苏省五一劳动奖章”。

王守慧，中铁十四局南京长江隧道工程常务副指挥，隧道及地下工程专业教授级高级工程师。虽然年仅 40 岁，却一直在西南、东北地区地下工程和北京地铁工地任指挥长。针对工程特点，王守慧将项目管理放到了一个前所未有的高度上去做，在管理模式上进行大胆的创新，创造性地建立了“两级一体化”新管理模式，即由局指挥部负责主要生产要素统一管理，财务资金统一管理，项目成本统一核算，管理技术人员统一使用，对外关系统一协调。这样的管理模式缩短了管理链条，实现了人力、技术、设备等资源的优化组合。

南京长江隧道培养和造就着“三宽”人才，而众多领军型人才也催生了南京长江隧道一大批科技攻关项目和关键技术成果的诞生。工程承担有 863 计划示范项目“南京长江隧道工程超大断面盾构隧道结构原型试验”，还有“超大直径盾构法越江隧道关键技术研究”等课题 60 余项。

南京长江隧道的技术力量在上海超级计算中心的支持下，开展隧道三维超算仿真模拟，对工程可能出现的各种风险进行系统分析，为提高防范能力和科学决策提供依据，他们开展的盾构超浅埋始发技术、隧道监控技术等，都取得了可喜的成果。在一次次破解难题的创新中，许多研发进入了国际前列。南京长江隧道的建设为提升我国隧道工程的建设水平、创造我国隧道建设的工程技术标准书写了辉煌灿烂的篇章!

8　2009年5月21日　星期四　　综　合　　人民日报

5月20日，南京长江隧道左线贯通——

探秘“水下工程第一难”

热点解读

万里长江新穿越

——写在南京长江隧道贯通之际

南京军区杭州疗养院

特勤疗养“航母”初具规模

（摘选自《人民日报》2009年5月21日第8版，作者：龚永泉、申琳）

钻山入海，中国隧道有多牛

中国有多少隧道？目前，我国公路、铁路隧道总长约2万公里，各类水下隧道总长超过1万公里。如果加上在建和纳入规划的，中国隧道总里程可绕地球赤道一周有余，规模和建设速度均居世界第一。

中国隧道有多牛？世界上最高的特长隧道、世界上最长的湖底隧道……从高原到溶洞，从江底到海底，条条“长龙”钻山入海，是中国隧道建设水平跨入世界前列的无字丰碑。

2016年1月29日，随着机头刀盘旋转，两层楼高、85米长的“成功号”盾构机缓缓向前推进，我国首条地铁过海隧道——厦门地铁2号线穿海隧道正式开始掘进施工。盾构机“头部”的刀盘犹如开路先锋，将前方的土石不断凿碎搅拌。这些被凿下的土石混着水，通过盾构机上管线被输送到泥水分离站。随着刀盘前移，盾构机自动将一片片弧形混凝土预制管片“贴”到刀盘打出的隧道洞壁上。边凿边贴，两年后，在海平面下60米深的地方，将有一条长2.1公里的隧道连接厦门岛内外。

“虽然同在一个城市，可是从厦门岛外海沧进到岛内要开1个小时车，等隧道通了，坐地铁也就15分钟，那我这餐馆的流水至少得增加30%。”厦门海沧区东屿村旗发渔村的老板郑奇忠，从未如此关注过隧道施工。

对于千千万万个郑奇忠而言，每一条隧道由暗转明，打通的是不一样的未来。从依靠钢钎、大锤打眼，炸药爆破碎石，肩扛抬运砟土的“白手起家”，到利用盾构这种地下工程“土行孙”施工，中国隧道施工也经历了一次次由暗转明的技术飞跃，更使穿江过海成为可能。

穿江过海，要过“水压关”。与陆地施工不同，无论是江水还是海水，水压随潮汐瞬息万变，特别容易导致盾构压力不平衡而击穿土层，

人民日报 2016年2月29日 星期一 19 产经广场

我国已有、在建和纳入规划的隧道，总里程可绕地球赤道一周有余，规模和建设速度均居世界第一

钻山入海，中国隧道有多牛

穿海过江，应对潮汐水压变换，难度不亚于钢丝上跳芭蕾

中国有多少隧道

中国隧道有多牛

四川雀儿山隧道

青藏铁路新关角隧道

武汉东湖隧道

厦门地铁2号线过海隧道

地铁隧道，铁路城市地下"生命线"，也要避免"马路拉链"

山里打洞，防瓦斯就像守护"火药桶"，抽水能抽出小水库

让工程师"香"起来

机械工业调结构探新路

造成海水倒灌，使前期施工付之一炬。“厦门地铁隧道位于水下 60 多米，上面覆土层只有 9 米，水压在每平方厘米 0.3 千克到 5 千克间变化，这就相当于盾构机上一会压着大象，一会儿压着兔子。压力大了容易击穿土层，小了又容易塌方，这种施工挑战前所未有。”中铁十四局厦门地铁 2 号线穿海隧道项目部总机械师杨民强介绍，尽管难度不亚于在钢丝上跳芭蕾，但曾成功打通多条长江隧道的中国建设者，已经掌握了一整

套“水底压力平衡术”，可以盾构前行做到数万块隧道管片的拼接精度误差仅 0.3 毫米，不透不漏。

穿江过海，要过“地质关”。“不打隧道，就不会了解中国的多样地貌。”曾参与多条水底隧道施工的总机长吴玉礼回忆，修建穿黄河的兰州轨道交通 1 号线隧道时，大家遇到了易塌方的鹅卵石层，一度卡住刀盘；修建穿越湘江的长沙地铁时，又遇到了溶洞，只能通过灌注砂浆填洞，给盾构机制造反作用力再推进。最难忘的是打通穿越扬州瘦西湖的隧道。“长达 1200 多米的硬塑黏土地层，就像扬州特产牛皮糖，黏得刀盘都转不动。大家为刀盘装上了自制的高压冲刷系统，把施工效率提高了 4 倍，创造了超大直径盾构机在全断面黏土地层平均日掘进 8 米、最快日掘进 12 米的世界纪录。”

（摘选自《人民日报》2016 年 2 月 29 日第 19 版，作者：陆亚楠、刘月诗）

母亲河下的“巨龙”
——兰州地铁轨道1号线成功穿越黄河

2017 年 5 月 23 日上午 10 时 08 分，国内首条地铁盾构下穿黄河隧道——兰州轨道交通 1 号线一期工程最后一节轨道铺设完毕，消息传来，各界纷纷点赞。由于位于黄河上游兰州段主河道，地处七里河断陷盆地内，施工中屡屡遭遇强透水、高水压、大粒径、高硬度、非均质、弱胶结的砂卵石地层。这段长达 700 多米的轨道交通穿黄隧道曾被中国工程院院士钱七虎称为“世界级施工难题”。

兰州轨道交通 1 号线一期工程于 2014 年初开工建设，由于地质结构复杂，开凿过程艰辛异常。盾构连续长距离在大颗粒、高硬度的砂卵石地层中掘进，处在水头压力高、渗透性强、卵石含量大且粒径不均匀的施工环境，“60% ～ 80% 的卵石含量，20 ～ 50 厘米的卵石粒径，接近 200 兆帕的卵石强度，地质结构非常复杂。”中铁第一勘察设计院（集团有限公司）隧道工程师向亮介绍说。

来到位于兰州市安宁区海关站的施工现场，曾经“倔强”的砂卵石地层如今成了畅通的隧道，轨道铺设正在紧锣密鼓地进行。而在数月前，为了控制好黄河下方隧道的一系列问题，中铁第一勘察设计院、中铁十四局、铁建重工等单位在兰州市轨道交通有限公司的协调下，还在四处“取经”。2015 年以来，钱七虎等专家学者多次来现场指导帮助。

45 公里的黄河穿越兰州，典型地质特征是河道阶地和断陷盆地。“黄河隧道纵坡坡率达到 28‰，接近临界值，是一个风险控制点。”兰州市轨道交通有限公司总工程师杨志团说。

为了做好黄河隧道防水防渗工程，杨志团曾数次去成都、广州等地调研考察，与各方专家学者共同为母亲河下的巨龙“把脉”，最终采用“弹性密封垫 + 遇水膨胀橡胶条 + 管片外侧海绵橡胶条”组合措施，解决黄河隧道盾构施工期间涌水及建成后衬砌渗漏水等难题。“事实证明，技术集成是成功的。”杨志团初步给予了评价。

路虽远，行则将至。回首这条艰难的、用智慧铺就的“穿黄”之路，黄河区间的地铁隧道贯通，填补了业内领域的空白，同时形成了一整套泥水盾构在高压富水、大粒径、高含量卵石层中的设计施工技术，获得了一整套宝贵的技术参数，为后续国内同类工程积累了宝贵的经验。

“在设计和施工中，有针对性地进行工艺技术的创新，国内成功的轨道交通和隧道盾构技术给了我们非常大的信心。”杨志团表示，兰州地铁积攒的技术创新成果也是对国家工程施工领域的点滴贡献。“希望起到借鉴和指导作用。”

科技日报 2017年5月26日 星期五

综合新闻 7

高宗余：在创新中谱绘桥梁人生

"蛟龙"号大海捞"针"

河北：科学技术奖实现"六个持续提高"

他打造了过硬"影子部队"
——记空军某试验训练基地无人机飞行员李浩(下)

母亲河下的"巨龙"
——兰州地铁轨道一号线成功穿越黄河

不用胃镜，吹口气就可诊断幽门螺杆菌

上海：千余项科技活动全市"开花"

重庆：科普嘉年华让你体验未来生活

广西：600多项高精尖技术亮相

（摘选自《科技日报》2017年5月26日第7版，作者：邸金、杜英）

国内最大单洞双线地铁隧道贯通——

水下隧道穿江越海铺坦途

2017年8月9日，武汉地铁8号线长江隧道贯通。这是国内最大单洞双线地铁隧道。通车后，乘坐地铁只要4分钟就可轻松跨越长江。

继武汉长江隧道、武汉地铁 2 号线长江隧道、武汉地铁 4 号线长江隧道后，这是武汉第 4 次以隧道方式穿越长江。

中国工程院院士钱七虎说：“19 世纪是桥的世纪，20 世纪是高层建筑的世纪，进入 21 世纪，为了节约能源、保护环境，人类必须大量利用地下空间，因此，21 世纪对人类来说是地下空间的世纪。”水下隧道建设技术被称为地下空间开发结构工程技术的关键技术。通过我国隧道工程技术人员的长期努力奋斗，尤其是近 5 年来，在多项世界首创水下隧道的工程实践中，我国水下隧道的设计、施工技术与管理，逐步走到世界的先进行列。

创新成就“国内之最”

武汉地铁 8 号线长江隧道创新采用单洞双线的设计，可以容纳两列列车同时通过，成为我国最大直径的地铁隧道。走在直径 12 米多、4 层楼高的武汉地铁 8 号线长江隧道内，宛如步行在一座宫殿里。

“武汉地铁 8 号线长江隧道中，开往武昌和开往汉口的地铁都在一个隧道的两条线路上行驶，我们称之为‘单洞双线’。这也是这个地铁长江隧道与其他地铁长江隧道的不同之处。”铁四院武汉地铁 8 号线长江隧道设计负责人吕延豪介绍，由于要容纳两列列车同时通过，所以也成就了这个隧道成为我国最大直径的地铁隧道。

采用单洞双线的创新设计有很多好处。吕延豪说，采用单洞双线，可充分利用隧道内空间，设置专用风道满足通风要求，保证行车密度，满足远期最小发车间隔 2 分钟的服务要求以及防灾要求。同时，无须在地面建造风井，可以最大限度地保护该线路所经地区的文物和老建筑。此外，单洞双线只需要一台盾构机，一次性将双侧地铁列车隧道打通，减少一条隧道的挖掘，降低了施工风险。

长江地质复杂，对施工要求极高。中铁十四局武汉地铁 8 号线长江隧道施工负责人张哲介绍，隧道施工中要穿越 1365 米强透水、上软下硬的复合地层，中等胶结砾岩硬度高达 40 多兆帕，对刀具造成严重磨损和破坏，同时强风化泥质胶结黏土层黏结刀盘，给盾构掘进造成巨大阻力，是当前穿越长江隧道施工遇到的世界级难题。

为解决这些问题，中铁十四局向盾构机厂商量身定制了一台直径 12.51 米级泥水平衡盾构机，在世界盾构施工中首次实现了常压下滚刀、齿刀互换技术。

“以往更换刀具必须带压作业，每次换刀前后，作业人员要在高压舱内待上很长时间让身体适应，每次带压作业时间不超过 40 分钟，换一把刀往往需要几个小时，换刀效率低，作业风险大。而我们研发的常压下滚刀、齿刀互换技术，可以在正常压力下直接更换刀具，效率大大提升。遇软土时盾构机的刀盘采用齿刀来掘进，遇砾石或岩石时操作人员直接在盾构机舱内换滚刀上阵。”张哲说。

武汉地铁 8 号线长江隧道也成为国内第一条采用双层衬砌（“预制管片 + 现浇混凝土”）的盾构交通隧道。“在原有的隧道内壁贴管片的基础上，再加一层 30 厘米厚的钢混内衬，相当于贴上了金刚甲。这种工艺运用在地铁隧道中，既保证安全性又耐用，可以抵抗 6 级震力，使用年限长达 100 年。”吕延豪告诉记者。

水下隧道蓬勃发展

目前长江上建成和在建的隧道已有 12 座，标志着我国穿越江河湖海的隧道技术达到了世界先进水平。

近年来，我国水下隧道建设蓬勃发展，众多水下公路、地铁、铁路隧道在构建城市、区域交通网建设中发挥了便利作用，也为水下隧道施工建设积累了丰富的技术和经验。

2008 年 12 月 28 日，武汉长江隧道通车运营，中华民族实现了“隧穿长江”的梦想。这条隧道打破了以往大直径盾构只适用于软土地层的局限，开创了我国在复杂条件下修建大直径盾构隧道的先河。先进的盾构技术为我国城市交通发展的“地铁时代”提供了有力的技术支撑。武汉长江隧道破解了五大世界级难题，取得了十多项国家专利，没发生一起安全事故。

以“万里长江第一隧”为起点，一年半时间内，我国长江中下游三大越江隧道——武汉长江隧道、上海长江隧道、南京长江隧道相继建成通车。目前，万里长江上建成和在建的隧道已有12座，其中2012年以来建成通车和在建的有10座，这在世界水下交通建设史上是绝无仅有的，标志着我国穿越江河湖海的隧道技术臻于成熟，达到了世界先进水平。

在“隧穿长江”的引领下，扬州瘦西湖隧道建成通车、杭州钱江隧道通车运营、我国首条穿黄地铁——兰州地铁轨道交通1号线右线顺利贯通、苏通GIL综合管廊工程盾构始进（这是世界上首座特高压盾构隧道），开创了我国特高压输变电工程穿越江河湖海等大面积水域电力建设的新模式……

水下隧道的建设不仅收获了高品质的隧道实体，也带动了水下隧道设计、施工队伍的成长。科技人员在水下隧道领域不断“破题”，研发实力在关键技术的攻关中逐步成长，自主创新比重进一步加大。吕延豪说，铁四院年均建成通车一条水下隧道，成为国内设计水下隧道最多、拥有施工工法最多的设计院。

从大江迈向大海

水下交通隧道逐渐成为人类跨越江河湖海的新方式。在新技术的支持下，水下隧道建设开启了从大江迈向大海的新时代。

遇水架桥是千百年来人类的习惯做法，随着水下地质勘探技术、施工水平的提高，以及地面交通压力的不断增长，水下交通隧道以其少拆迁、不影响航运和水域生态环境，具有很强的抵抗灾难灾害和突发事件的能力等独特优势，逐渐成为当今跨越江河湖海的新方式。

众多水下隧道的开通，为我国在这一领域提供了强大的技术支持，并开启了水下隧道建设从大江迈向大海的新时代。

厦门翔安海底隧道是国内第一座海底隧道，也是世界上最大断面钻爆法海底隧道。项目形成的“钻爆法海底隧道修建技术”已推广应用到多座跨江越海工程。之后，国内首条采用盾构法施工的地铁海底隧道也在厦门。

经济日报 2017年8月21日 星期一 13

创 周刊 Weekly

生活因创新而美好

一周看点

轮椅也可以自动驾驶

有WiFi的“智能棕榈树”

国内最大单洞双线地铁隧道贯通——

水下隧道穿江越海铺坦途

创新看台

消费升级呼唤电商“二次创新”

视野

在珠海，世界上最长的超大断面曲线管幕隧道——港珠澳大桥拱北隧道贯通。中铁十八局集团通过引进精确的制导技术，建立自动跟踪测量系统，专门定制了 4 套上亿元的国际顶尖的泥水平衡式顶管机，并采取一系列科学管理措施，攻克了超长、超大曲线管幕施工中面临的精确控制、地表沉降和管幕障碍物处理等一系列世界级难题，创造了“零误差”的曲线管幕施工纪录，确保了拱北口岸“安然无恙”。

我国地处亚洲东部，海岸线漫长，岛屿众多，具备了修建海底隧道的先决条件。渤海湾海底隧道、琼州海峡隧道等专家正在关注和论证的项目，举世瞩目。随着技术的不断创新和进步，穿江越海的梦想正一步步实现。

（摘选自《经济日报》2017 年 8 月 21 日第 13 版，作者：齐慧）

开足马力，城市轨道交通建设全面提速

2020 年 4 月 4 日，虽然是清明假期，但在北京地铁 8 号线三期工程的前门地铁站施工现场，两台巨大的泥水分离设备依旧在全功率工作，将从隧道中抽出的泥沙分离成六个种类，等待着由夜间的施工卡车将其送出北京城区。

“按照现在的掘进速度，每天从隧道中抽出的泥沙达四五百立方米，所需的运输卡车就得三四十辆。”中铁十四局北京地铁 8 号线三期三标项目书记陈晓峰表示，为了抢回疫情防控期间停工所耽搁的时间，从 2020 年 2 月 19 日复工复产以来，在全封闭管理的工作模式下，项目上已有 200 多名工作人员进场，所有工作环节复工率达 100%。

陈晓峰介绍，北京地铁 8 号线全线通车后，将贯穿北京市的南北中轴线，成为北起昌平区南至大兴区的轨道交通大动脉。他说：“坐过北京地铁的人都知道，每到上下班高峰期，4 号线和 5 号线两条南北线总

是特别拥挤，未来 8 号线全线贯通后，这种情况将得到一定程度的缓解。为了让这一天早点到来，我们一时一刻也不能放松。”

据了解，由于地处天安门广场周边，地下线路和地上文物建筑众多，所以前门站至王府井站之间的施工难度极大。在这 1650 米的盾构区间内，不仅要接连下穿国铁直径线、地铁 2 号线这两个特级风险源，还要下穿升旗宾馆、中国铁道博物馆、北京市规划展览馆、首都大酒店、天主教堂、法国使馆旧址、法国兵营旧址等多个一级风险源。

“施工过程中，盾构区间隧道距离国铁直径线最近只有 3.6 米，距地铁 2 号线 17.6 米，最大挖掘深度达到地下 42 米，相当于 13 层楼的高度，所以控制沉降、保证两条线的正常运营是首要难题。”中铁十四局北京地铁 8 号线三期三标项目负责人冯振鲁表示，为了完成隧道的沉降要求，经过前期的多轮论证，施工方法最终由土压平衡盾构机施工变更为泥水平衡盾构机施工。

对此，中铁十四局北京地铁 8 号线三期三标项目盾构副经理孙伟表示，相比土压平衡盾构机，泥水平衡盾构机可以有效控制风险源的沉降，保护风险源的安全，同时，泥水分离设备还可以有效减少弃渣对环境的污染。

“目前来看，这种施工方法是完全正确的。前门至王府井盾构区间的顺利施工，将为今后北京地区深埋、高水压、卵石地层盾构施工和设计提供实际经验和理论依据，对指导今后北京地区深埋条件下地铁盾构施工具有重要意义。”陈晓峰说，该区间是北京地铁 8 号线工程最后开工建设的工程，截至目前工程已完成标段所有任务的 65%，预计 2021 年底将完成所有施工任务。

随着新冠肺炎疫情形势的逐渐好转，如今湖北武汉的城市轨道交通也投入紧张有序的复工复产中。据了解，目前武汉地铁 5 号线、6 号线二期、8 号线二期、11 号线三期葛店段、12 号线（武昌段）、16 号线等 12 个在建项目 59 个标段已全面复工。

武汉地铁集团（有限公司）相关负责人表示，目前武汉地铁正在新冠肺炎疫情防控基础上加速推进复工复产，各个施工工地上已经有近万人返岗作业。以武汉地铁 8 号线的街道口站为例，目前已经有 400 多名工人奋战在站房主体的施工一线，为保障 8 号线二期工程如期通车提供最大的支持。8 号线全线贯通后，将紧密连接东湖风景区、医院、博物馆、街道口商圈，以及南湖的大型居住区，极大缓解沿线各区地面的交通压力。

“虽然新冠肺炎疫情一定程度上影响了施工进度，但我们的指标不减，同时目标也不会改变。”武汉地铁集团相关负责人说：“为了把延误的工期抢回来，目前我们已经开足马力，全面提升生产建设效率，在项目建设复工复产的同时，全面实现稳产高产。”

截至 2019 年底，我国城市轨道交通总里程为 6426.84 公里，拥有地铁运营线路的城市近 40 个，城市之多和线路之长都居世界首位。

“地铁不仅有利于拉近城市的空间距离，还将极大地改善市民的出行、生活水平。”交通运输部运输服务司副司长王绣春表示，城市轨道交通是城市公共交通的骨干，是城市综合交通体系的重要组成部分，其安全运行对缓解城市交通拥堵、减少环境污染具有重要意义。

专家说

中国城市轨道交通协会常务副会长周晓勤说：从 1969 年新中国第一条地铁线路在北京建成通车至今，50 多年来，我国城市轨道交通可以说是中国改革开放最富实践成果、最具发展创新的标志性领域之一，城市轨道交通在满足人民群众出行需求、优化城市布局、缓解城市交通拥堵、促进经济社会发展等方面发挥着越来越重要的作用。如今，我国城市轨道交通的发展已从过去的“拼速度、比规模”转向“聚焦高质量发展”新阶段，城市轨道交通要走好从技术创新到产业创新的自主创新之路，坚持“政、产、学、研、用”五位一体创新工作机制，使我国从“城轨大国”向“城轨强国”迈进。

光明日报

GUANGMING RIBAO

中共中央政治局常务委员会召开会议

分析国内外新冠肺炎疫情防控和经济运行形势

研究部署落实常态化疫情防控举措全面推进复工复产工作

中共中央总书记习近平主持会议

习近平同南非总统拉马福萨通电话

习近平同土耳其总统埃尔多安通电话

在善于化危为机中奋力实现发展目标

全球抗疫：

践行人类命运共同体理念的生动实践

世间最美的相遇，

是久别重逢

复工复产看

来自重点工程一线的报道

开足马力，城市轨道交通建设全面提速

（摘选自《光明日报》2020 年 4 月 9 日第 1 版，作者：訾谦）

“万里黄河第一隧”全线贯通，成功穿越地上悬河

2021 年 2 月 9 日，济南济泺路穿黄隧道路面工程正在推进。不久前，

随着济南黄河隧道工程西线隧道贯通，加上已经贯通的东线，至此，这条“万里黄河第一隧”全线贯通。据介绍，这条隧道计划 2021 年 10 月建成通车，届时，开车最快 4 分钟、乘坐地铁 2.5 分钟可穿越黄河，比绕道济南黄河大桥节约近一小时车程。

双管双层设计充分利用空间

济南黄河隧道工程位于济南城市中轴线上，南接主城区济泺路，北连新旧动能转换先行区。工程线路全长 4760 米，隧道长 3890 米，其中盾构段长 2519 米，设计为双管双层，市政道路与轨道交通合建，上层为双向六车道公路，下层为轨道交通。隧道管片外径 15.2 米，是目前黄河流域最大直径的隧道，也是目前国内在建最大直径的公轨合建盾构隧道。

万里黄河自流入河南开始形成地上悬河。到达济南泺口段，河床高出南岸城区地面 5 米，最大洪水位高出河床 11.62 米，是一条罕见的、水量巨大的地上悬河。

穿越地上悬河，防水是关键。以中国勘察设计大师、中国铁建首席专家、铁四院副总工程师肖明清为核心的铁四院设计团队，提出了双道防淹门解决方案，并将隧道设计为双管双层公轨合建盾构隧道，上层为公路双向六车道，下层为轨道交通以及排烟通道、管廊和逃生通道，实现一次穿越黄河的利用率最大化，最大限度地利用了空间，节约使用土地资源。

“济南黄河隧道工程内设置了消火栓、水喷雾、灭火器、广播、紧急电话、视频监控、设备监控等完备的防灾救援设施，通过中央计算机形成有机系统，如遇突发状况，可实现上层道路 6 分钟完成疏散，下层地铁区间 30 分钟完成疏散。”铁四院隧道专业高级工程师何应道说。

连克复合地层多重“夹击”

2019年9月开始，由济南城市建设集团和中铁十四局联合打造的“黄河号”和“泰山号”两台超大直径泥水平衡盾构机先后始发掘进。

每一台盾构机长166米，总重4000吨，装机总功率8688千瓦，最大推力199 504千牛。刀盘开挖直径15.76米，相当于5层楼高，刀盘主驱动的核心有14个变频电机，总功率4900千瓦。隧道最低点位于河床下54米，最大水土压力6.5巴（相当于一个人手掌大小的面积上承受两个成年男子的重量）。

掘进中，中铁十四局大盾构建设者连续攻克了大断面、长距离、浅覆土、深基坑、高水压等五项技术难题。

“最大的难题是钙质结核和粉质黏土不规则分布，甚至是交叉出现，造成了盾构机在掘进中刀齿崩断、卡泵、滞排、废浆量大等。”中铁十四局项目总工程师杜昌言说。

掘进中遇到的岩石强度普遍达到45兆帕，最大为90兆帕，相当于高铁桥墩钢筋混凝土强度的两倍还多。最困难的一次26个小时只掘进了2米，取出58块坚硬的岩石。

大块钙质结核堵塞格栅造成泥水循环系统排浆困难，严重时可导致停机、管道被磨穿等问题。项目技术团队采取在盾构机上设计加装采石箱、改用新型成型管道等方法，将进、出浆管道倒换使用，提前在易磨管道位置焊接钢板加厚“补丁”，解决了钙质结核给掘进带来的难题。

智能新手段支撑穿“黄”

在济南黄河隧道工程施工现场，除了最智能、最先进的盾构机，还处处可以感受到大数据、BIM、物联网技术、信息技术等对这一超级工程的强大支撑。

“项目已形成科研成果18项，中文核心期刊发表论文7篇，申请专利35项，其中实用专利16项，进一步提升了我国超大直径盾构的建造能力和技术水平。”项目负责人历朋林说，研发成果包括超大直径泥水盾构废弃泥浆环保处理及资源化关键技术、高黏粒地层超大直径泥水盾构防结泥饼技术、针对黄河隧道地层特点制定刀盘结泥饼判断及位置检测方法等。

项目团队建设了国内第一条15米以上管片智能化自动化生产线，所有管片和箱涵实现了预制生产全过程监控、二维码“身份”信息验证、

科技日报

成果

5

下雨导致公路两侧软岩稳定性差、滑坡频发

主动吸水设计守住公路“安全线”

经济效益近2亿元

“万里黄河第一隧”全线贯通，成功穿越地上悬河

质量终身可追溯，保证了产品质量；研发了管片抹面机器人、管片三维智能检测系统，通过设备维保“领值系统”加强盾构机定期维保养护，设备优良率保持在96%以上，确保了施工安全。

团队还在国内首次采用超大π形箱涵同步安装工艺，研制了新型模板台车，液压收模、电动行走，集预制、吊装、运输、安装等为一体，操作方便，节省人工，提高功效，降低了对盾构施工运输的干扰和影响。

（摘选自《科技日报》2021年2月10日第5版，作者：矫阳）

第二节　核心技术

自主创新的最新篇章

2009年8月22日上午，随着南京长江隧道右线盾构机转动着巨大的刀盘冲破最后一层加固区实现顺利贯通，继左线隧道于5月20日胜利出洞，由中铁十四局承建的南京长江隧道工程迎来了隧道全线贯通。这标志着中国长江流域工程技术难度最大、地质条件最复杂、挑战风险最多的越江隧道成功攻克了施工中的所有难题，规避了一切风险，取得了在特殊不良地质条件下施工的重大突破，也标志着我国超大直径盾构隧道的施工技术水准达到了一个新高度。

南京长江隧道工程位于南京长江大桥和南京长江第三大桥之间，南起南京市主城区的滨江快速路与纬七路互通立交，北至浦口区的宁合高速公路入口，设计为双向六车道、行车时速80公里的城市快速路。穿越长江的左右线盾构隧道总长度为6042米，工程总投资约33亿元人民币。南京长江隧道工程由中国铁建出资80%，南京市交通集团、南京市浦口区国资公司分别出资10%共同组建了南京长江隧道有限责任公司，负责项目的建设、运营、管理。这是南京市人民政府第一次采用项目法人市场化招标方式进行建设的大型BOT项目，也是南京市实现跨江发展，推动两岸经济联动发展的重大工程。

据权威专家，国际岩石力学学会前主席、中国工程院院士、南京长江隧道专家委员会主任钱七虎介绍，南京长江隧道是目前中国长江流域已建成的和正在建设的超大型盾构隧道中所经地质条件最复杂、技术难题最多和施工风险最大的工程，是名副其实的"万里长江第一隧"。

南京长江隧道工程面临着诸多世界级技术难题和挑战，可以概括为六个方面。一是"大"，南京长江隧道使用的盾构直径超大，开挖直径达到14.96米，是目前世界上最大的泥水平衡盾构机之一，盾构机尺寸的增大使施工难度和风险呈几何级增长。二是"高"，施工中承受的水土压力达到6.5千克/厘米^2（即相当于65米水头压力），居目前超大直径盾构水下隧道项目之首。三是"深"，隧道最深度处到江底60米处，地层透水性极强，所有水头压力均直接作用在隧道上，江底掘进风险巨大。四是"薄"，江底盾构覆土厚度超浅，江中长150米的冲槽地段，隧道上方覆土厚度不足1倍洞径（约10.79米，仅为开挖直径的0.72倍），且地质为粉细砂层，施工坍塌冒顶风险极大；盾构始发和接收超浅埋，隧道洞口段上方覆土厚度仅5.5米（为开挖直径的约0.37倍），在同类隧道中埋深最浅，对盾构开挖时开挖面稳定和地层沉降控制的技术要求极高。五是"长"，盾构水下一次掘进距离长，地质条件复杂，在掘进过程中刀具更换极为困难，两条双向六车道的3020米的盾构段隧道掘进需一气呵成，对刀具保护要求极高。南京长江隧道3公里的地质对刀具的磨损相当于地铁盾构掘进17公里，而通过江中石英含量高的沙砾层对刀具的磨损相当于同类盾构机在软土地层掘进30公里。六是"险"，在设计方面，超大直径水下盾构隧道的设计理论和经验在国内几乎是空白，国外经验也不足。在施工方面，地质条件异常复杂，隧道在江底穿越淤泥、粉细砂、砾砂、卵石和风化岩层，透水系数是黏土层的千倍以上，且松散容易坍塌，高透水、高水压的各项指标均达到或超过世界同类工程的风险防范极限。

工程自 2005 年 3 月奠基、9 月开工以来，在国家有关部委和省市各级领导的关怀支持下，项目建设单位南京长江隧道有限责任公司、施工单位中铁十四局及设计单位铁四院勇敢应对挑战，用科研的力量和先进的管理力推工程攻坚克难，不断破解世界级技术难题。南京长江隧道有限责任公司和中铁十四局坚决贯彻“稳字当头，安全第一，万无一失，确保成功”的建设方针，组织专家团队和科研院所开展科技攻关，破解技术难题，推动科技创新。项目先后投入 3000 多万元科研经费，完成了 30 余项专题论证，申报专利 15 项，并就 5 项大课题、29 项子课题进行科学研究，取得了诸多科研成果，填补了相关领域研究的空白，其中超大型管片衬砌结构原型试验被列入 863 计划示范课题。

中铁十四局董事长韩风险说：“我们的目标不仅是安全优质地将南京长江隧道建成一个世纪精品工程，更要通过这个平台体现一流的管理水平，培养和打造一支和谐创新、具备核心竞争力的优秀团队，树立我们的品牌形象，也为提升中国盾构隧道施工水平作出我们最大的贡献。”

南京长江隧道左右线隧道均安全顺利实现贯通，成型的隧道光滑平整、美观整洁、不渗不漏，管片拼装无错台，管片生产和隧道施工工艺、质量达到世界一流水平，受到国内外专家和业内人士的一致认可和高度评价。德国海瑞克公司常务副总裁雷曼先生赞叹地说：“隧道的工程质量绝对排在世界前列的水平。”日本盾构专家称赞南京长江隧道的管片质量“真的非常非常地好”。

（摘选自《中国广播网》2009 年 8 月 22 日第 3 版，作者：刘媛）

世界最大直径双层公路隧道穿越瘦西湖

世界最大直径单管双层公路隧道——扬州瘦西湖隧道 2013 年 12 月 10 日顺利贯通。这一隧道攻克了全断面硬塑黏土地层等世界性盾构施工难题，多项技术达到国际领先水平，并获得“全国建筑业绿色示范工程”荣誉称号。

扬州瘦西湖隧道下穿素有“园林之盛，甲于天下”美誉的瘦西湖风景区核心区段，全长 3.6 公里，设计为单管双层双向四车道，是扬州市城建史上单项投资最大的工程。隧道主体盾构段采用 14.93 米的世界超大直径泥水平衡盾构机施工，要穿越长达 1200 多米的全断面硬塑黏土地层。施工单位中铁十四局扬州瘦西湖隧道项目指挥长戴洪伟介绍，这种土层俗称“老黏土”，掘进时就好像盾构机的刀盘上缠上了“口香糖”，很难往前推进，属盾构机施工的世界性难题。

中铁十四局项目指挥部与科研单位联手攻关，针对特殊地质条件对盾构机进行了适应性的技术改造，先后攻克了刀盘冲刷系统改造、气泡舱冲刷系统改造、超大直径盾构机盾尾一次性调圆、刀盘吊耳自行设计制作等多项世界级技术难题，自主创新 19 项施工新技术，其中有 10 项专利。

通过不断优化方案，项目部仅用 52 天就完成了设备的组装调试，创造了国内超大直径盾构机组装调试纪录，同时创造了超大直径盾构机在全段面黏土地层平均日掘进 4 环（8 米）、最快日掘进 6 环（12 米）的世界纪录；在隧道混凝土管片拼装中，同环内纵缝错台控制在 2 毫米之内，达到国际先进水平。

戴洪伟说，隧道从瘦西湖下穿越瘦西湖和宋夹城河两个水系，开工之初，项目部就拟定了“蜀岗—瘦西湖风景区黏土地层泥水处理环保关键技术”科技攻关课题，投资近 2000 万元，对盾构机泥水分离设备进行系统改造升级，使之分离泥浆和渣土，不仅确保瘦西湖水质不受污染，还将本可废弃的泥土和水资源进行了循环利用。同时，将地表隆起和沉降的幅度控制在10毫米和30毫米的设计允许范围之内，有效地保护了国家5A级风景名胜区的自然景观和文化古迹。据介绍，扬州瘦西湖隧道建成以后，从湖东到湖西只要3分钟时间。

（摘选自《科技日报》2013年12月16日第11版，作者：张建宾、朱萍）

我国城际铁路最大跨度盾构隧道贯通

2014年8月2日上午9点，随着直径9.33米，相当于3层楼高的巨型刀盘破洞而出，由中铁十四局承建的我国城际铁路最大跨度盾构隧道——长株潭城际铁路树木岭隧道首段贯通。

连接长沙、株洲和湘潭城市群的长株潭城际铁路全长96公里，其中的23公里线路连续下穿长沙主城区，是目前国内最长的城市地下铁路，有“高铁中的地铁，地铁中的高铁”之称。

“3台直径9.33米的土压平衡盾构机多次下穿京广铁路、高层居民区、河流和城市高架桥，与京广铁路的最近施工距离仅1米，被列为全线的一级高风险控制项目，工程技术难度国内罕见。”中铁十四局长株潭项目指挥长戴尊勇介绍说。

盾构施工中连续十次下穿既有铁路、居民房屋和城市立交等八大技术难题，采用一系列技术措施，将沉降量控制在1毫米以内，确保了安全贯通，创造了三个第一：全线第一台盾构机率先出洞；第一个隧道区间率先贯通；大直径土压平衡盾构机第一次成功完成掘进，为确保长株潭城际铁路按期建成通车奠定了基础。也标志着我国城市同类地质条件下，采用土压平衡大直径盾构机作业的施工与科研取得重大突破。

02　经济社会新闻　光明日报

户籍改革让“农民工”成历史概念

让诚信建设与每个人关联起来
——专家热议《纲要》及《意见》

我国城际铁路最大跨度盾构隧道贯通

工行执行新版服务价目表

他们不相信“市场饱和”
——中国石油济柴动力总厂转型之路

据了解，长株潭城际铁路设计时速160公里，建成后，将与规划总长超过1200公里的长沙至益阳、常德，长沙至浏阳，以及长沙至岳阳、衡阳等城际铁路相连，并与京广铁路相接，从而极大地促进了湖南城市群经济一体化的进程，对我国中部地区经济发展意义重大。

（摘选自《光明日报》2014年8月3日第2版，作者：王小润）

精准工艺助巨龙穿江

——南京长江隧道工程科技创新巡礼

2016年3月30日上午，第十三届中国土木工程詹天佑奖颁奖大会在北京召开，由中铁十四局承建的南京长江隧道等38项精品工程获奖。这是中国土木工程领域的最高奖项，被称为建筑业的“科技创新工程奖”。

至此，南京长江隧道工程先后荣获国家科学技术进步奖、国家优质工程奖金质奖、中国土木工程詹天佑奖和中国建设工程鲁班奖（国家优质工程）等重要奖项，在创优之路上实现了“大满贯”。

多项技术取得突破

为缓解南京跨江交通压力、促进沿江开发，2005年9月30日，南京长江隧道盾构始发井正式动工。

“在长江流域所有超大直径盾构隧道中，这是地质条件最复杂、技术难题最多、施工风险最大的工程，号称中国‘水下施工第一难’，被誉为‘万里长江第一隧’。”钱七虎院士说。

如此复杂的工程对于有着丰富建设经验的中铁十四局也是重大挑战。“南京长江隧道工程技术难度世界罕见，可以说盾构机每向前推进一米，都面临着许多难以预知的风险和困难。”参与建设的工作人员说。

工程建设者以核心技术为平台，走产学研相结合的自主创新之路。中铁十四局指挥部投入科研经费3000多万元，先后确立了60余项专业技术课题，现场组织科技攻关，化解施工风险。专家团队包括6位院士、30多位国内顶尖专家。如此众多的技术精英为一座隧道“把脉”，在我国工程建设史上绝无仅有。

中铁十四局、铁四院、南京长江隧道有限责任公司与多家高校联合研究的“超大直径越江盾构隧道建造关键技术研究”被列入江苏省

2008 年科技发展计划。以该工程为依托与西南交通大学联合研究的“管片原型试验及隧道衬砌结构力学特征研究”课题，被列为 863 计划课题的子课题，该工程也被列为 863 计划示范工程。

“南京长江隧道盾构始发以来，规避了所有能够预测到的施工技术风险。”钱七虎院士说。工程技术人员先后在超大直径盾构隧道设计施工营运全过程结构安全保障技术体系、超高压下盾构刀盘刀具修复等 6 项技术创新方面取得突破，总结出一套完整的超大直径盾构综合施工创新技术，先后获得国家科学技术进步奖二等奖 2 项、省部级科学技术奖 7 项、行业协会科技进步奖 9 项、专利 15 项、其他知识产权 11 项。

生产顶级混凝土产品

“南京长江隧道工程施工，我最担心的就是管片生产。”钱七虎曾这样说。管片生产是盾构隧道质量保证的前提，其精度要求国际上一般为 1 毫米，抗渗性、耐久性要求严格，生产工艺复杂，质量控制标准相当高。

南京长江隧道的管片生产精度误差要求控制在 ±0.5 毫米，设计强度 C60，防水等级 S12，是混凝土的顶级产品。

建设者采用大型数控机床制造重型钢模，结合组模顺序、模具检测工艺，30 430 块管片精度全部控制在 0.3 毫米以内；通过严格管片选型、精细操控拼装机、精准螺栓扭矩控制，33 471 道管片拼缝偏差全部小于 1 毫米。

混凝土预制件的钢筋笼一般都是用铁丝绑扎的，而他们为了确保钢筋笼在起吊过程中不变形，对每个钢筋笼的 1900 个连接点实行焊接。

对管片的性能结构，他们联合西南交通大学科技人员进行 1 ∶ 1 的力学实验，通过模拟管片在地下的受力状态，验证管片结构及设计的合理性，保证了管片抗渗、防裂、面层光洁。

混凝土浇筑前，每个模具都要用千分尺进行 12 个点位的测量，有时候要经过测量、调整、再测量七八遍程序；模板内都要用软布擦得干干净净，连一颗沙粒都不能留下。

慕名前来观摩的日本专家称赞道："他们用车床加工的精度，制造出了一流的混凝土产品。"德国专家更是发出了由衷的赞叹："这是我见过的世界上最好的管片！"

工程建设全面创优

在工程施工中，建设者始终秉承"追求卓越，铸就经典"的理念，围绕争创国家优质工程金奖的质量目标，量化工序、精准工艺、强化验收、完善手段，确保各分部分项工程质量指标均优于设计值。

经济日报　创 周刊　15

精准工艺助巨龙穿江

——南京长江隧道工程科技创新巡礼

视角

做天空中明亮的眼睛

中国物品编码中心公告（1749）

详情可至中国物品编码中心网站(www.ancc.org.cn)查询

根据工程特点，中铁十四局指挥部整合优化组织架构，实行“两级一体化管理”，缩短管理链条，做到管理与服务的“零距离”，实现了资源的有效整合，强化了对现场安全、质量、进度的有效控制。

在盾构机智能化导向精准控制方面，项目指挥部通过可视化、同步化导向系统，按照严格的规范操作及时对盾构机姿态进行调整，保证了隧道线型平顺，位置准确。南京长江隧道自通车运营以来，历经 5 个雨季检验不渗、不漏、不裂。

南京长江隧道正式建成通车使得孙中山先生《建国方略》中描绘的浦口穿江蓝图成为现实。工程建设全面创优，质量管理和项目管理硕果累累，先后获得全国工程建设项目优秀设计成果一等奖、中国建设工程鲁班奖（国家优质工程）、“火车头”奖杯、全国建筑工程优秀项目管理成果一等奖等多项荣誉。

“我们建好南京长江隧道的同时，要提升我国水下大型盾构施工水平，打造自己的核心竞争力，为企业培育和储备一批高端人才。”这是南京长江隧道建设团队的共识。

（摘选自《经济日报》2016 年 4 月 11 日第 15 版，作者：齐慧、张勇）

无坚不摧的大盾构，遭遇厦门海底“地下长城”

万里长城，数千年挡住了无数北方敌骑。

然而，你能想象到吗？在厦门西海域地下，竟有一段这样神奇的天然“长城”，厚达 16 米，一度挡住了无坚不摧的大盾构，令厦门地铁 2 号线穿海隧道多次受阻。

2019 年 7 月 1 日，中国岩石力学与工程学会在厦门组织了一场“厦门海域复杂环境地质条件下地铁海底隧道关键施工技术研究与应用”科技成果评价会。“施工技术成果达到国际领先水平，为我国今后海峡隧道建设积累了宝贵经验，作出了重大技术储备。”南京长江隧道专家委员会主任、中国工程院院士钱七虎代表专家组表示。

换句话说，就是大盾构成功突破“地下长城”防线。“2016 年 1 月盾构始发，至 2019 年 3 月，这段隧道完成洞通。”厦门轨道交通集团有限公司负责人介绍说，厦门地铁 2 号线是连接本岛与海沧区的快速过海通道，全长 41.64 公里，其中海底隧道 2.8 公里，下穿厦门西海域，是全线最艰难的关键控制性工程。

“由于火山喷发等原因，这里海底地质结构十分复杂多样。地质勘探报告显示，这 2.8 公里就有海底孤石群、基岩突起、叠落石（即天然‘长城’）。”中铁十四局厦门地铁隧道项目总工程师徐磊说。

厦门地铁 2 号线跨越的厦门西海域为主航道，设计只能选择过海隧道方式。

这一道道防线是如何突破的？

为穿越这条过海隧道，中铁十四局调集了最先进的掘进机械、国内最顶尖的专家顾问团队和最专业的施工队伍。

隧道盾构段全长 2.8 公里，双洞双线，采用两台复合式泥水平衡盾构机施工，盾构直径 7.043 米，2016 年 1 月盾构始发掘进。

“尽管有前期地质勘探报告，然而在盾构掘进过程中，诸多艰险地况仍始料未及。”徐磊说。

无论遇到软土还是硬岩，盾构掘进都有较成熟经验，而在 2016 年 7 月，海底掘进遇到的一大堆孤石群，则为史无前例。经后期勘探，这段孤石群长达 13.5 米，多为长 1.2 米左右的巨石！“盾构机根本无法实现掘进，一往里推，孤石群就乱跑。”徐磊说。

风镐凿除、静态爆破等传统办法均败下阵。最终寻找到一种液压割锯，将每块巨石切割成小块，然后人工进舱运出。“累计带压进舱 3475 舱，人工清理孤石 1000 多立方米，海上爆破处理孤石 2519 米^3，海底带压换刀 712 把。”徐磊说，这在国内隧道施工史上罕见。

穿越孤石群历经 5 个月。其后，在 2018 年 5 月 29 日，隧道右线遇到全段叠落状岩层加软弱夹层。“岩石像被精心砌筑起来一样，整齐叠落在一起，像极了人工长城。”项目副经理吴玉礼说，盾构机刀盘转动，导致扭矩增大、环流堵塞。并且在全断面岩层中又出现软弱夹层，软的像土，而边上又全是石头。

再次进行“注浆加固 + 带压进舱清理”，用时 161 天，带压进舱达 600 余舱，用 5 个多月攻破了这段“长城防线”。

科技日报

综合新闻

无坚不摧的大盾构，遭遇厦门海底“地下长城”

草莓飘香富农家

苏南水蜜桃大面积“落果” 专家推荐这几招防治术

105 个国家野外站优化调整为 97 个

加快线粒体“召回销毁”可降低脑中风危害

国内首座油氢合建站在广东建成

建在地头的现代农业技术服务中心

除“长城”和孤石群，掘进还遇到罕见的上硬下软地层和地质断裂带。经多次专家会议分析认为：“顶部岩脉破碎，很多大孤石就从顶部压下来，卡住刀盘。”

这些硬仗全部被一一攻克。

专家认为，这条国内第一条跨海地铁盾构隧道项目的实施，实现了国内首次海上孤石及基岩凸起处理，国内首次采用海底冷冻法施工，国内首创在泥水盾构采用衡盾泥保压等6项施工技术创新，为以后同类项目的施工提供了宝贵的实践经验。

“在极端复杂的地质条件下，采用的不良地质处理、设备选型、参数配置和施工技术方案总体合理，掘进效率总体处于较高水平。”钱七虎院士对工程总体进展给予这样的评价。

（摘选自《科技日报》2019年7月2日第3版，作者：矫阳）

我国成立首个水下隧道技术创新平台

依托中铁十四局，中国岩石力学与工程学会2019年8月24日成立水下隧道工程技术分会，这是我国首个水下隧道专业学术交流和技术创新平台。

中国工程院院士、中国岩石力学与工程学会名誉理事长钱七虎表示，近年来，我国水下隧道工程建设数量和规模不断提高，铁路、公路、市政、供水、供气、防洪、水电等行业领域对跨江越海隧道工程的需求与日俱增，我国水下隧道建造技术已达到世界先进水平。渤海海峡跨海通道、琼州海峡跨海通道等世界级跨海工程也进入加速论证阶段，我国即将迎来海峡大通道建设的“黄金时代”。分会理事长、中铁十四局董事长吴言坤表示，学术分会的成立将有助于进一步推动研企合作，加强学

4 经济要闻　　2019年8月25日　星期日　经济日报

商务部新闻发言人就美方宣布进一步提高对中国输美商品加征关税税率发表谈话

国际社会认为

中方关税反制举措是对美贸易霸凌的必然回应

美多个行业协会发声警告

美中贸易争端升级损害美企业和消费者

湖南长沙黄兴海吉星国际农产品物流园：

及时外调货源　协力应对高温

中经观点

不要低估中国人民的坚定决心

审计署公告显示

渤海水质和污染防控能力总体提升

我国成立首个水下隧道技术创新平台

第二届中国（甘肃）中医药产业博览会举行

西银高铁礼泉站改工程顺利完成

术交流、技术合作、成果共享，推进我国水下隧道科技研发、设计、施工、装备制造、运营保养等进一步发展。

（摘选自《经济日报》2019年8月25日第4版，作者：齐慧、刘福昌）

世界上首条全线采用智能技术建造的高铁

2019 年 12 月 30 日，世界首条智能高速铁路及北京 2022 年冬奥会重点配套项目——京张高铁开通运营。同时，崇礼铁路、大张高铁、张呼高铁也投入使用，京冀晋蒙的时空距离大为缩短。

“最强大脑”实现智能运行、“最强引擎”保障爬坡应急、“最强内饰”改善旅客体验……百余年来，中国铁路从未停下自主创新的脚步，如今的智能京张树起中国高铁的新标杆。

1909 年 10 月 2 日，中国第一条自行设计建设的铁路——京张铁路，正式通车。

2019 年 12 月 30 日，世界上第一条采用北斗卫星导航系统并实现自动驾驶等功能的智能高铁——京张高铁，开通运营。

110 年，中国铁路自主创新的脚步从未停歇，智能京张树起中国高铁的新标杆。

京张高铁也是世界上首条全线采用智能技术建造的高铁，全生命周期都有大数据支撑，并存有“健康档案”。

京张高铁清华园隧道开挖断面相当于北京地铁隧道的 4 倍，且穿越北京高楼林立的核心区，与地铁线最小净距离不足 1 米，并穿越 6 条市政主干道、88 条市政管线，如何避免施工风险？

“用智能建造规避传统施工风险。”中铁十四局京张高铁项目指挥长陈爽介绍，通过开发 BIM 管理系统、三维可视化平台，地下施工犹如外科手术般精准，自主研发的“天佑号”盾构机，更是首次在高铁城市隧道建造中实现了装配式隧道、全预制拼装，为今后高铁进城和城市地下空间开发提供了可借鉴的经验。

中国国家铁路集团有限公司董事长陆东福说：“进入新时代，中国智能高铁迈出了自主发展的新步伐，向着率先实现铁路现代化的目标奋勇前进。我们将全面提升中国高铁智能化水平，让人民群众有更多获得感、幸福感和安全感，也为世界高铁建设发展提供中国方案。”

（摘选自《人民日报》2019年12月31日第10版，作者：陆亚楠、贺勇、季芳）

|尾声| 关于大直径盾构及特大直径盾构的思考

随着我们国家海洋战略、区域经济一体化及基建大通道建设路网规划的逐步实施，大直径盾构隧道建设得到迅猛发展。在国内大直径及水下隧道建设市场中，近 20 年来中铁十四局围绕大盾构施工领域潜心打造自有核心技术和市场核心品牌。截至 2020 年，在国内 14 米及以上在建和建成大盾构项目中，中铁十四局市场份额达到了 40% 以上，居全国首位。近年来，中铁十四局更加致力于大盾构领域的建设布局，坚持对大直径和超大直径盾构施工技术领域的长期探索和研究，建立了系统完善的科技研发体系和平台保障体系。

目前，基于建设规模和设计功能的需求，超大或特大直径盾构已多次应用于铁路、公路、城市轨道交通、地下管廊等领域隧道工程建设。本书初步统计了国内外 15.5 米以上的超大或特大直径盾构隧道工程，总结了大直径盾构在掘进过程中的主要风险及常见问题，并针对特大直径主轴承损坏失效、大直径盾构成型隧道管片上浮、刀具磨损随盾构直径增大而加剧、刀盘中心泥饼黏结、刀盘结饼升温、大切削量渣土滞排、预测预探前方复杂地质、海中基岩爆破及注浆固结辅助处理等难题，结合工程案例分析其原因，提出了一些思考和建议。

随着隧道施工装备的不断革新，以及新工艺、新技术的不断推广和应用，盾构法作为隧道工程施工工法的首选，引领着隧道工程向大埋深、大断面、长距离的方向发展。

近年来，尽管应用盾构法已成功建成或在建诸如美国西雅图 SR99 隧道，以及中国香港屯门隧道、深圳春风路隧道（在建）、武汉三阳路长江隧道、济南黄河隧道（在建）等一批超大或特大直径的海底隧道和城市交通隧道工程，但由于工程多处于环境敏感区域，地质条件复杂、不确定因素多，施工难度大，建设过程中存在隐患和发生事故的可能性较大。因此，结合工程实践中大直径盾构掘进施工出现的常见问题，研判分析工程建设风险，并提出有效的解决措施和建议，具有十分重要的现实意义。

大直径盾构掘进主要风险及常见问题分析

（1）大盾构主轴承损坏引起的风险。主轴承损坏的主要形式包括：①润滑失效更易造成大直径轴承屈服疲劳。据调查统计，润滑失效约占轴承损坏成因的 50%，润滑不良是造成轴承过早损坏的最主要原因。②选型不当或荷载过大造成的轴承失效。大直径盾构主轴承的不恰当选型、轴承短期严重偏离正常工况工作或长期超负荷运行，更易直接造成轴承失效。③振动磨损造成的轴承套圈破坏。因大直径切削振动频率较大,由此带来轴承滚道面和滚动体接触面间相对微小滑动而产生的磨损，长期反复小振幅的摇摆运动而引起的不均匀磨痕，致使轴承套圈破坏，最终导致主轴承的损坏。④接触疲劳造成的轴承主要部件失效。随着大型轴承表面的增大，轴承表面的摩擦损失产生的热量也增大，主要受力构件温度上升会造成运转时的冲击荷载、振动和噪声的加剧，叠加积累的接触疲劳大小决定了主轴承的使用寿命。

通过正确的组合安装和维护保养，轴承的前三种失效形式是可以部分或全部避免的。轴承在运转过程中，滚动轴与滚道接触面的接触应力作用始终存在，滚动接触疲劳造成的损坏贯穿轴承的整个使用寿命周期，接触疲劳带来的损坏也就成为轴承使用过程中唯一不可避免的失效形式。盾构选型时应从有效降低应力入手，相应的主轴承直径不能太小，直径验算设计应综合考虑负荷承载量；盾构掘进中应控制循环作业时间，盾构推进距离也不宜过长，避免或减缓主轴承接触疲劳造成的盾构损坏。前者涉及主轴承直径，后者涉及盾构推进距离（时间）。主驱动密封系统是主轴承的关键部件，特别是位于主轴承前端的主驱动轴承密封，其主要作用是阻止盾构主驱动前方开挖舱内的渣土进入主轴承齿轮箱内部和对主驱动轴承回转滑动机构、密封部位以及与泥沙接触的结构部件进行冲洗和润滑，密封一旦失效，泥沙进入轴承会造成主轴承损毁并直接导致盾构无法掘进。另外是主轴承密封方式。不同形式的主驱动密封系统虽有不同特点，但基本都由多道单唇密封、一道或多道双唇密封和迷宫密封组成，并在唇形密封间设置腔室且充满弹性材料。

主轴承密封失效案例：①油脂量不足，油脂溢出压力不足。广深港铁路客运专线狮子洋水下隧道直径为 11.182 米的泥水盾构由于油脂注入不到位，在 0.7 兆帕水压下，泥浆通过迷宫密封进入轴承密封，轴承滚子及滚道表面在夹杂硬质小颗粒后出现压痕，焊接刀盘时搭铁线未严格按标准放置，致使主轴承滚子和滚道面接触处有大电流通过产生电熔蚀坑，两者在重载作用下造成了主轴承的逐步损坏（该轴承直径为 4800 毫米）。②水土压力过大，超过油脂阻力。在美国西雅图 SR99 隧道（直径 17.45 米的土压盾构）施工中，盾构出现了结泥饼、压力不均、局部土压力增大、刀盘中心处高温、油脂阻力减小等现象，土舱渣土颗粒进入轴承内部，直接导致主轴承密封失效，在较短时间内造成主轴承严重损坏。

（2）大盾构成型管片上浮控制风险。大直径盾构管片拼装脱出盾尾后，造成管片上浮的原因：①盾构隧道直径越大，成型的管片环直径也越大，管片脱出盾尾后，在不能及时填充或浆液凝结速度较慢时，成型密闭的管片环在高密度的砂浆中受到浮力要更大。②盾构直径增大，盾构壳体厚度加厚（盾构结构刚度要求），盾尾间隙也适当增大，致使管片外圈与开挖土体间的空隙加大，砂浆填充空间及填充量也在增大，导致管片上浮空间和上浮量也随之增大。③隧道直径越大，径向高度越大。盾构主机长度基本没有变化，致使盾构主机的高长比加大，更易造成盾构“栽头”，使盾尾后方同步注浆浆液流入前舱，盾尾顶部管片外圈砂浆填充不密实，加大了成型隧道上浮的趋势。

（3）大直径盾构刀具磨损风险。刀具磨损随盾构直径增大而加剧，大直径盾构在砂卵石地层中推进时，刀具磨损问题格外突出，主要体现在：盾构刀具在相同掘进长度条件下，其磨损长度与刀具配置部位的半径成正比，随着盾构直径的增大，刀具轨迹长度增加，刀具磨损加剧，如南京纬七路长江隧道直径 14.93 米的盾构刀具磨损是直径 6.3 米盾构刀具磨损的 2.4 倍。另外，大直径盾构掘进过程中遇到复合地层的可能性更大，刀具配置适应性复杂，更易引起刀具磨损问题，在石英含量高的砂卵石地层中，大直径盾构刀具的磨损可达软土地层中小直径盾构刀具磨损的 10 倍。

（4）大直径盾构常压刀盘易结饼、环流滞排风险。刀盘泥饼黏结、渣土滞排、刀盘升温是大直径盾构面临的施工技术难题。常规大直径盾构刀盘开口率分布相对均匀，而常压刀盘中心部位一定半径内开口率几乎为零。如果刀盘开口率均匀度不好（或不合理），将导致盾构刀盘泥饼黏结、渣土滞排、刀盘升温、危及密封等风险增大。典型事例为武汉三阳路长江隧道。越江区间采用直径为 15.76 米的泥水盾构施工，配有全断面常压刀盘，开口率为 29%，安装了全断面可更换滚刀，中心区域直径 5 米内无开口，在施工过程中刀盘泥饼黏结严重。

对特大直径盾构挑战的思考

（1）特大直径盾构带来的事故风险。由于工程客观需求，随着盾构直径的不断增大，盾构施工也面临越来越大的挑战，必须重视由此带来的掘进事故风险的防范。特大直径盾构由于盾构直径的增大，主要可能引起的掘进事故风险：①随着盾构刀盘直径的增加，荷载也随之增大，所配置的主轴承尺寸若不能完全匹配，将导致接触疲劳引起的轴承损坏风险增大；随着盾构直径的增大，土舱压力分布不均的概率增大，若开挖舱局部压力超出主轴承密封和油脂的耐压力，也会导致主轴承密封失效风险概率增大。②随着盾构直径的增大，管片脱出盾尾后受到的浮力比常规直径盾构隧道管片受到的浮力更大，控制隧道上浮的风险和难度加大。③由于盾构直径增大后刀具运行轨迹也随之增大，刀具磨损损坏的概率和风险大大增加。尤其是在复合地层中掘进时，刀具的磨损速度加快，刀具更换次数的增加会造成工期延长、成本增加、安全风险等系列问题的发生概率增加。④随着盾构直径的增大，由于受到制造的限制及影响，刀盘中心的开口率也随之降低，在掘进中，导致盾构刀盘中心结泥饼的风险和概率大大增加。

（2）特大直径土压盾构与泥水盾构主轴承密封问题。盾构选型是影响隧道工程成败的重要环节，是盾构施工的关键，需综合考虑地层条件、地下水位、隧道埋深、开挖面稳定、设计隧道的断面、衬砌类型、工期、工程造价等影响。伊斯坦布尔海峡公路隧道工程泥水盾构的正确选型和西雅图 SR99 隧道工程土压盾构的选型带来了不同的工程效果。

土压盾构主轴承密封问题。土压盾构适用于稳定性较好、透水性不强的地层以及水土压力较小、盾构驱动功率较大、耐压能力相对较弱的情况。①意大利 Sparvo 隧道：双洞双向六车道，采用土压盾构施工，盾构直径为 15.55 米，盾构驱动功率达 12 000 千瓦，刀盘开挖力为 315 000 千牛，驱动扭矩为 94 793 千牛米。②美国西雅图 SR99 隧道：采用土压平衡盾构施工，盾构直径为 17.45 米，主轴承直径为 8.0 米，装机功率为 12 135 千瓦。土压盾构负荷重，驱动功率偏大，主轴承加工尺寸大，主轴承密封以聚氨酯密封结构为主。其主要优缺点如下。优点：采用水冷却降温方式，油脂消耗量小，节约成本，降低能耗。缺点：无法建立备压措施，耐压能力相对偏弱；一旦密封损坏或失效，必须吊出更换修复。例如，美国西雅图 SR99 隧道土压盾构密封损坏，为吊出更换修复而建设吊出井，付出了较大的代价。

泥水盾构主轴承密封问题。泥水盾构适用于稳定性较差、透水性较强的地层以及水土压力较高、盾构驱动功率相对较小、耐压能力相对较强的情况。香港屯门隧道采用泥水盾构施工，盾构直径为 17.63 米，主轴承直径为 7.6 米，装机功率为 8600 千瓦。泥水盾构负荷小，驱动功率相对较小，主轴承加工尺寸也小。该特大直径泥水盾构主轴承密封以唇形密封结构为主。其主要优缺点如下。优点：采用油脂备压方式，运用于高水压条件下的耐压密封体系，能实现原位带压更换作业，且维修操作有保障。例如，济南黄河隧道盾构原位密封修复，为其他项目提供了借鉴。缺点：油脂消耗量较大，会相对增大能耗和掘进成本。

（3）对特大直径盾构选型风险控制的思考。同级别的特大直径土压盾构相对于泥水盾构，渣土舱压力不均匀度及局部土压力波动大，轴承承受载荷更大（如美国西雅图 SR99 隧道土压盾构），滚动体和滚道表面接触应力更大。因此，同类型同条件下的土压盾构主轴承密封失效及直接损坏（接触疲劳）概率会更高，风险也就更大。在特大直径盾构选择方面，尽管泥水盾构隧道相比于土压盾构隧道综合建造成本较高，但土压盾构主轴承密封失效风险大，修复造价更高，因此，仍建议选择泥水盾构。

（4）对特大直径盾构隧道管片上浮控制的思考。管片脱出盾尾后上浮会造成管片裂隙、错台、破损、渗漏等施工病害，导致成型隧道管片拼装质量达不到规范及设计要求，给建成后的运营安全和隧道维护带来巨大挑战。管片上浮病害预防和处理措施应尽早实施。造成管片上浮的原因有多种。施工中，在管片环与地层之间难以避免地存在空隙，通过加强管理，严格控制空隙量在规范允许范围的前提下，向空隙中泵入浆液，主动控制地层沉降的同时保持管片稳定，是解决以上问题的有效措施。据统计，管片上浮量的 70% 发生于安装后的 48 小时之内。除施工前考虑盾构掘进姿态预留、管片合理选型外，施工中应结合监测数据综合分析地质情况及外部影响因素，根据施工监测信息动态分析研究，适时调整浆液配比，提高管片拼装精度等，以达到满足规范及设计要求的管片上浮控制量。尤其要从注浆凝固速度进行应对：由于盾构快速推进，必须保证注浆凝固时间小于盾构推进时间，可以通过预先试验来达到控制凝结时间的效果。

（5）对特大直径盾构常规刀盘与常压刀盘选择的思考。①常规刀盘。当地层稳定性较好、透水性不强、水土压力较小时多选用常规刀盘。常规刀盘开口率设计、耐磨设计和刀盘刀具配置应结合工程实际综合考虑。②常压刀盘。当地层稳定性较差、透水性较强、水土压力较高以及穿越地层多为土岩复合地层时，多选用常压刀盘。在特大盾构工程实践中，为应对高水压、土岩复合地层，减少带压换刀风险，宜配置常压刀盘。常压换刀不需要带压进舱，换刀风险大大降低，但常压刀盘中心开口率小，甚至没有开口，从而增大了结泥饼的风险。

（6）对泥饼黏结、渣土滞排难题的思考。解决泥饼黏结、渣土滞排等难题，多从如下方面入手：①盾构配置。针对软塑—硬塑易结泥饼地层，可加大刀盘开口率（缩小中心封闭区域范围），刀具多层次布置，强化切削功能，降低碾磨，尽可能使渣土成块排出；增加、增强刀盘中间结泥饼冲刷功能，创新内循环冲刷；配置刀盘温度自动监测系统和刀盘伸缩功能。②盾构掘进。要关注刀盘温度变化预警，加强、加大泥浆循环，保持拼装管片期间的泥水循环。③辅助措施。创新破除泥饼技术，如水刀切割、分散剂（过氧化氢）化学剥离方法等；在气密性好的围岩下辅助气压作业。在选择冲刷方式时，采取分时集中冲刷和舱底顺流冲刷方法，能较好地解决高黏性地层刀盘黏结的施工难题。

（7）其他方面的思考。预探前方复杂地质：①利用泥水盾构地震散射剖面（seismic scatter profile，SSP）超前探测系统加强预探前方地质分布情况。②利用超前钻机系统超前钻探兼顾预处理措施。③结合综合掘进参数，超前预判前方地质变化情况。结合预探地质信息，可准确预测孤石基岩、断裂构造和软弱破碎围岩的位置，为后续孤石预处理或注浆固结围岩提供可靠的第一手资料。高水压复杂地质特大直径盾构施工辅助处理技术：①海中基岩爆破辅助处理技术。对施工中遇到的超强基岩、孤石等，采用预裂、微裂或提前爆破技术，实现盾构顺利推进。珠海横琴新区第三通道马骝洲交通隧道工程，隧道全长 2834.6 米，采用直径 14.93 米泥水气压平衡盾构掘进施工，是我国首条海域超大直径复合地层盾构隧道。马骝洲海域岩面变化较大，抛石最大直径为 2.2 米，花岗岩层高为 6 米，岩石强度高达 120 兆帕。为确保盾构的顺利掘进，采取“物探 + 爆破”组合的方法进行了预处理，对侵入隧道断面内的基岩采用水下爆破，爆破后的松散体采用高压旋喷注浆方法进行固结处理。该方法消除了基岩突起对盾构掘进的威胁，有效地降低了对盾构刀具的损坏，保证了盾构顺利掘进。②海中注浆固结辅助处理技术。对施工中遇到的软弱破碎围岩，为防止发生工作面坍塌或卡机等事故，采用地面或水域预注浆固结处理、洞内盾构超前注浆固结等辅助措施，能有效地解决盾构掘进施工难题。

总之，随着交通路网规划建设的不断发展，盾构法以其明显的技术、经济、安全、环保等优势，已成为水域或城市发达地区地下工程开发的首选施工工法。近 20 年来，随着工程规模和功能的建设需要，盾构有明显向特大直径发展的趋势，在优势得到发挥的同时，由于直径增大带来的问题也日益增多，如大直径主轴承加工精度难控、大直径主轴承易磨损密封易失效、盾构管片脱出盾尾后易上浮、刀具磨损随盾构直径增大而加剧、刀盘中心易结饼升温、切削渣土量大易滞排等一系列问题。盾构隧道施工是个复杂的系统工程，特大直径盾构往往因隧道开挖面围岩软硬分布不均匀导致施工难度更大。当前，除要突破现有装备水平限制和面对施工技术的挑战外，更需要对施工掘进中常见的问题进行系统的总结分析，及时优化方案，破解各类技术难题。一系列工程实践统计数据证明：特大直径盾构不仅是工程建设中的难点、重点，更是业界关注的亮点，对其进行针对性研究，在新技术、新工艺、新材料、新设备的引进、研发和推广应用中都发挥了积极的推动作用。应用大直径或特大直径盾构先进装备发挥其优良性能的同时，不但要不断地结合工程实践对大直径盾构施工的常见事故风险进行梳理和总结，还要从盾构机整体适应性选型、主轴承密封选择、管片拼装精度控制、成型管片上浮控制、盾尾密封、姿态控制、刀盘刀具的设计与配置等方面对特大直径盾构施工风险控制进行进一步的研究思考，科学研判，并针对性地研发更多适合特大直径泥水盾构施工风险控制的先进辅助技术或手段，破解施工难题。特大直径盾构隧道施工的总体风险管控理念："能在工厂解决的，不要到现场解决；能在洞外解决的，不要到洞内解决；能用设备解决的，不要靠人工解决"。风险的管控，需要在工程实践中，围绕工程问题，不断总结积累，开拓创新技术，提升装备水平，有效化解大直径或特大直径盾构掘进可能出现的事故和风险，不断迎接新的更大挑战。

以上意见供广大科技工作者参考。

2018 年度国家最高科学技术奖获得者、中国工程院院士

钱七虎

2021 年 7 月 18 日

后　记

中国的盾构施工掘进技术，尤其是大直径及水下盾构施工技术，从南京长江隧道开始，有了突飞猛进的发展，建成了一批国家超级工程、经典工程，涌现出一大批优秀的施工企业。

《中铁十四局大盾构》一书详细梳理了中铁十四局盾构施工发展史，系统论述了大盾构核心关键技术，客观记录了科技攻关过程，形象展示了院士专家对大盾构事业的智力支撑，真实地记录了“中铁十四局大盾构”品牌形成的艰辛历程。但由于时间有限、水平有限，难免挂一漏万，难免有不足之处，敬请各级领导、各界专家学者和广大读者谅解。

衷心感谢2018年度国家最高科学技术奖获得者、中国工程院院士钱七虎认真审阅本书，并为本书作序、撰写“尾声”；感谢中国铁建各级领导对本书编辑工作的指导和支持；感谢科学出版社的慧眼选题。

本书技术指导戴洪伟、陈健、王华伟、徐宏、王承震、高始军、庄绪良等。

本书主编才铁军，主编助理李佩山、李美华。撰稿：才铁军、李佩山、张小峰、李美华、方洪祥、苏国庆、李桂香、朱萍、张丹、许月霞、李静、胡琦、郑莉华、张建星、刘德原、范成涛、刘春雨。参与撰稿：李秀东、魏绵峰、秦学礼、胡云发、田素磊、赵岩、刘福昌、刘四进、娄瑞、魏超超、于景信、程迪、田宇、丁甜、种丽娜、杨德政。

衷心感谢孙钧院士、钱七虎院士、何华武院士、梁文灏院士、卢春房院士、王复明院士、邓铭江院士、何继善院士、聂建国院士、顾金才院士、李术才院士、缪昌文院士、陈湘生院士对中铁十四局大盾构事业的关心指导和技术支持。

尤其要特别感谢社会各界长期以来对中铁十四局大盾构事业的支持和厚爱。感谢各级政府和各建设单位的领导和信任；感谢设备制造单位、设计单位、兄弟施工单位长期以来对中铁十四局大盾构事业的支持、帮助、配合与理解。感谢《人民日报》、新华社、中央电视台、《光明日报》、《经济日报》、《科技日报》、《工人日报》等中央和地方媒体长期以来对中铁十四局大盾构事业的舆论支持。没有你们的支持，就没有中铁十四局大盾构事业发展的今天，就没有“中铁建大盾构”“中铁十四局大盾构”施工品牌的成功注册。

还要特别感谢中铁十四局历届领导班子对中铁十四局大盾构事业的付出和贡献，我们永远不会忘记你们；特别感谢中铁十四局那些长期奋战在盾构施工生产一线的广大员工以及你们的家人，向你们致以诚挚的敬意！是你们创造了中铁十四局大盾构事业的辉煌历史。

编　者

2021 年 7 月 18 日

主审简介

钱七虎，汉族，1937年10月出生，江苏昆山人，中共党员，防护工程学家。现任中国共产党中央军事委员会科学技术委员会顾问，中国人民解放军陆军工程大学教授、博士生导师。

曾任南京工程兵工程学院院长，中国人民解放军总参谋部科技委副主任，国际岩石力学学会主席，中国岩石力学与工程学会理事长，中国土木工程学会防护工程分会理事长。1994年当选为中国工程院院士。

长期从事防护工程及地下工程的教学与科研工作，创建了我国防护工程学科，建成了国家重点学科、重点实验室和创新研究群体。系统建立了土中浅埋结构核爆炸荷载的相互作用计算理论，城市人防工程毁伤评估方法，防护工程抗高速、超高速钻地弹打击的设计计算方法和深部岩石非线性力学理论，研制出我国第一套空中核爆炸荷载模拟试验装置，研发出多种新型防护材料和系列高抗力复合结构。在国内倡导并率先开展了深部非线性岩石力学基础理论，以及深部防护工程抗核武器钻地爆炸毁伤效应的研究，填补了深地下工程抗核武器钻地爆炸效应的防护计算理论的空白。提出的防护工程建设转型、建设超高抗力深地下防护工程、战略通道桥隧并举、能源地下储备等多项发展战略建议，被中国共产党中央军事委员会和国家部委采纳实施。

1978 年获全国科学大会重大科技成果奖；1987 年获国家人防科技进步一等奖；1990 年获国家科学技术进步奖三等奖；1998 年获国家科学技术进步奖二等奖；2011 年获国家科学技术进步奖一等奖；1990 年获“全国高校先进科技工作者”称号，并被评为有突出贡献中青年专家；1999 年获中国人民解放军专业技术重大贡献奖；2013 年获何梁何利基金科学与技术进步奖；2013 年荣立中国共产党中央军事委员会一等功。

2019 年 1 月 8 日上午，在人民大会堂举行的 2018 年度国家科学技术奖励大会上，习近平总书记为国家最高科学技术奖获得者钱七虎颁发奖章、证书。

主 编 简 介

才铁军，资深财经记者、行业发展史学者、著名纪实文学作家，曾任中国作家协会主管中国纪实文学研究会常务理事。

曾两次获得中国政协好新闻一等奖，三次获得中国产业报好新闻一等奖，荣获全国报纸头条消息大赛一等奖、中国铁路文学奖一等奖。

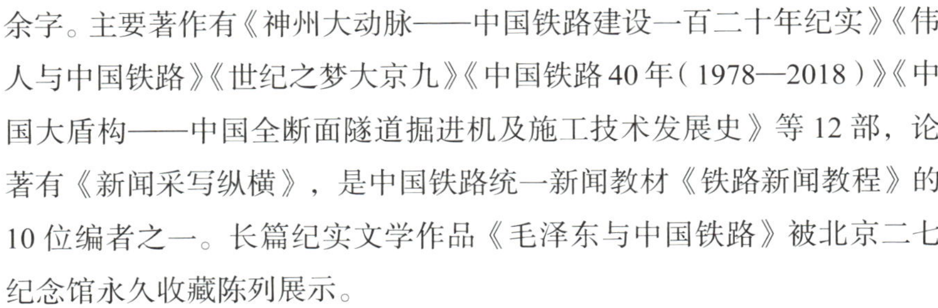

作品被《新华文摘》杂志转载5万余字。主要著作有《神州大动脉——中国铁路建设一百二十年纪实》《伟人与中国铁路》《世纪之梦大京九》《中国铁路40年（1978—2018）》《中国大盾构——中国全断面隧道掘进机及施工技术发展史》等12部，论著有《新闻采写纵横》，是中国铁路统一新闻教材《铁路新闻教程》的10位编者之一。长篇纪实文学作品《毛泽东与中国铁路》被北京二七纪念馆永久收藏陈列展示。